未来是湿的 CHEERS

与最聪明的人共同进化

HERE COMES EVERYBODY

西蒙斯和他的神秘团队

詹姆斯·西蒙斯

在数学事业的巅峰毅然离开学术圈,创立Monemetrics公司及Limroy基金;1988年清盘Limroy基金,设立大奖章基金,用全自动化量化交易系统创造出令人叹为观止的收益。

期货交易团队

埃尔文·伯勒坎普 Elwyn Berlekamp

博弈论专家,数字信息解码专家,在1989年夏天接管了大奖章基金,带领团队利用异常交易信号进行短期高频交易,使大奖章基金的收益率一度达到55.9%。

亨利·劳弗 Henry Laufer

在伯勒坎普离开后,主导文艺复兴科技公司的期货交易,开发出期货自动交易系统来识别日内的最优交易,同时为大奖章基金做出一个价值连城的决定——只用单一的交易模型。

尼克·帕特森 Nick Patterson

密码学家和计算机编程专家,劳弗期货团队成员,开发模型来评估和减少交易成本,后邀请布朗和默瑟加入文艺复兴科技公司。

湛庐 CHEERS 特别制作

大奖章基金

股票交易团队

罗伯特·弗雷 Robert Frey

接受西蒙斯投资开办开普勒资产管理公司，创立专注于股票交易的Nova基金，后Nova基金并入大奖章基金，西蒙斯希望借此涉足股票交易。

彼得·布朗 Peter Brown

计算机科学家，文艺复兴科技公司CEO，与默瑟合作开发了具有自我适应性的股票自动交易系统，帮助大奖章基金取得了关键性突破。

罗伯特·默瑟 Robert Mercer

计算机科学家，曾任文艺复兴科技公司联席CEO，与布朗共同开发了具有自我适应性的股票自动交易系统，帮助大奖章基金取得了关键性突破。

戴维·马杰曼 David Magerman

计算机科学家，受布朗和默瑟邀请加入公司，协助解决了导致布朗和默瑟的股票自动交易系统无法盈利的故障，后成为大奖章基金的软件系统架构师。

西蒙斯和他的神秘团队

詹姆斯·西蒙斯

在数学事业的巅峰毅然离开学术圈,创立Monemetrics公司及Limroy基金;1988年清盘Limroy基金,设立大奖章基金,用全自动化量化交易系统创造出令人叹为观止的收益。

期货交易团队

埃尔文·伯勒坎普
Elwyn Berlekamp

博弈论专家,数字信息解码专家,在1989年夏天接管了大奖章基金,带领团队利用异常交易信号进行短期高频交易,使大奖章基金的收益率一度达到55.9%。

亨利·劳弗
Henry Laufer

在伯勒坎普离开后,主导文艺复兴科技公司的期货交易,开发出期货自动交易系统来识别日内的最优交易,同时为大奖章基金做出一个价值连城的决定——只用单一的交易模型。

尼克·帕特森
Nick Patterson

密码学家和计算机编程专家,劳弗期货团队成员,开发模型来评估和减少交易成本,后邀请布朗和默瑟加入文艺复兴科技公司。

湛庐CHEERS 特别制作

大奖章基金

股票交易团队

罗伯特·弗雷 Robert Frey

接受西蒙斯投资开办开普勒资产管理公司，创立专注于股票交易的Nova基金，后Nova基金并入大奖章基金，西蒙斯希望借此涉足股票交易。

彼得·布朗 Peter Brown

计算机科学家，文艺复兴科技公司CEO，与默瑟合作开发了具有自我适应性的股票自动交易系统，帮助大奖章基金取得了关键性突破。

罗伯特·默瑟 Robert Mercer

计算机科学家，曾任文艺复兴科技公司联席CEO，与布朗共同开发了具有自我适应性的股票自动交易系统，帮助大奖章基金取得了关键性突破。

戴维·马杰曼 David Magerman

计算机科学家，受布朗和默瑟邀请加入公司，协助解决了导致布朗和默瑟的股票自动交易系统无法盈利的故障，后成为大奖章基金的软件系统架构师。

西蒙斯和他的神秘团队

詹姆斯·西蒙斯

在数学事业的巅峰毅然离开学术圈，创立Monemetrics公司及Limroy基金；1988年清盘Limroy基金，设立大奖章基金，用全自动化量化交易系统创造出令人叹为观止的收益。

期货交易团队

埃尔文·伯勒坎普 Elwyn Berlekamp

博弈论专家，数字信息解码专家，在1989年夏天接管了大奖章基金，带领团队利用异常交易信号进行短期高频交易，使大奖章基金的收益率一度达到55.9%。

亨利·劳弗 Henry Laufer

在伯勒坎普离开后，主导文艺复兴科技公司的期货交易，开发出期货自动交易系统来识别日内的最优交易，同时为大奖章基金做出一个价值连城的决定——只用单一的交易模型。

尼克·帕特森 Nick Patterson

密码学家和计算机编程专家，劳弗期货团队成员，开发模型来评估和减少交易成本，后邀请布朗和默瑟加入文艺复兴科技公司。

湛庐CHEERS 特别制作

大奖章基金

股票交易团队

罗伯特·弗雷 Robert Frey

接受西蒙斯投资开办开普勒资产管理公司，创立专注于股票交易的Nova基金，后Nova基金并入大奖章基金，西蒙斯希望借此涉足股票交易。

彼得·布朗 Peter Brown

计算机科学家，文艺复兴科技公司CEO，与默瑟合作开发了具有自我适应性的股票自动交易系统，帮助大奖章基金取得了关键性突破。

罗伯特·默瑟 Robert Mercer

计算机科学家，曾任文艺复兴科技公司联席CEO，与布朗共同开发了具有自我适应性的股票自动交易系统，帮助大奖章基金取得了关键性突破。

戴维·马杰曼 David Magerman

计算机科学家，受布朗和默瑟邀请加入公司，协助解决了导致布朗和默瑟的股票自动交易系统无法盈利的故障，后成为大奖章基金的软件系统架构师。

征服市场的人

西蒙斯传

THE MAN WHO SOLVED THE MARKET

[美] 格里高利·祖克曼 著
Gregory Zuckerman

安昀 [美] 朱昂 译

天津出版传媒集团
天津科学技术出版社

上架指导：投资 / 商业传记

THE MAN WHO SOLVED THE MARKET
Copyright © 2019 by Gregory Zuckerman
All rights reserved including the right of reproduction in whole or in part in any form.
This edition published by arrangement with the Portfolio, an imprint of Penguin Publishing Group, a division of Penguin Random House LLC.

本书中文简体字版由 Portfolio, an imprint of Penguin Publishing Group, a division of Penguin Random House LLC 授权在中华人民共和国境内独家出版发行。未经出版者书面许可，不得以任何方式抄袭、复制或节录本书中的任何部分。

天津市版权登记号：图字 02-2020-214 号

图书在版编目（CIP）数据

征服市场的人：西蒙斯传 /（美）格里高利·祖克曼著；安昀,（美）朱昂译. -- 天津：天津科学技术出版社, 2021.2（2025.3重印）
书名原文：THE MAN WHO SOLVED THE MARKET
ISBN 978-7-5576-8641-3

Ⅰ. ①征… Ⅱ. ①格… ②安… ③朱… Ⅲ. ①詹姆斯·西蒙斯—传记 Ⅳ. ① K837.125.34

中国版本图书馆 CIP 数据核字 (2020) 第 166034 号

征服市场的人
ZHENGFU SHICHANG DE REN
责任编辑：吴文博
责任印制：兰　毅

出　　版：	天津出版传媒集团
	天津科学技术出版社
地　　址：	天津市西康路 35 号
邮　　编：	300051
电　　话：	（022）23332377（编辑部）
网　　址：	www.tjkjcbs.com.cn
发　　行：	新华书店经销
印　　刷：	唐山富达印务有限公司

开本 710×965　1/16　印张 24　插页 5　字数 337 000
2025年3月第1版第3次印刷
定价 109.90元

版权所有，侵权必究
本书法律顾问　北京市盈科律师事务所　崔爽律师
　　　　　　　　　　　　　　　　　　张雅琴律师

THE MAN WHO
SOLVED
THE MARKET
各方赞誉

早在人工智能成为一个"网红词"之前，詹姆斯·西蒙斯就已将其应用于金融市场，结合资金杠杆的巨大威力，取得了无与伦比的投资成功。让人不禁联想，如果詹姆斯·西蒙斯当初没有把其兴趣点放在金融市场上，而是在其他应用领域，他也许会给这个世界带来更大的惊喜和进步。

王庆
上海重阳投资总裁

资本市场是英雄辈出的，好比一道复杂的数学题，总有一些天才另辟蹊径，以出乎意料的方式找到答案，西蒙斯就是这样的一代传奇！阅读天才投资家的故事可以让我们品味、反省自己的人生，西蒙斯这样的成大事者都是有执念的，所谓只有偏执狂才能生存！

张维
基石资本董事长

征服市场的人
THE MAN WHO SOLVED THE MARKET

不论你对量化投资是否感兴趣，这本书都值得一读：梦想、远见、执着、挑战、冲突、征服……你在其中可以找到传奇大片的所有元素。一本引人入胜的书，一段精彩的人生。

黎海威
景顺长城副总经理、量化投资部总监

詹姆斯·西蒙斯是全球证券市场公认的"量化交易鼻祖"，而他率领的文艺复兴科技公司则是全球最成功的，又最低调且神秘的量化基金公司。西蒙斯在波澜跌宕的投资人生中，可以说是在不确定中寻找机会、将不可能变成可能，而这恰好也正是资本市场的最大魅力所在。感谢这本书的作者以及译者们，让我们得以通过这本书揭开神秘面纱，走近西蒙斯。

邬必伟
富途高级合伙人、金融及企业服务总裁

文艺复兴科技公司的故事堪称"股市投资成功的另类版"：在杂乱无序的股价波动中，用枯燥乏味的数学分析方法也能淘到真金吗？一群美国数学家成功地将数学算法和计算机交易软件转化为神奇的"股市淘金术"，创造了证券交易史上的奇迹。

神秘的文艺复兴科技公司掌门人詹姆斯·西蒙斯不仅对数学研究贡献良多，而且还华丽转身为股市投资家，用数学算法、数据挖掘和计算机模型去寻找影响股市短期波动的宏观变量，挖掘股市数据，建立计算机模型，分析价格波动规律，预测个股走势，引领全球量化投资的风向。

曹红辉
国家开发银行高级专家，中国社会科学院金融学教授

詹姆斯·西蒙斯和文艺复兴科技公司的传奇业绩告诉我们：在交易数据量呈几何级增长的今天，无论在期货市场还是股票市场，量化投资成为主流已是大势所趋，甚至你可以不懂金融，不懂企业基本面，不懂经济，也依然有可能做好量化投资。但真正要战胜市场，还是有很多先决条件的，包括西蒙斯在纽约州立大学石溪分校掌管数学系的成功经历，都给我们带来深刻的启发。

即使你本身就是一位大神级数学家，也必须有能力识别和招募到一群，而不只是一个绝顶聪明的人，一起渴望并创造奇迹；而且，光是绝顶聪明还不够，你的团队还必须拥有一种特质，那就是拥有原创性的思维。正如西蒙斯所说："牛人和真正的牛人之间还是有很大区别的。"与此同时，你还要有能力管理好这些最聪明的人，引导他们一起共事，包容他们的离经叛道、古怪性格甚至水火不相容的政治立场，这种挑战一点儿不亚于持续开发和迭代那些能够长期战胜市场的量化投资模型。

杨宇东
第一财经总编

征服市场的人
THE MAN WHO SOLVED THE MARKET

格里高利·祖克曼写了一本有意思的书，关于数学家和密码天才詹姆斯·西蒙斯在量化投资和交易领域的传奇经历。我几乎是一口气读完的，那些艰深的数学理论我囫囵吞枣地读了，好在作者跟我们大多数人一样不是数学家，因此没有花太多笔墨在理论上，这本书更好看的是故事和人性。詹姆斯·西蒙斯的个人生活和投资生涯，字里行间都让我想起那句著名得有点儿老掉牙的话：只有偏执狂才能生存。与其他人不同，他偏执于对金钱和成功投资的狂热与不懈追求。

全书充满了数学天才们和密码破译天才们的故事，虽然是以西蒙斯为主角，但其实他创立文艺复兴科技公司、大奖章基金的经历就是一群不走寻常路、具有极高智商、不见容于凡人的天才们的极另类发展史，他们的成功通常被人们用一组数字佐证：从1988年到2018年，30年的时间里，他们运营的大奖章基金的年化复合收益率为39.1%；而同期，乔治·索罗斯的量子基金、彼得·林奇的麦哲伦基金、沃伦·巴菲特的伯克希尔·哈撒韦公司等的年化复合收益率都望尘莫及。读罢掩卷，忽然非常好奇，这究竟是否已经是詹姆斯·西蒙斯和文艺复兴科技公司的全部故事。

张延

FT中文网出版人

用文字讲述故事的独特性是什么？大约是回到流动着的历史中，撷取事物的细节去定义事实。在本书中，定义詹姆斯·西蒙斯人生的关键词不是天才、不是成功、不是财富,而是自由。詹姆斯·西蒙斯漫游在密码破译员、数学家、投资家等数个壁垒森严的身份之间,那份自由源于比他人多出的一点儿勇敢,以及一点儿想象力。

董力瀚
投中网总编

THE MAN WHO
SOLVED
THE MARKET

推荐序 1

在资管行业独辟蹊径：
量化投资的新赛道

巴曙松教授

北京大学汇丰金融研究院执行院长，
香港交易所董事总经理兼首席中国经济学家，
中国银行业协会首席经济学家

资本市场最具吸引力的一个特征，就是其提供了许许多多可能性，投资者可以根据自己的偏好，选择与探索不同的投资路径，并且承担投资决策的结果。我常常将资本市场类比为布满一两百条不同难度的滑雪道的巨大滑雪场，滑雪者可以自如地选择不同的雪道，当然滑雪技巧足够高的滑雪者也可以自己探索一下滑野雪。如果说沃伦·巴菲特是价值投资领域的标杆，那么，詹姆斯·西蒙斯在量化投资领域则同样享有标杆的地位。华尔街给西蒙斯的形形色色的称谓包括：数学大师、解码专家、亿万富翁、对冲基金大佬等。《纽约时报》将西蒙斯形容为探索者、行动者、给予者、思想者。西蒙斯 24 岁获得博士学位，25 岁赴哈佛大学任教，26 岁为美国军方破译密码，30 岁在纽约州立大学石溪分校当上数学系主任，随后创立文艺复兴科技公司，将数学思想融入投资，使用量化手段寻找"投资圣杯"。

西蒙斯缔造的文艺复兴科技公司凭借复杂的数学模型和算法进行海量数据分析，成为市场上最引人注目的量化投资公司之一。西蒙斯凭借量化投资策略，带领大奖章基金成为有史以来最成功的对冲基金之一。文艺复兴科技公司的标志性产品大奖章基金 1988—2018 年的年化复合收益率高达 39.1%，大幅领先同期标准普尔 500 指数的年化复合收益率。和传统的对冲基金不同，文艺复兴科技公司是一家纯量化基金公司。公司创始人西蒙斯本来就是一个顶级数学家，公司的数学模型也是由一个数百人的团队编制而成的。这个团队的成员包括弦理论物理学、天文学、量子力学、生物学、数学等领域的科学家。他们依据历史价格等海量数据，写了超过 1000 万行代码。

本书通过汇集西蒙斯团队的创业故事、投资策略和投资理念，将读者带入量化投资发展的不同场景，使读者能直观地了解量化投资的概念和特征：量化投资指用复杂的数学模型替代人为的主观判断，尝试追求收益的最大化，量化投资强调建立在大数定律①基础之上的统计优势、建立在严格执行基础之上的风控优势和建立在多元组合投资之上的分散优势。西蒙斯团队曾多次被模型失效及其原因所困扰。然而，该团队坚持不懈，克服了许多障碍，打造了相当成功的量化基金。对于有志成为量化分析师和投资经理的人，或者想深入了解量化投资与资产管理行业的读者来说，这本书都将大有裨益。

---

① 在随机实验中，每次结果均有不同，但大量重复实验的结果平均值几乎总是接近某个特定的值。这个规律即为大数定律（Law of Large Numbers）。其原因是，在大量观察实验中，受个别的、偶然的因素影响产生的差异会相互抵消，从而使现象的必然性显示出来。——编者注

推荐序 1
在资管行业独辟蹊径：量化投资的新赛道

根据另类投资数据资料研究商 Eurekahedge 统计，在 2019 年，全球量化基金总管理规模约为 2.31 万亿美元，其中北美市场的管理规模约为 1.59 万亿美元，占比约为 69%，其次是欧洲及中东市场的管理规模，合计占比约为 20%，亚洲地区市场的管理规模总共占比约为 8%。在目前的全球市场格局中，美国市场依然是量化投资的主战场，且占比较高。近 30 年间，美国量化基金的整体发展速度较快，各种策略百花齐放，主要强调的是收益水平相对稳定、与市场走势关联度相对较低且抗冲击能力强的策略。美国量化基金的规模多年保持着相对稳定的扩张速度，投资者对量化基金的投资热情一直较高。经过多年发展，海外量化基金发展出多家巨头，除了本书提到的文艺复兴科技公司，还有 Two Sigma、Citadel、BGI（巴克莱国际投资管理有限公司）、AQR 和 WorldQuant 都是几千亿美元规模左右的量化巨头。

目前市场上的金融数据提供商越来越多，通过现代科技和统计手段，可以将越来越多的资讯纳入数据库中。随着物联网、大数据和云计算的发展，可以预计，未来会有各种维度的数据纳入量化统计之中。数据量的增加和计算能力的提高，为高频交易的发展提供了土壤。近年来，海内外的高频量化私募都迎来了大发展，高频量化私募具有交易量大、盈利率高和容量小的特点。美国的 Two Sigma 和 Jump Trading 是高频交易量化基金公司的典型代表。从发展历史来看，2020 年中国的量化私募掀起了规模增长的浪潮，百亿级量化私募已经增至 10 家，这些量化私募以高频量化为主，主要采用高频做市策略、大单跟随策略和异常订单捕捉策略等高频方法。

与历史悠久的海外量化基金行业不同，中国国内的量化基金行业发展起步较晚。海外量化基金使用最多的策略是股票多空，其空头仓位一般通过融券卖空实现，而当前中国国内融券难度较大、成本较高，所以空头仓位一直以来大多是通过做空股指期货实现的。这就决定了国内量化基金的发展与股指期货息息相关。中国国内市场上的量化投资兴起于 2010 年股指期货上市，虽然起步较晚，但得益于中国国内场内股指期货和场外个股期权等衍生品市场的逐渐完善，量化投资迅速发展成为一股不容小觑的力量。从 2017 年到 2020 年，量化基金在所有证券类私募基金中的占比从不足 5% 提升到 15%，管理规模增长了 4 倍，量化交易成交量在整个 A 股市场成交量中的占比超过 15%。不管是从规模增长还是比重增长来看，近年来量化投资在中国飞速发展，虽然与美国市场相比仍有差距，但总体上看未来市场潜力巨大。

作为舶来品，量化投资在中国市场的发展有优势，也有劣势。以中国股票市场为例，量化投资的优势在于散户在中国市场上占有主导地位。在美国市场，由于投资者的主体是机构投资者，从长期来看持续获得较高的超额收益有一定的难度。而中国股票市场的投资者结构则有所不同，散户投资者所占的股票市值约占整个市场的 25%，其交易额达到了所有股票交易额的 85%。散户往往容易受"羊群效应"等影响，造成股票价格上存在大量市场异象。在中国使用量化投资策略可以有大量机会探索、利用市场异象发掘规律，制定策略，进而获得较高的超额收益。在中国市场上从事量化投资的劣势在于中国资本市场仍处于市场深度和产品种类逐步完善的阶段，特别是能够用来对冲的工具有限，已有的工具也受到了一些限制。美国相对中国市场而言，相关的金融衍生品和工具比较多，可以开发不少收益风险比比较好的策略，目前海外对冲基金产品策略的数量可以达到 50 个以上，甚至超过 100 个。近年来，中国大力发展衍生品市场，丰富产品种类，为量化投资在中国生根发芽提供了更为肥沃的土壤。当然，如同任何资产管理活动一样，量化投资最重要的是人才，只有优秀的人才能将先进的技术、策略、理念运用到组合管理当中。

当前，资本市场已经成为中国对外开放的重要窗口。随着资本市场对外开放的深入推进，外资在不断加大对中国资本市场的配置力度，特别是沪港通、深港通和债券通的先后启动，为海外投资者投资中国市场提供了便捷的交易平台。目前，明晟指数（MSCI）、富时罗素指数和标普道琼斯指数将 A 股纳入比例分别提升到了 20%、25% 和 25%。中国国债也纳入彭博巴克莱全球综合指数、摩根大通全球新兴市场多元化指数和富时世界国债指数。随着资本市场的开放，海外资产管理机构有可能会逐步在中国市场中尝试运用量化投资策略。随着中国资本市场的开放与发展，投资经理将需要尝试从全球视角配置资产。面对纷繁复杂的海内外投资品种，投资经理不可能了解所有品种，对于不太熟悉的投资品种，采用量化抓主要规律的办法可以实现多品种之间的投资仓位和操作平衡互动。

本书作者格里高利·祖克曼在书中详细讲述了量化投资的探索者西蒙斯如何与一群科学家，尤其是数学家创立了文艺复兴科技公司，并打造了史上最赚钱的量化基金之一。译者安昀和朱昂使用生动的语言将这本著作的中文版呈现给各位读者。在资本市场对外开放的大背景下，中国资产管理行业也在快速成长和进步，相信量化投资也会日益活跃，深入了解这些成熟市场的经验，也许可以给予我们多方面的启发。

是为序。

THE MAN WHO
SOLVED
THE MARKET

推荐序 2

创造理解市场的模型

梁文锋
DeepSeek 创始人，幻方量化创始人

詹姆斯·西蒙斯是量化投资领域的泰斗。一直以来，外界对西蒙斯和他所创建的文艺复兴科技公司所知不多。但这丝毫不影响无数年轻人在西蒙斯的故事的激励下，进入这个神秘的行业。

和很多新技术一样，量化投资刚出现的时候也是被嘲笑的对象，没有人相信计算机可以像人类一样进行投资。但西蒙斯却敏锐地预见到，随着计算机技术的发展，终有一天"不可能"将会变成现实。西蒙斯在早期做了诸多尝试，都不太成功，但他并未放弃，他相信时间是站在他这边的。

西蒙斯是幸运的，他遇到了好的时代。到了 20 世纪 80 年代末，计算机软硬件的发展到达了一个临界点，人们开始构建真正实用的模型，并在某些投

资细分领域取得了初步成功。在1988年西蒙斯设立大奖章基金时,他已经50岁了,在投资上经历了10余年的挫折,但这一次他抓住了机会,登上了通往新时代的列车。如今华尔街很多量化巨头的崛起,都可以追溯至这一时期。西蒙斯和其他先驱者,使用现在看起来并不复杂的技术,迅速摘掉了市场上最低垂的果实,积累了第一桶资金。这只是开始,在之后的30余年里,计算机技术继续发展,量化投资正逐渐发展成资本市场中的一个新宠,不断有新的模型被开发出来,更多的"不可能"变成了现实,最终使量化投资在21世纪成为金融领域发展的大势所趋。在这个过程中,文艺复兴科技公司在西蒙斯的带领下,始终站在时代的潮头,成为行业的标杆。

文艺复兴科技公司辉煌的30余年,同时也是金融市场监管愈发严格、透明化的30余年。很早的时候,基金经理可以从公司管理层获得更多信息,从而取得交易优势。但诸如此类的不公平问题在过去30余年逐步得到了解决。在信息化时代,金融市场是公平和透明的,人类基金经理和计算机模型站在同样的起跑线上,这进一步为量化投资的大范围成功扫清了障碍。为何恰好是这30余年,金融变得公平和透明了呢?这在某种程度上还是得益于计算机技术的发展。

在西蒙斯即将退休之际,本书的出版,为我们揭开了很多之前未解的疑团,也为我们带来了丰富的可供借鉴的经验。国外的模式未必能照搬到中国,但阅读本书,可以让我们收获很多的思考和启发。是什么样的特质和机遇,使西蒙斯成为历史的幸运儿?如何管理一支优秀的团队,使之30余年立于不败之地?为什么科技会使金融市场产生如此深刻的变化?读者可以从本书中寻找答案。

作为后辈,能为西蒙斯的中文版传记作序,我感到十分荣幸。每当在工作中遇到困难的时候,我会想起西蒙斯的话:"一定有办法对价格建模。"

THE MAN WHO
SOLVED
THE MARKET
推荐序 3

西蒙斯的奇迹

裘慧明
明汯投资创始人

对一般投资者来说，量化投资显得非常"高冷"；在量化投资领域，文艺复兴科技公司又尤其神秘。我在 2001 年入行做量化投资，职业生涯中唯一一次和文艺复兴科技公司的交集是 2003 年。当时我在瑞士信贷银行担任基金经理，有两位之前在文艺复兴科技公司任职的研究员来我们公司面试，他们就是书里提到的亚历山大·比洛浦尔斯基（Alexander Belopolsky）和帕维尔·沃尔夫贝恩（Pavel Volfbeyn）。他们的面试极具文艺复兴科技公司的风格——基本等于一言不发，但他们加入千禧年资产管理公司（Millennium Management）后确实做出了优异的业绩。我从那时候开始就密切关注文艺复兴科技公司。作为量化投资的先驱之一，西蒙斯和他的团队证明了量化投资作为和传统基本面调研不同的投资方式，也能在投资领域

征服市场的人
THE MAN WHO SOLVED THE MARKET

获得巨大的成功。

众所周知，文艺复兴科技公司旗下的大奖金基金在投资领域非常成功，但因为西蒙斯和他的团队非常抵触公开宣传，所以人们对于他们的了解非常稀少。华尔街日报资深专栏作家格里高利·祖克曼写的这本《征服市场的人》，终于给大家提供了一个了解西蒙斯生平和文艺复兴科技公司的机会。作者获取了详细的第一手资料，数字显示大奖金基金的真实盈利超越了大部分人的想象——在1988—2018年这30年间获得了39.1%的年化复合收益率，这还是在扣除了5%的管理费和44%的业绩提成后的数字，费前收益率甚至能达到年化66%左右。这个收益率远远超过了那些相对于西蒙斯更为人所知的投资大师，如做宏观投资的索罗斯和做价值投资的巴菲特所创造的收益率。在一两年间获得高收益相对容易，在10年间获得高收益已经非常困难，保持30年的高收益更是难上加难。根据最新报道，在2020年这个对量化投资有非常大挑战的一年，大奖章基金也获得了76%的费后收益。

不过，文艺复兴科技公司并不是从一开始就一帆风顺的。西蒙斯在创立文艺复兴科技公司之前是个杰出的数学家。詹姆斯·西蒙斯20岁大学毕业，24岁博士毕业，30岁受邀担任纽约州立大学石溪分校数学系系主任，之间也从事过密码破译工作。在38岁时更是因为和陈省身教授合作的研究成果和其他杰出贡献，获得了代表几何领域最高成就的奥斯瓦尔德·维布伦几何奖。所以当他在40岁时决定辞去系主任一职创业做投资的时候，他的父亲和数学界同行都表示不能理解，并为他本能在数学领域达成的更高成就而感到惋惜。从1978到1988这前10年，西蒙斯所创立的投资公司并不是特别成功，西蒙斯自己也一直在主观和量化这两种投资方式之间摇摆。虽然西蒙斯找的合伙人都是杰出的数学家，从最早的列尼·鲍姆，到詹姆斯·埃克斯，还有后来的埃尔文·伯勒坎普和亨利·劳弗，但他们在很长时间内都没有找到稳定的盈利方式。西蒙斯实际并没有深度地参与量化模型的研究和开

推荐序 3
西蒙斯的奇迹

发工作，但如果没有他的坚持，他们的团队也没法度过这动荡的 10 年，迎来后面 30 年的辉煌。

文艺复兴科技公司的崛起过程有几个关键时刻：经历了 1984 年交易溃败所带来的亏损后，西蒙斯决定放弃列尼·鲍姆依靠智力和直觉的投资方法，开始支持詹姆斯·埃克斯开发计算机交易系统；1986 年，瑞尼·卡莫纳开发出使计算机自动识别隐藏的价格趋势并给出交易建议的模型框架；1989 年，埃尔文·伯勒坎普在关键时刻推动了大奖章基金将主要精力转向短期高频交易，从而使基金开始稳定获得高盈利；1992 年，在亨利·劳弗的推动下，大奖章基金改为只用单一交易模型；1993 年，两位来自 IBM 的语音识别专家彼得·布朗和罗伯特·默瑟加入，帮助文艺复兴科技公司取得多项关键技术突破，从而使文艺复兴科技公司所管理的大奖章基金能在管理 50 亿到 100 亿美元的基础上还能获得稳定高收益。到 20 世纪初，文艺复兴科技公司已经在华尔街小圈子声名鹊起。虽然量化投资是一个枯燥的话题，但祖克曼用生动的文笔栩栩如生地讲述了西蒙斯和他的团队是怎么打造出史上最成功的量化交易公司之一的，也花了不少篇幅描述了里面主要角色除了投资和开发模型以外的个性特征和所从事的社会活动。他讲到西蒙斯的烟瘾令公司员工十分头疼，还讲到马杰曼发现默瑟写的模拟代码上有个非常初级的错误，导致盈利远低于预期。我相信不管是量化投资从业人员，还是其他对量化投资感兴趣的投资界专业人士及普通投资者，都能从这本书中有所收获。

对量化投资从业人员来说，这本书为大家提供了一个历史回顾，了解早期量化投资是如何起步的，了解量化投资的早期历史，看看以西蒙斯为代表的量化投资先驱是怎么探索着用统计的方式来解释和征服期货和股票市场的。对量化投资有兴趣的投资界专业人士可能能从这本书中得到更大的收获。在中国，量化投资起步不久，投资界很多专业人士也对量化投资缺乏了解。他们对量化投资的看法往往走两个极端，要么觉得量化投资无所不能，要么觉得量化投资没什么用处。大部分关于量化投资的书又比较注重技术细节，对非量化投资从业者来说可读性比较差，而这本书故事性比较强，专业人士读完也能得到一些启发。而对普通投资者来说，这本书给了大家一个初步了解量化投资行业的机会，揭开文艺复兴科技公司的神秘面纱。

期待通过一本书就让读者都成为量化投资的拥趸，这个想法并不现实，但如果它能够让更多的人对量化投资产生兴趣，那就是送给量化投资行业的最好的礼物，我愿意将这本书推荐给所有人。

THE MAN WHO
SOLVED
THE MARKET

序言

做人类做不到的事

詹姆斯·西蒙斯从未放慢过前进的步伐。

这是 1990 年的秋天，西蒙斯正端坐在他位于曼哈顿市中心一座摩天大楼 33 层的办公室里，紧盯着电脑屏幕上不停刷新的全球金融市场动态。他的朋友们都很难理解他为什么还在坚持。当时已然 52 岁的西蒙斯已经度过了大半个可谓丰满的人生，披荆斩棘，乘风破浪，取得了旁人难以企及的成就。然而，他依然如故，尽心管理着基金，心随市场的每一个起伏而跳动。

西蒙斯身高约 1.78 米，略有一点儿驼背，一头稀薄的灰发使他看起来稍为显老。他的眼睛周围布满皱纹，这也许是他的烟瘾所致，但他压根儿不想戒掉自己的烟瘾。西蒙斯拥有棱角分明、粗犷坚毅的面容，眼中时常闪烁着狡黠的目光，这很容易让人联想起已故演员汉弗莱·博加特[①]。西蒙斯整洁的办公桌上有一只巨型烟灰缸，时刻准备着迎接下一坨烟灰。墙上挂着一幅略显恐怖的画作——一只猞猁正在尽情地享用一只兔子。几张沙发椅旁边的咖啡桌上，放着一份佶屈聱牙的数学论文，提醒着到访者西蒙斯早期辉煌的学术生涯，然而相关学术研究早已被西蒙斯抛诸脑后，留待同侪们继续去求索。

此时，西蒙斯已经为寻找成功的投资模型花费了 12 年时间。早先，他也和别人一样，依靠天性和直觉进行投资交易，但市场的波动常常让他愁到胃痛。他一度沮丧至极，甚至让同事怀疑他有自杀倾向。西蒙斯曾经雇用两位顶尖的数学家和他一起从事投资事宜，但是这种合作在亏损和相互指责中分崩离析了。就在此前的一年，也就是 1989 年，由于业绩非常糟糕，西蒙斯曾经不得不停止相关投资活动。许多人认为他也许会终止他的整个投资生涯。

现在，在经历了一段失败的婚姻、离开了两任不合拍的合作伙伴之后，西蒙斯决定拥抱一种激进的投资风格。他与一位博弈论专家埃尔文·伯勒坎普一起开发了一个计算机模型，可以用来处理海量的市场数据，并从中挑选出最优的交易机会。他们认为，这是一种具有科学性和系统性的方法，可以用来去除交易流程中的情感因素。"如果我们有足够的数据，那么我们是能够做出预测的。"西蒙斯如是说。

西蒙斯的密友们都知道是什么在驱策着他。西蒙斯 23 岁就获得了博士学位，然后成了一位为人称道的密码学家、一位远近闻名的数学家和一位极具开创性的大学管理者。他需要新的挑战和更大的舞台。西蒙斯曾经和一位

[①] 汉弗莱·博加特（Humphrey Bogart）出生于美国纽约，男演员，1999 年被美国电影学会评选为第一位"百年来最伟大的男演员"。——编者注

朋友提起过，如果能够破译股市密码继而征服投资世界"将会是了不起的成就"。他想用数学征服市场，如果成功，他非但能够赚到巨额的财富，甚至可能影响到华尔街以外的世界。有人认为这才是西蒙斯真正的目标所在。

投资领域和数学领域一样，你往往很难在中年取得突破。然而，西蒙斯确信他即将取得某种历史性突破。夹着梅丽特牌香烟，西蒙斯又一次拨通了伯勒坎普的电话。"你在留意黄金价格吗？"西蒙斯操着波士顿口音，用他那沙哑的嗓音问道。"是的，我在留意着黄金价格，"伯勒坎普答道，"但是我们并不需要调整我们的交易系统。"西蒙斯没有再说什么，而是像往常一样礼貌地挂上电话。然而伯勒坎普却对西蒙斯的盘问日益感到困扰。

瘦削的伯勒坎普不苟言笑，一对蓝色的眼睛隐藏在厚厚的眼镜片后边。他的办公室在美国西岸非常靠近加州大学伯克利分校的地方，他依然进行着正常的教学工作。当伯勒坎普和伯克利分校商学院的研究生们讨论交易的时候，研究生们经常嘲笑伯勒坎普和西蒙斯所采用的交易方法，将之戏称为"江湖骗术"。"行了吧，计算机怎么可能与人类的判断力一较高下？"一位研究生说道。"我们想做人类做不到的事情。"伯勒坎普回答道。私下里，伯勒坎普其实也明白为什么他们的方法被讥为"现代炼金术"，因为甚至连他自己都不理解他们的模型为何会对某些交易类型"情有独钟"。

西蒙斯的交易思想不仅在校园不受欢迎，在其他领域也鲜为人知。此时，乔治·索罗斯、彼得·林奇、比尔·格罗斯[1]等一批大佬开始崭露头角，他们凭借智力、直觉以及传统的经济指标和技术分析，在国际金融市场上获

---

[1] 比尔·格罗斯（Bill Gross），全球债券市场的主要操盘手，创建了太平洋投资管理公司（Pacific Investment Management Company，简称 PIMCO），投资债券领域超过 30 年，有"债券天王"之称。——编者注

征服市场的人
THE MAN WHO SOLVED THE MARKET

取了巨大的收益。相形之下，西蒙斯并不懂得如何管理现金流，如何评估新产品，抑或如何预测利率走势。他所做的仅仅是挖掘海量的价格数据。这种交易方法包含了数据清洗、信号机制和回溯测试等要素，当时的华尔街对此毫无概念，甚至都没有一个合适的名字来概括这种方法。1990年的时候，网络浏览器还没有发明出来，连用电子邮件的人都非常少，人们对算法的概念仅仅停留在第二次世界大战时期帮助艾伦·图灵①破译纳粹密码的机器上。"这些算法有朝一日会引导甚至管理千百万人的日常生活"，或者"一帮数学教授能利用这些算法碾压那些经验丰富的知名投资者"，这类想法对人们来说不是遥不可及就是荒诞至极。

然而，西蒙斯天性乐观，并且有种莫名的自信，他已经嗅到计算机交易系统胜利的味道了。另外，西蒙斯实际上没有多少退路，他一度做得还不错的风险投资已经偃旗息鼓，他也肯定不想再回去教书了。

"我们再加把劲儿吧！"西蒙斯又急急忙忙地给伯勒坎普打了一个电话，"我觉得我们明年能取得超过80%的收益率。""一年80%的收益率？他恐怕是真的异想天开了。"伯勒坎普想。"要取得如此巨额的收益是不太可能的。"伯勒坎普告诉西蒙斯，"另外，你真的不需要打这么多电话给我。"然而，西蒙斯就是停不下来，直到最后伯勒坎普终于决定退出，这对西蒙斯而言又是一次重击。"见鬼去吧，大不了我自己来！"西蒙斯对一位朋友说。

与此同时，在大约80千米外的纽约州，一位高大英俊的中年科学家正盯着一块白板与他给自己出的一道难题较劲。罗伯特·默瑟正在IBM位于

---

① 艾伦·图灵（Alan Turing），英国数学家、逻辑学家，被称为"计算机科学之父""人工智能之父"，第二次世界大战爆发后回到剑桥，后曾协助军方破解德国的著名密码系统Enigma，帮助盟军取得了最终的胜利。——编者注

威斯特彻斯特郊区的研发中心里进行着一项研究，他试图找到一种方法让计算机更好地把语音转换成文本，甚至能够直接翻译语言。默瑟并没有采用传统的方法，而是使用了现在被称为大规模机器学习的一种早期形式。他和同事们用海量的数据来调试计算机，使其可以学会自动处理这些任务。默瑟已经在"计算机界的巨人"IBM公司工作接近20年了，但是关于计算机技术到底会发展到什么程度，他依然没有把握。

同事们并不能完全理解默瑟，哪怕是那些已经与他并肩战斗好几年的人。默瑟拥有非比寻常的天赋，但是在待人接物上总是稍显局促。他每天的午餐都很单调，用一个旧旧的棕色纸袋包着，不是金枪鱼三明治，就是花生酱和果酱三明治。默瑟经常在办公室转悠，嘴里哼着古典音乐的曲调，一副轻松超然的表情。默瑟经常说一些非常睿智的话，尽管有些话听起来很奇怪。之后，同事们了解到默瑟根深蒂固的反政府立场和激进的政治观点，这将在未来对默瑟的生活产生决定性的影响，并波及许多人。

在IBM的时候，默瑟花很多时间和一位叫彼得·布朗的年轻同事待在一起。彼得·布朗有着浓密的棕色头发，戴着厚厚的眼镜，是一位有创意、性格外向并且活力四射的数学家。彼时，他们并没有在一起讨论如何在股市中赚钱。但是之后，他们都因为一些个人的困顿而加入西蒙斯战队，一起为了征服股市，甚至发起一场投资革命而奋斗。

西蒙斯此时当然还不知道他面前的障碍，也不知道他即将面临的悲剧以及那些颠覆了他公司的变故。1990年秋的一天，当西蒙斯从他的办公室眺望纽约的东河时，他只知道他急需解决一个难题。"股市的确存在着一些规律，"西蒙斯告诉同事，"我们一定能找到它们。"

THE MAN WHO
SOLVED
THE MARKET
前言

神秘的西蒙斯

"你自己心里明白,没人会理你,对不对?"

2017年9月初,我正坐在马萨诸塞州剑桥市一家海鲜餐馆里,边咀嚼一份沙拉,边竭尽全力试图撬开一位名为尼克·帕特森的英国数学家的嘴,请他谈一谈他的老东家文艺复兴科技公司的情况。然而,我远没有那么幸运。

我告诉帕特森,我只是想写一本关于文艺复兴科技公司的创始人詹姆斯·西蒙斯的书,因为西蒙斯造就了金融史上最强大的赚钱机器。文艺复兴科技公司赚取了如此巨额的财富,让西蒙斯和他的同事们在世界政治、科技、教育和慈善等领域都拥有巨大的影响力。在马克·扎克伯格等人还没上幼儿园的时候,西蒙斯就致力于利用算法、计算机模型和大数据推动社会进步了。

然而，帕特森并不配合。此前西蒙斯和他的助手已经表示过，他们无法为我提供多少帮助。在文艺复兴科技公司的管理层和西蒙斯的亲友中，连那些视我为朋友的人，都没有接听电话或者回复邮件，就连文艺复兴科技公司的竞争对手们也迫于压力，不愿意与我会面，仿佛西蒙斯是一个黑帮老大。

几个回合之后，帕特森提醒我他必须遵守文艺复兴科技公司内部长达30页的保密文件，那是文艺复兴科技公司的每一位员工都必须签署的文件，且有效期一直延续到退休以后。我充分理解这些，然而，这又怎样？我已经在华尔街日报干了20多年了，我很清楚游戏规则，再难以企及的题材都有回旋的余地。再说，谁不想拥有一本关于自己的书呢？我相信西蒙斯和文艺复兴科技公司也不例外。

其实我并不吃惊。作为华尔街有史以来最顶尖的交易者之一，西蒙斯和他的团队是不愿意透露哪怕一丝一毫他们的秘籍的，唯恐竞争对手寻到任何蛛丝马迹。文艺复兴科技公司的雇员们尽量避免被任何媒体曝光，也极少参加行业会议和公开聚会。西蒙斯曾经引用《动物农场》①中那头著名的驴子本杰明的话来诠释他对抛头露面的态度："'上帝给了我尾巴来驱赶苍蝇，但是我宁可没有尾巴也没有苍蝇'，这就是我对于公开宣传的感觉。"[1]

---

① 《动物农场》(Animal Farm) 是英国作家乔治·奥威尔创作的中篇小说，1945年首次出版。该作讲述了农场的一群动物成功地进行了一场"革命"，将压榨他们的人类东家赶出农场，建立起一个平等的动物社会。然而，动物领袖——那些聪明的猪最终却篡夺了革命的果实，成为比人类东家更加独裁和极权的统治者。——编者注

前 言
神秘的西蒙斯

我抬起头，露出一丝勉强的微笑。要从西蒙斯的身边人入手了解他的故事，势必要打一场"硬仗"。我继续努力地明察暗访，撰写西蒙斯的故事和探究他的秘密甚至成了我的癖好。他为此设置的那些障碍反而更加激起了我的斗志。

我决定写西蒙斯的故事是有充分理由的。西蒙斯曾经是一位数学教授，而且他无疑是现代金融史上最为成功的交易者之一。1988年以来，文艺复兴科技公司的旗舰产品大奖章基金获得了年化66%的收益率，在交易中获得了超过1 000亿美元的利润。这个记录在投资界无人能出其右，沃伦·巴菲特、乔治·索罗斯、彼得·林奇、史蒂文·科恩，甚至瑞·达利欧都难以企及。

近些年来，文艺复兴科技公司每年能从交易中赚取超过70亿美元。这个数字超过了安德玛（UNDER ARMOUR）、李维斯（Levi's）、孩之宝[①]和凯悦酒店[②]的年度收入总和。更惊人的是，其他公司一般都有上千个雇员，但文艺复兴科技公司只有300人左右。

我确信西蒙斯拥有大约230亿美元的资产，资产规模超过了特斯拉的首席执行官（CEO）埃隆·马斯克、创立新闻集团（News Corporation）的鲁伯特·默多克和史蒂夫·乔布斯的遗孀劳伦斯·鲍威尔·乔布斯（Laurence Powell Jobs）。文艺复兴科技公司的其他员工也都是亿万富翁，员工们仅在公司对冲基金里的平均资产就有5 000万美元。西蒙斯和他的团队在现实中

[①] 孩之宝（Hasbro），美国著名玩具公司，1923年由亨利与海拉尔·哈森菲尔德兄弟（Henry Hassenfeld and Helal Hassenfeld）在美国罗德岛创建。——编者注

[②] 凯悦酒店（Hyatt Hotels），总部位于美国芝加哥，在世界各地开发、拥有、管理和特许经营凯悦品牌酒店、度假村、住宅和度假性产业。——编者注

创造了只有在童话里才能拥有的巨额财富。

除了投资成功之外，西蒙斯身上还有其他东西在吸引着我。早先，当别人还在用诸如天性、直觉等老套的方法做预测的时候，西蒙斯已经决定借力于数据挖掘、高等数学和计算机模型来做投资。他引燃了一场投资界的革命。至2019年年初，对冲基金和量化交易者已经成为市场最大的参与者，交易额占比达到30%，远超散户投资者和传统机构投资者。[2] 各大公司的管理层都曾经非常不屑于利用科技手段和计算机模型来投资，但他们觉得如有需要，可以轻易地雇用到程序员来作为辅助。而如今情形反转，程序员对管理者恰恰抱有相似的想法。

如今，西蒙斯先驱性的方法被绝大多数产业接受，并且影响到了我们日常生活的方方面面。他和他的团队30多年前就开始利用统计学、智能算法和计算机来进行经济形势预测和分析，远远早于硅谷、政府、军方等其他需要经常做预测的地方。西蒙斯找到了把天赋、脑力和算法转化成财富的方法，他利用数学知识赚取了巨额财富。在数十年前，这并非稀松平常的事。

再后来，西蒙斯化身为美第奇①再世，他资助了数以千计的公立学校的数学和科学老师，推进了孤独症疗法的研发，并且拓展了我们对于生命本源的认识。他的所作所为，尽管很有价值，但也引发了人们关于"个人是否应该拥有如此巨大的影响力"的思考。西蒙斯、罗伯特·默瑟和文艺复兴科技公司的其他人未来还将在各个领域产生广泛的影响力。

---

① 美第奇家族从银行业起家，逐渐获得政治地位，在14～17世纪的大部分时间里，他们都是佛罗伦萨实际上的统治者。但美第奇家族最重大的成就在艺术、建筑和科学方面，是他们资助了像达·芬奇、伽利略、米开朗琪罗这样的天才。如果没有美第奇家族，意大利文艺复兴绝非今天所见的面貌。——编者注

前言
神秘的西蒙斯

西蒙斯和他团队的成功也引发了很多深层次的思考。比如，为什么数学家和科学家在投资领域会表现得比大型机构的投资老手们更好？是不是"西蒙斯们"对于投资有异于常人的理解？西蒙斯的成就是否证明了人类的判断和直觉是有天然缺陷的，而能够处理海量数据的模型和计算机系统可以碾压人类投资者？西蒙斯的量化投资方法的成功和风靡是否创造了新的潜在风险？

最令我着迷的是一个明显的悖论：按照常识来判断，西蒙斯和他的团队根本就不可能征服市场。西蒙斯从来没有上过正规的金融课程，也没有很积极地学习商业知识，40岁时，西蒙斯还只是初涉资本交易而已；10年之后，他在这方面依然没有取得什么进展。更过分的是，西蒙斯研究的甚至不是应用数学，而是理论数学，而且是最不实用的那一类。他把公司开设在美国长岛北岸一个平平无奇的小镇里，雇用了一群对华尔街的投资理论一无所知的数学家和科学家。然而，西蒙斯和他的团队却彻底改变了市场的玩法，一骑绝尘。这很像一群游客，手握粗陋的工具，背负微薄的给养，却在他们第一次登陆南美洲的时候就发现了黄金国①，并在其中大肆劫掠，徒留那些历尽艰难的探险者目瞪口呆。

最后，我终究还是挖到了宝藏。我了解到了西蒙斯作为一个卓越的数学家曾经获得终身教职，他曾担任过密码破译员，并且在文艺复兴科技公司成立早期经历过颇多动荡。我也了解到文艺复兴科技公司取得的一些关键性技术突破的细节，以及近期的一些极具戏剧性的事件。日积月累下来，我完成了对文艺复兴科技公司30多位现任和前任雇员的400多次采访。我还访谈了西蒙斯的许多朋友和家人，以期更深入地了解那些事件的前因后果。我深

① 黄金国（El Dorado）是传说中的南美黄金王国，据考古和历史学者的研究，遗址可能是在现今南美秘鲁高原一处叫库斯科（Cuzco）的地方。——编者注

征服市场的人
THE MAN WHO SOLVED THE MARKET

深地感激这些愿意花时间与我分享他们的回忆、观察和洞见的朋友，其中有些人其实冒了相当大的风险。希望我不会辜负他们。

渐渐地，连西蒙斯都愿意跟我交谈了。他告诫我不要写这本关于他的书，也因此表现得相当不配合。不过他还是很慷慨地花了10多个小时与我分享他生命中的数个片段，却从不讨论关于文艺复兴科技公司的任何交易细节。他分享的内容还是非常有价值的，在此一并致谢。

这是一本非虚构作品，完全基于当事人一手的见证和回忆。当然，我明白记忆会褪色，所以我已经尽我所能核实每一个事实和细节。

我尽力把本书写得既适合普通读者翻阅，也适合专业的量化交易者和数学家品读。书中既写到了马尔可夫模型[①]、机器学习的核方法[②]和随机微分方程，也写到了破碎的婚姻、职场中的内斗和恐慌的交易员。

尽管西蒙斯拥有超人的洞见，但生活中发生的许多事还是屡屡给他当头一棒。那些事也许就是他杰出的生涯中最令人唏嘘的时刻了。

---

① 马尔可夫模型（Markov Model）是一种统计模型，广泛应用在语音识别、词性自动标注、音字转换、概率文法等自然语言处理应用领域。——编者注

② 核方法（Kernel Methods）是一类模式识别的算法，其目的是找出并识别一组数据中的相互关系。用途较广的核方法有支持向量机、高斯过程等。——编者注

THE MAN WHO
SOLVED
THE MARKET

测一测

你是否了解征服市场的策略

1. 文艺复兴科技公司建立极少受到人为干预的全自动化交易系统，是为了规避人的贪婪、恐惧等情绪所带来的交易损失。

    A. 正确   B. 不正确

2. 使用模型和算法进行交易可以确保交易决策的正确性，不会有错误发生。

    A. 正确   B. 不正确

3. 华尔街有条不成文的规则是，不要频繁交易，因为频繁交易的成本高昂，并且短期交易产生的价差微乎其微，因此高频短期交易是绝对不可取的。

    A. 正确   B. 不正确

4. 如果交易得足够频繁，那么单次交易的成果就不那么重要，只要交易规模够大，保证51%的交易可以盈利就能获得可观的收益。

    A. 正确   B. 不正确

5. 影响投资结果的因素是有限的，在交易中考虑过多的因素只会带来不必要的干扰。

   A. 正确　　　　　　　　　　B. 不正确

6. 大奖章基金称得上是一块"数据海绵"，每年吸收着几万亿字节的信息，并不断消化、存储和分析这些数据，从中寻找可靠的规律。对于量化投资来说，数据多多益善。

   A. 正确　　　　　　　　　　B. 不正确

7. 通过基本面研究来进行投资的优势相对于过去在减弱，因为当下上市公司的财务信息会得到完整的公开，投资者很难从中找到未被对手发现的信息。

   A. 正确　　　　　　　　　　B. 不正确

8. 大奖章基金的赚钱策略是，从历史价格中发现异常现象，只要这种异常出现的频率足够高，并且在统计上是显著的，就可以作为交易信号，不必思考背后的原因，借此他们发现了很多竞争对手发现不了的机会。

   A. 正确　　　　　　　　　　B. 不正确

扫码下载"湛庐阅读"App，
获取测试题答案及解析。

THE MAN WHO
SOLVED
THE MARKET

目录

推荐序 1　**在资管行业独辟蹊径：量化投资的新赛道**
　　　　　　　　　　　　　　　　　　　　　　巴曙松教授
　　　　　　　　　　　　　　北京大学汇丰金融研究院执行院长，
　　　　　　　　　　香港交易所董事总经理兼首席中国经济学家，
　　　　　　　　　　　　　　　　　中国银行业协会首席经济学家

推荐序 2　**创造理解市场的模型**
　　　　　　　　　　　　　　　　　　　　　　　　梁文锋
　　　　　　　　　　　　　　　DeepSeek 创始人，幻方量化创始人

推荐序 3　**西蒙斯的奇迹**
　　　　　　　　　　　　　　　　　　　　　　　　裘慧明
　　　　　　　　　　　　　　　　　　　　　明汯投资创始人

序　　言　**做人类做不到的事**
前　　言　**神秘的西蒙斯**
测 一 测　**你是否了解征服市场的策略**

第一部分　**金钱不是万能的** _001

第 1 章　**学数学赚不到钱吗** _003
　　　　　　定理和方程式可以帮助人们发现真理 _010
　　　　　　"赚快钱的感觉真是太棒了！" _014
　　　　　　财富可以让人独立，让人产生影响力 _017

征服市场的人
THE MAN WHO SOLVED THE MARKET

第 2 章　**让每年收益超过 50% 的交易方法**_019
　　开发新型股票交易系统_026
　　"你被解雇了"_028
　　牛人与真正的牛人_031
　　离婚，只是因为结婚太早_033
　　陈 - 西蒙斯理论_034
　　在职业巅峰攀登一座新的山峰_036

第 3 章　**一定有办法对价格建模**_039
　　列尼·鲍姆的算法_043
　　"我想要在我睡觉的时候都能帮我赚钱的模型"_051
　　更名_056
　　解约，鲍姆退场_060
　　寻找一条新赛道_063

第 4 章　**一场投资革命蓄势待发**_065
　　詹姆斯·埃克斯的焦虑与愤怒_068
　　埃克斯加入西蒙斯的公司_072
　　桑铎·斯特劳斯，未知宝藏的探寻者_073
　　"他必须参与到竞争之中，并且必须赢"_076
　　新公司 Axcom_078
　　瑞尼·卡莫纳，只要大部分正确就足够了_079
　　黑箱，跟着数据走_082

第 5 章　**大奖章诞生，致敬曾经获得的数学奖章**_087
　　用"大奖章"留住客户_094
　　称职的数学家，不称职的研究主管_100

目录

道歉与忏悔 _ 103

第 6 章　神奇公式，在高频交易中盈利 _ 107
闻到硝烟味儿的时候要赶紧跑 _ 116
只有系统能决定我们交易什么 _ 118
征服市场的障碍 _ 122

第 7 章　宽客们的金融工程 _ 125
自动化自营交易团队 _ 135
因子投资法 _ 138
最大的竞争对手 _ 139

第 8 章　只用单一的交易模型 _ 143
亨利·劳弗，一个价值连城的决定 _ 149
自作聪明的人太多了 _ 158
又激动，又焦虑 _ 160
透明带来竞争，曝光得越少越好 _ 161
"皇帝们总想开疆拓土" _ 163
保罗·西蒙斯的去世 _ 165

第 9 章　挖角 IBM，招揽最优秀的人才 _ 169
处在低谷状态中的聪明人 _ 177
罗伯特·默瑟，计算机的信徒 _ 178
彼得·布朗，给"深蓝"命名的人 _ 181

第 10 章　拯救 Nova 基金 _ 191
"一瘸一拐"的 Nova 基金 _ 198

戴维·马杰曼，成为公司最不可或缺的人 _ 202

第 11 章　永远不要完全相信一个模型 _ 209
　　不同寻常的开放文化 _ 213
　　赚钱策略的三个步骤 _ 217
　　全新的自信 _ 219
　　1998 年陨落的两个量化巨头 _ 222
　　模型不能反映全部事实，只反映事实的一部分 _ 226
　　机器失控了？ _ 227
　　"我们发现的原则始终有效" _ 231

第二部分　金钱改变一切 _ 235

第 12 章　大奖章基金清退外部持有人 _ 237
　　一篮子期权，大幅提升收益率的妙招 _ 242
　　我真的应得那么多钱吗 _ 245
　　劳弗代表过去，布朗和默瑟代表未来 _ 248
　　新员工与老员工的冲突 _ 251
　　初心变了 _ 252
　　"他什么都没做" _ 254
　　西蒙斯的避难所 _ 257
　　肉中的刺 _ 258

第 13 章　启动 RIEF，做长期交易 _ 263
　　绝不放过叛逃者 _ 272
　　一群"谢尔顿" _ 274
　　量化地震 _ 275

目 录

    "我们不会翻车" _280
    压垮格伦·惠特尼的最后一根稻草 _281
    你可以比市场更聪明 _283

第 14 章 **在 50.75% 的机会中做到百分之百正确** _287
    戴维·马杰曼的新生活 _291
    稀有动物默瑟 _297
    专业表现和政治观点是两码事 _299
    "我们非常沮丧" _301
    交战 _302
    死亡威胁 _303
    解雇马杰曼 _303
    投诉与撤资 _307

第 15 章 **量化投资的未来** _311
    量化投资者的挑战 _318
    计算机交易的风险被夸大了 _319
    试图击败市场是愚蠢的 _321
    友好和解 _323
    一切都在掌控中 _324
    西蒙斯的野心 _325

后 记 **我们拥有很多运气** _329
译者后记 **致敬詹姆斯·西蒙斯** _333
附 录 1 **文艺复兴科技公司在 1988—2018 年的年报数据** _337
附 录 2 **各大基金的年化复合收益率对比** _339
参考文献 _340

THE MAN

WHO

SOLVED

THE

MARKET

第一部分

金钱不是万能的

第1章

学数学
赚不到钱吗

"你应该做喜欢的事情,而不是你觉得应该做的事情。"西蒙斯从没忘记这句话。他最喜欢做的事情是思考数学问题,他经常沉溺于对数字、形状和斜率的思考之中。他 3 岁的时候就能算出某个数字的两倍和一半各是多少,还可以算出 2 到 32 的平方数,并且丝毫不觉得厌烦。

第 1 章
学数学赚不到钱吗

詹姆斯·西蒙斯抓起一把扫帚就奔楼上而去。

1952年的冬天,在马萨诸塞州首府波士顿的布雷克园艺商店里,一个14岁的少年想赚点儿零花钱,但不太顺利,在底楼储藏室干活的他毫无头绪,羊粪肥、种子……他总是把这些东西放错位置。沮丧的店主只能让西蒙斯穿过店铺狭窄的过道去扫硬木地板,做这项无须动脑的重复劳动。但这对西蒙斯来讲是一桩幸事,他终于可以独自安静地琢磨一些更重要的事情,比如数学、女孩儿和未来。"我又能拿工资又有时间思考!"这是西蒙斯当时的想法。

几周之后,西蒙斯的圣诞节兼职结束了。店主夫妇问起西蒙斯的长期打算。"我想去麻省理工学院学数学。"西蒙斯当时回答说。店主夫妇忍不住大笑起来。一个如此缺心眼儿,连基本的园艺用品都无法整理好的孩子,竟然

征服市场的人
THE MAN WHO SOLVED THE MARKET

想学数学，而且是在麻省理工学院？

"他们觉得那是他们听过的最搞笑的事情。"西蒙斯回忆道。但怀疑和嘲笑并没有影响到西蒙斯，这位年轻人满怀自信和决心，想要做一番大事业。在背后默默支持他的父母也怀有这样的雄心壮志，当然也历经深深的遗憾。

1938年的春天，老西蒙斯夫妇马修和马西娅迎来了詹姆斯·西蒙斯的出生。马西娅在此之前已经经历了好几次流产，所以西蒙斯就成了他们唯一的孩子，夫妇俩自然对他倾注了所有的心血。马西娅是一个聪明又外向的女人，她经常在西蒙斯的学校里做义工，却从未有过正式的工作。她把自己的激情和梦想都倾注到了西蒙斯身上，鞭策他在学业上不断精进，确保一个好前程。

"妈妈对我寄予厚望，"西蒙斯回忆道，"她将我视作她的作品。"

马修却对生活和育儿都有不同的看法。作为家中10个孩子之一，马修从6岁开始就着急为家里赚钱了，比如在大街上卖报纸，在附近的火车站为旅客搬运行李等。到了该上高中的年纪，马修却已经开始全职工作了。他尝试去上夜校，但最终还是放弃了，白天工作太累，他根本无法集中精神。

作为一位父亲，马修非常和蔼可亲。他很享受每天下班回家给马西娅讲他自己瞎编的故事，比如古巴要造一座通往佛罗里达的大桥等，而一旁的儿子则要努力不笑出声。马西娅虽然很聪明，却比较轻信别人。马修会说得越来越不着边际，直到马西娅最终识破骗局。这种家庭游戏经常让西蒙斯情绪亢奋。"妈妈通常并不能很快识破爸爸的骗局，"西蒙斯说，"但是我能。"

马修是二十世纪福克斯公司的一名销售经理，经常要驾车造访美国新英

第 1 章
学数学赚不到钱吗

格兰地区的各大剧院，推销公司的最新影片。秀兰·邓波儿是那个时代最红的明星，她也签约了福克斯，所以马修经常借着邓波儿的新片搭售其他影片。马修非常享受他的工作，所以来公司不久后便被提升为销售经理，这似乎预示着他在公司会有进一步的上升空间。但当他的岳父彼得·坎特（Peter Kantor）要求他来自家的鞋厂工作的时候，马修就放弃了自己的计划，一方面是因为，彼得承诺给他股份，另一方面是因为，这毕竟是家族产业。

彼得的鞋厂是生产高端女鞋的，经营得很成功，但是钱赚得快花得也快。彼得是一个体格魁伟、行事浮夸的人，喜欢昂贵的服装和豪华的汽车，经常穿着增高鞋来掩饰他 1.65 米的身高，他在赌马和情妇们身上挥霍了很多钱。在发薪日，彼得经常让西蒙斯和他的表弟理查德·劳里（Richard Lourie）手捧足有半人高的现金。理查德回忆道："我们都乐在其中。"[1]

彼得是一个无忧无虑的乐天派，这种性格也为西蒙斯所继承。作为一个土生土长的俄罗斯人，彼得经常给他的外孙们讲关于俄罗斯的有趣故事，比如狼、女人、鱼子酱和伏特加等。他还会教他们一些俄语中的俚语，比如"给我一根烟"和"亲亲我的屁股"（kiss my ass，表示看不起对方）等，经常引得孩子们哈哈大笑。为了避税，彼得通常把现金都藏在一个保险箱里，但他总是会在胸前的口袋里放 1 500 美元，甚至在他死的那一天，彼得的口袋里也精确地放着这个数额的钱，以及很多红颜知己寄来的圣诞卡片。

马修·西蒙斯在鞋厂当了多年的总经理，但他从未获得彼得所承诺的股份。后来马修和儿子坦承，觉得自己当初不应该放弃那份既有前途又激动人心的工作。

"教训就是，你应该做喜欢的事情，而不是你觉得应该做的事情，"西蒙斯说，"我从没忘记这句话。"

西蒙斯最喜欢做的事情是思考数学问题，他经常沉溺于对数字、形状和斜率的思考之中。他3岁的时候就能算出某个数字的两倍和一半各是多少，还可以算出2到32的平方数，并且丝毫不觉得厌烦。有一天，在全家人去海滩的路上，马修停下来加油，这个举动使西蒙斯很困惑。西蒙斯认为他们的车永远都不需要加油，因为即使用掉一半的油，油箱里还有另一半，如果每次都只用一半，那么永远都不会用尽。这个4岁的男孩看来已经初涉了一个高阶的数理逻辑问题。如果一个人每次都只走一半的路程，那么无论路程多短，他都是永远无法到达终点的。这个悖论最早是由古希腊哲学家芝诺（Zeno of Elea）提出来的，他提出的一系列关于运动不可分性的哲学悖论困扰了数学家们好几个世纪。

像其他独生子女一样，西蒙斯常常花很多时间思考，甚至自说自话。在幼儿园的时候，他经常会爬到附近的树上，坐在树枝上陷入沉思。有时候马西娅不得不强行命令他下来和其他小伙伴一起玩耍。

吸取了父母的教训，西蒙斯决定专注于自己热爱的事情上。西蒙斯8岁的时候，他们的家庭医生卡普兰（Dr. Kaplan）曾经建议他去学医，因为医生对于一个"聪明的犹太男孩"来说是一份理想的职业。但是西蒙斯却大为恼怒。"我想成为一个数学家或者科学家。"他答道。卡普兰医生想继续跟这个男孩讲讲道理："听着，学数学赚不着钱！"但西蒙斯说他还是想试试。虽然他并不十分了解数学，但是只要能跟数字打交道就足够了。无论如何，他很确定自己不想当一名医生。

在学校里，西蒙斯是一名聪明但很调皮捣蛋的学生，充分展现出他母亲的自信和父亲的诙谐。他很爱读书，经常光顾当地的图书馆，每周借出4本书来读，许多书是超出他的认知范围的。然而，最吸引他的还是数学。位于布鲁克莱恩市（Brookline）的劳伦斯中学（Lawrence School）曾经培养出

第 1 章
学数学赚不到钱吗

许多知名校友，诸如新闻主播迈克·华莱士（Mike Wallace）和芭芭拉·沃尔特斯（Barbara Walters）。西蒙斯在这里取得了很好的成绩，并被推选为班长。但他后来没有保住这个位子，输给了一个女孩儿，可能因为她不会像西蒙斯一样经常陷入沉思。那时候西蒙斯还有一个比较有钱的朋友，西蒙斯对这个朋友家优越的生活条件印象深刻。"有钱真好，"西蒙斯后来说道，"我对商业不感兴趣，但是不意味着我对金钱不感兴趣。"[2]

西蒙斯花了不少时间在玩儿上面。他有时候会和一个名叫吉姆·哈佩尔（Jim Harpel）的朋友一起骑车去波士顿的贝利冰激凌店吃上一大碗冰激凌。大一点儿之后，他们又会经常溜入老霍华德剧院去看滑稽表演。一个周六的早晨，当他们正准备出门的时候，哈佩尔的父亲注意到了挂在他们脖子上的双筒望远镜，他问道："你们要去老霍华德剧院？"西蒙斯惊讶道："你怎么知道的，哈佩尔先生？"哈佩尔先生回答："拿着望远镜还能干吗？去看鸟？"

九年级之后，西蒙斯一家从布鲁克莱恩市搬到了牛顿市。西蒙斯上了牛顿高中，这是一所优秀的公立高中，在这里他的梦想得到了很好的滋养。高二开始，西蒙斯就热衷于讨论各种纯理论性问题，比如平面的无限延展性等。

高中毕业的时候，西蒙斯已经是一个瘦瘦高高但很结实的小伙子了，他和哈佩尔一起进行了一场横穿美国的自驾游。每到一处，这两个出身中产家庭、不谙世事的17岁小伙儿都会与当地人交谈。当他们穿越密西西比河流域的时候，他们看到很多黑人在地里劳作，住在像鸡笼一样的屋子里。"美国重建时期把黑人解放成了佃农，但是他们还是活得和奴隶差不多，"哈佩尔回忆道，"这深深地震撼了我们。"

在国家公园露营的时候，他们去了一个游泳池，但发现整个泳池是没有黑人的，他们觉得很奇怪。西蒙斯向一个身材魁梧的中年管理员询问，为什么这里完全没有色人种。"我们禁止黑鬼①入内。"管理员答道。造访其他城市的时候，他们还看到一些家庭生活在极端贫困之中，这些都使得他们对社会不公留下了直观而深刻的印象。

定理和方程式可以帮助人们发现真理

后来，西蒙斯被麻省理工学院录取了。开学之后，他直接跳过了大一的数学课，因为他在高中就已经都学过了。然而，大学生活还是给西蒙斯带来了明显的挑战。起头儿的时候，西蒙斯因为压力太大而常常胃疼，他瘦了9千克，还在医院住了两星期。最后医生诊断他为结肠炎，开了类固醇药物来维持他的健康。

大一的下学期，西蒙斯过度膨胀了，他直接选了抽象代数，这是一门研究生课程。事实证明这是一场灾难。他跟不上其他同学的进度，上课听不懂，作业也无法完成。于是西蒙斯买了一本抽象代数的书，暑假带回家认真攻读，最后顺利地通过了这门课的考试。大二的时候，虽然他在高级微积分课程中只拿到D，但是教授还是允许他继续参加下一阶段的课程。下一阶段的课程主要是讨论斯托克斯定理，即关于牛顿三维曲面和曲线积分理论的综述。西蒙斯被这门课程迷住了，他惊叹于微积分、代数和几何竟然能够在同一理论框架下达到这样单纯的和谐统一。西蒙斯学得非常好，同学们都来找他答疑。

"我对此感到心花怒放，"西蒙斯说，"这种感觉好极了。"强有力的定理和方程式可以帮助人们发现真理，并且使分属代数和几何的不同领域达到和

---

① "黑鬼"是不尊重的称呼，我们可以从中看出当时歧视黑人的状况。——编者注

第 1 章
学数学赚不到钱吗

谐统一,这种力量深深吸引了西蒙斯。"在我看来这十分优雅而美丽。"西蒙斯说。

当时西蒙斯的同学中不乏天才,比如只花了两年就从大学毕业、后来获得顶级数学奖项,并在哈佛大学获得教职的巴里·梅热(Barry Mazur)。西蒙斯承认自己不如他那么优秀,但也不是差得太远。西蒙斯有一种打破砂锅问到底的精神。朋友们经常看到他躺着,双目紧闭,进行长达数小时的思考。他是一个品位甚高且很有想象力的思考者,有一种直击问题本质的直觉,常常能够抓住那些可能会引致突破的关键点。"我认识到我或许不是最优秀的,但我依然可以做很多有意义的事情,我有这种自信。"他说。

一天,西蒙斯看到两位著名的数学教授,沃伦·安布罗斯(Warren Ambrose)和艾沙道尔·辛格(Isadore Singer)在咖啡馆讨论到深夜。他就认定这是他想要的生活——围绕着香烟、咖啡和数学的生活。"这是一次顿悟,犹如灵光乍现。"西蒙斯说。

除了数学课之外,西蒙斯不太愿意在其他课上花太多时间。麻省理工学院的学生必须选修健身课,但西蒙斯不愿意浪费时间在换衣服和洗澡上,所以他选了射箭课。为了让上课变得不那么无聊,他和一个来自哥伦比亚的名叫吉米·迈耶(Jimmy Mayer)的同学一起,每射一箭前都押注 5 美分。他们很快就成了朋友,经常混在一起打牌到深夜。"如果你在射箭打赌上输掉5 美元,那简直和射自己一箭没什么区别。"迈耶回忆说。

西蒙斯有趣、友好、喜欢直来直去,但是经常惹上麻烦。大一的时候,他热衷于自制火焰喷射器,他把打火机油装到水枪里,然后对着点燃的打火机喷射。有一次,他在位于查尔斯河畔的宿舍楼卫生间里用木柴点了一个火堆,然后他径直把 500 毫升打火机油倒入了马桶的下水道里,并且关上了卫

011

生间的门。结果火堆引燃了机油，等他意识到问题的严重性时，整个卫生间都着火了。

"别进去！"他对闻讯赶来的室友喊道。在卫生间里，机油已经燃烧成了一个大火球，所幸宿舍是用深红色的耐火砖建造的，火焰才没有蔓延开来。西蒙斯向校方承认了错误，并且赔偿了50美元，修缮工作持续了近10个星期。

1958年，西蒙斯大三结束就已经攒够了学分，可以获得数学学士学位，当时他才20岁。在读研究生之前，西蒙斯计划去历险。他告诉他的朋友乔·罗森斯海因（Joe Rosenshein），要做一些从没做过的事情。西蒙斯觉得，来一次长距离的轮滑旅行肯定能得到很高的关注度，但是太累了。邀请一群记者尾随他们滑水撬去南美也是一个不错的选择，但是后勤工作令人望而生畏。一天下午，他和罗森斯海因一起在哈佛广场转悠的时候，看到一辆维斯帕牌意式踏板车疾驰而过。"我们也可以试试啊！"西蒙斯说道。

西蒙斯制订了一个计划，他们要做一次有"新闻价值"的旅行。他首先说服了当地的一家摩托车经销商，用对他们旅行的拍摄权换取了购买摩托车时的折扣。然后，西蒙斯、罗森斯海因和迈耶就出发踏上了南美之旅，他们把此次旅程戏称为"抵达布宜诺斯艾利斯，或者毁灭"（Buenos Aires or Bust）。这几个年轻人先向西穿越了伊利诺伊州，然后向南转向墨西哥。他们白天在乡村公路上行进，晚上就随机找地方睡觉，比如门廊、废弃的警察局，甚至森林。在森林过夜时，他们不得不架起带蚊帐的吊床防止蚊虫叮咬。在墨西哥城，有一家人给了这几个年轻人一个忠告，劝他们一定要买把枪，以防遇到土匪，并教了他们一句至关重要的西班牙语："不许动，否则我开枪了！"

穿着机车夹克，开着摩托车，这群年轻人看起来就像马龙·白兰度在经

第 1 章
学数学赚不到钱吗

典电影《飞车党》①中的形象。他们抵达墨西哥南部一个小镇时正是晚餐时分,于是他们开始找东西吃。但当地人对他们的吵闹声很恼火。

"外国佬,你们在干什么?"有人喊道。很快就有 50 多个年轻人围了上来,有一些还手拿砍刀,他们把西蒙斯和他的两个朋友推搡到一面墙边。罗森斯海因正准备摸枪,但是突然想到只有 6 颗子弹,无论如何也解决不了这么一大帮人。就在此时,警察出现了,他们挤过人堆,逮捕了这几个麻省理工学院的学生,罪名是扰民。

西蒙斯和他的两个朋友被关进了监狱。不久之后,监狱被一个黑帮团伙包围了,他们尖叫着、吹着口哨,引起了不小的骚动。于是市长亲自派人前来调查。当市长听说是 3 个波士顿来的大学生惹了麻烦时,就直接派人把他们带到了自己的办公室。原来市长就是哈佛大学毕业的,所以他很想听人说说美国波士顿的近况。在遣散了黑帮之后,当地官员请西蒙斯和他的两个朋友喝了奢华的下午茶,还请他们吃了晚餐。这 3 个小伙子决定在天亮前离开这个小镇,以免招惹更多的麻烦。

罗森斯海因觉得受够了,所以他提前回美国了。但西蒙斯和迈耶决定继续前进,他们要在 7 个星期之内抵达哥伦比亚中部的波哥大首都区,期间要穿越墨西哥、危地马拉和哥斯达黎加,路上还遇到泥石流和急流险滩。当他们最终到达的时候,已经没有钱也没有食物了,但是非常庆幸可以借宿在一个当地同学的奢华大宅里,这位同学叫艾德蒙多·艾斯坤那齐(Edmundo Esquenazi),就是本地人。艾斯坤那齐的家人和朋友列队迎接了西蒙斯和迈

---

① 《飞车党》(The Wild One)是一部反映美国非法机车团伙的电影,精准地刻画出美国青年乖戾、阴郁、好斗和渴望得到社会认同的形象,被认为喊出了美国青年一代的心声,影片的主演是马龙·白兰度。——编者注

耶，他们在一起玩槌球①，一起笑谈人生，一起度过了暑假余下的时间。

"赚快钱的感觉真是太棒了！"

等西蒙斯回到麻省理工学院继续攻读研究生课程之后，他的导师曾经建议他去加州大学伯克利分校，师从陈省身教授，攻读博士学位。陈省身是一位从中国来的数学奇才，是微分几何和拓扑学的权威。但是当时的西蒙斯有更重要的事情要忙，他已经开始和一个叫芭芭拉·布鲁斯坦（Barbara Bluestein）的女孩儿约会了。这个女孩儿娇小美丽，拥有一头乌黑亮丽的头发，才18岁，是附近韦尔斯利女子学院（Wellesley College）的大一新生。经过连续4个晚上浓情蜜意的谈话，他们飞速订婚了。"我们不停地讲啊，讲啊，"芭芭拉回忆道，"他说他要去加州大学伯克利分校，我决定追随他。"

芭芭拉的父母对这个突如其来的决定非常恼火。芭芭拉的妈妈坚持认为他们的决定太草率了，她也担心女儿在婚姻中会吃亏。"用不了几年，你一定会后悔的！"她警告芭芭拉说。但芭芭拉已经下定决心要嫁给西蒙斯了，所以她和父母达成了一个协议——她跟随西蒙斯去加州大学伯克利分校，但是会等到大二才和他结婚。

西蒙斯申请到了去加州大学伯克利分校的助学金。但当西蒙斯1959年暮夏抵达伯克利分校的时候，他大失所望，因为陈省身休假去了，他刚刚向学校申请了为期一年的工休。西蒙斯只能和其他数学家一起做研究，包括巴特拉姆·康斯坦特（Bertram Kostant）。但研究进行得并不顺利。10月初的一个晚上，西蒙斯来到芭芭拉的宿舍，告诉她自己在研究上遇到的困境，他

---

① 槌球起源于法国，是在平地或草坪上用木槌击球穿过铁环门的一种室外球类游戏。20世纪三四十年代，槌球游戏传到中国。——编者注

第 1 章
学数学赚不到钱吗

看上去情绪异常低落。"我们结婚吧。"芭芭拉说。

西蒙斯就这么"上船"了。他们决定去内华达州的里诺结婚，以避开像加州强制要求血检那样烦琐的事。这对年轻的夫妇几乎身无分文，所幸西蒙斯的室友借给他一笔钱，西蒙斯才买得起去里诺的汽车票。这是一趟300多千米的旅程。到了里诺，芭芭拉最终说服了当地的银行经理接受她的跨州支票，这样他们才有钱办理结婚证书。举办了一个简单的婚礼仪式之后，西蒙斯用余下的钱去和别人玩扑克，赢了不少钱，足够为他的新娘置办一件崭新的黑色泳衣。

回到加州之后，这对年轻夫妇决定为他们的婚姻保密，至少要等到他们想好怎么跟父母挑明这件事情。直到芭芭拉的父亲写信说要来探望女儿，他们知道再也瞒不住了，只能写信给各自的父母。在写了很多关于学校的琐事之后，他们在末尾加了同样的一句话："顺带说一句，我结婚了。"

等芭芭拉的父母终于冷静下来之后，芭芭拉的父亲找了一位当地的牧师，为他们举办了一个比较正式的传统结婚仪式。这对新婚夫妇在帕克街租了一间公寓，位置离校园很近。彼时，各个校园里的政治运动此起彼伏。西蒙斯正在撰写的微分几何的博士论文也取得了一些进展。微分几何是运用微积分、拓扑学和线性代数进行多维曲面空间研究的一门学科。西蒙斯也逐渐产生了一个新的兴趣，那就是进行金融投资。他们结婚的时候收到了5 000美元彩礼，西蒙斯急于让这笔钱翻倍。他做了很多研究，然后来到旧金山附近的美林证券公司（Merrill Lynch），买了一些联合水果公司（United Fruit Company）和塞拉尼斯公司（Celanese Corporation）的股票，前者是一家经营热带水果的公司，后者是一家化工公司。但这两只股票表现平平，这让西蒙斯很困惑。"这太乏味了，"他跟经纪人说，"你有没有更刺激一点儿的品种？""你可以看看大豆期货。"经纪人说。

西蒙斯对在指定日期和指定价格交割某种商品的期货一无所知，但他对此充满了期待。当时大豆的价格是 11.5 美分 / 千克，但是当经纪人说美林证券的分析师认为大豆价格很快就涨到 13.8 美分 / 千克或者更高的时候，西蒙斯惊呆了，于是他买了两手大豆期货。果然，之后大豆价格飙升，西蒙斯几天之内就浮盈几千美元。"赚快钱的感觉真是太棒了！"他说。但事实上，西蒙斯上钩了。

一个朋友建议西蒙斯平掉合约兑现收益，因为期货价格波动很大，但西蒙斯置若罔闻。很快，大豆价格开始暴跌，西蒙斯的账户迅速被打回盈亏平衡点。这种像坐过山车一般的感觉可能会吓到大部分新手，却恰恰吊起了西蒙斯的胃口。他开始每天早起，确保在芝加哥交易所开盘之前赶到美林证券公司。他会连续站几个小时，眼睛死死盯着大屏幕上的价格波动，并适时买进几个产品以跟上价格的走势。甚至在不得不回去继续上课的时候，他也会对市场保持关注。

"太匆忙了！"他回忆道。确实太匆忙了。他每天破晓时分就要出发去旧金山，又要完成学业和论文，再加上芭芭拉发现自己怀孕了……西蒙斯有点儿分身乏术了，于是他被迫停止了金融投资。但是这段经历在他心底埋下了种子。

西蒙斯想在博士论文里为微分几何领域内一个著名的难题提供新的论据，但是康斯坦特很质疑他的能力。康斯坦特告诉西蒙斯说很多世界级的数学家都失败了，劝他不要浪费时间。这种质疑反而鼓舞了西蒙斯。1962 年，仅仅经过两年的研究之后，西蒙斯的博士论文《全息系统的及物性》（*On the Transitivity of Holonomy Systems*）就完成了。这篇论文是关于多维空间曲面几何的。西蒙斯向非专业人士解释"全息"的时候，喜欢说这是封闭曲线上切向量的多维并行传输，真是令人头大。总之，一本著名的学术杂志刊登了这篇论文，这为西蒙斯赢得了麻省理工学院的三年教职。

当西蒙斯和芭芭拉一起带着他们的女儿伊丽莎白准备返回剑桥市的时候，西蒙斯开始思考他的未来。未来几十年的生活在他面前似乎已经波澜不惊地铺展好了：研究，教学，研究，教学……西蒙斯的确热爱数学，但他也需要一点儿新的刺激。他似乎已经很善于克服困难，习惯于挑战质疑，但未来看起来一马平川。仅仅在20多岁的年龄，西蒙斯就开始经历"存在危机"了。有一天，他在家里问芭芭拉："就这样了吗？我要这样生活一辈子吗？"随后又自答道："一定还会有一些转机的。"

财富可以让人独立，让人产生影响力

在麻省理工学院待了一年之后，西蒙斯的理智开始输给他内心的躁动。他再次来到波哥大，见到了他的哥伦比亚同学艾斯坤那齐和迈耶，想看看能不能和他们一起做点儿生意。他们在一起叙旧的时候谈到了麻省理工学院宿舍楼的耐火砖，艾斯坤那齐开始抱怨波哥大缺乏良好的地板铺设材料。西蒙斯说他认识做地板生意的人，于是他们决定在当地开一家生产复合地板和PVC管道的工厂。资金主要来自艾斯坤那齐的岳父维克托·沙由（Victor Shaio）。西蒙斯和他父亲马修也入了一点儿股。

这个生意经营得很不错，但西蒙斯感觉自己并没有做什么贡献。于是他又重返学术圈，在1963年接受了哈佛大学的教职。他在哈佛大学教两门课，其中一门是研究生的高级偏微分方程，他认为这门课在几何领域发挥着重要的作用。西蒙斯其实并不很精通偏微分方程，但他发现教课正好为他提供了一个很好的学习机会。西蒙斯跟他的学生们坦承，他也是现学现卖，所教授的东西仅仅是他一周之前刚刚自学的，学生们啼笑皆非。

征服市场的人
THE MAN WHO SOLVED THE MARKET

　　西蒙斯平易近人，热情洋溢，是一个很受欢迎的教授。他喜欢开玩笑，也很少穿正式的西装外套或者打领带，不像其他教授那样西装革履。然而，他只是用乐天派的外表掩盖了内心日益增长的压力。西蒙斯的学术研究进展很缓慢，他也不太喜欢哈佛大学的氛围。他贷款去投资艾斯坤那齐他们开办的地板工厂，还说服他父母把房产抵押了去入股。为了增加收入，西蒙斯开始在附近的剑桥初级学院（Cambridge Junior College）教授两门课程。西蒙斯是瞒着朋友和家人去的，这份工作也给他增加了许多压力。

　　西蒙斯很渴望金钱，不仅仅是为了还债，他还渴望变得富有。他喜欢买好的东西，但并不追求奢侈的生活。他并不是为了让芭芭拉过上好日子，尽管芭芭拉为了省钱还经常穿高中时候的衣服。驱动着西蒙斯的另有他物。朋友们甚至觉得西蒙斯想要改变世界。西蒙斯明白财富可以让人独立，也可以让人产生影响力。"西蒙斯很早就明白金钱就是力量，"芭芭拉说，"他不想让别人比他更有力量。"

　　当西蒙斯坐在哈佛大学图书馆里的时候，他对于未来的思考重新浮出水面。西蒙斯想，真希望别的工作能带来更多的新鲜感和满足感，最好还能多赚一些钱，至少够他还清贷款。内心不断累积的压力最终说服了西蒙斯，他决定一试。

征服市场的策略 THE MAN WHO SOLVED THE MARKET

- 西蒙斯认为强有力的定理和方程式可以帮助人们发现真理，并且使分属代数和几何的不同领域达到和谐统一。

- 西蒙斯的确热爱数学，但他也很渴望金钱。他明白财富可以让人独立，也可以让人产生影响力。

第 2 章

让每年收益超过 50% 的交易方法

西蒙斯渴望能用数学工具去发现并记录那些普世的原则、规律和真理，但他从未全身心地投入学术圈。他热爱几何学，欣赏数学的优美，但他对金钱的渴望、对商业世界的好奇和对一段冒险旅程的期待，把他和其他学究区别了开来。

第 2 章
让每年收益超过 50% 的交易方法

> 问：数学博士学位和比萨饼有什么区别？
>
> 答：一个大比萨饼可以喂饱一家四口，而数学博士学位却做不到。

1964 年，西蒙斯离开了哈佛大学，加入了一个智库，这个智库允许西蒙斯在完成政府任务的同时继续他的数学研究。更为重要的是，他的薪水翻倍了，西蒙斯开始有能力还债了。

这个智库位于新泽西州的普林斯顿，是美国国防分析研究所（Institute for Defense Analyses）的一个分支。该智库每年都会从美国的顶尖大学中招揽数学家，协助美国国家安全局监测和破译来自他国的军方密码。

西蒙斯加入的时候，国防分析研究所正处于动荡时期。他们已经有 10 多年没有正经破译过来自他国的军方密码了。西蒙斯被分在通信研究组，他们的任务是确保美国的通信安全，以及设法破译艰深的他国军方密码。在研究所的经历教会了西蒙斯如何用数学模型在看似无意义的数据中捕捉某种规律。他开始运用统计学和概率论这些数学工具，这对他以后的事业意义重大。

为了破译密码，西蒙斯必须事先制定好步骤。然后，他会编写某种算法，让计算机来测试和实施他的策略。西蒙斯的编程水平很糟糕，所以他不得不依赖国防分析研究所内部的程序员来编程，但他也练就了许多对他日后开展事业很有价值的本领。"我学会了如何使用算法在计算机上对某个事件做测试。"西蒙斯后来说。[1]

很快，西蒙斯就参与开发了一种速度超快的破解算法，帮助团队解决了一个长久以来的难题。在此之后不久，华盛顿的智库专家偶然发现，他国军方发送的密码似乎没有遵循常规的密码规则。这给了西蒙斯和他的两个同事一个千载难逢的机会，他们成功地设计了一些方法来探究密码内部的构造规则。因为这个突破，西蒙斯得到了嘉奖，并且受到了华盛顿国防部官员的当面道谢。

这个工作唯一的问题在于，西蒙斯不能和组织之外的任何人分享成功的喜悦。组织成员都宣誓要绝对保密，政府给国防分析研究所的定位也是绝密。"你今天都做什么了？"西蒙斯下班回家的时候，芭芭拉经常这样问。"跟平时差不多。"他通常这样回答。久而久之，芭芭拉再也不问了。

西蒙斯对国防分析研究所招人的方式感到很吃惊。他的同事们大都有博士学位，但他们并不是因为有某种专业背景或者一技之长被招募的，而仅仅是因为智力超群，并且有足够的创造力和雄心。其中隐含的假设是，研究员们会自己找到问题，并且有能力解决它。最顶尖的密码破译专家之一的列尼·鲍姆曾说过一句话，这句话后来成了这个团队的座右铭："好想法好过坏想法，坏想法好过没想法。"李·纽沃思（Lee Neuwirth）说："这就是一个想法制造工厂。"他是这个团队的副总监，他的女儿后来成了一名百老汇的电视明星。

第 2 章
让每年收益超过 50% 的交易方法

研究员们不能和组织之外的人讨论工作，然而组织内部却非常鼓励开放和合作的精神。这个团队的 25 个成员绝大部分是数学家和工程师，他们统称自己为"技术派成员"。他们经常在解决一些重大难题之后举行香槟庆祝酒会，也经常在办公室之间串门，互相提供帮助。每天喝下午茶的时候，他们会在一起下棋、讨论新闻、玩拼图，或者在线上围棋平台下围棋。西蒙斯夫妇经常设宴款待研究所的同事们，他们会被芭芭拉私藏的鱼库宾治鸡尾酒（Fish House Punch）搞得酩酊大醉。饭局之后，他们要打一整个通宵的牌。当然，西蒙斯是常胜将军。

一天晚上，这帮人又来了，但西蒙斯却不见了。"西蒙斯被捕了。"芭芭拉告诉他们。西蒙斯和他那辆破旧的凯迪拉克领了无数张罚单，但他从来没有回应过法庭的传唤，所以警察直接把他送进了监狱。这帮数学家赶紧跳上车，冲到警局，想办法把西蒙斯保释了出来。

研究所里满是异想天开、标新立异的人，他们挤在一间放置着十几台电脑的机房里。一天早上，警卫在机房发现了一位穿着浴袍的密码专家，原来他前一天晚上被赶出家门了，所以只能住在这里。还有一次深夜，有人注意到一位雇员在认真地敲打键盘。令人震惊的是，他使用的是散发着怪味的脚趾。"这太恶心了，"纽沃思说，"大家都很恼火。"

当西蒙斯和他的同事们致力于发掘他国军方秘密的时候，他也在盘算着自己的秘密。当时，计算机的算力已经变得比较发达了，但是鲜有证券公司拥抱这些新技术，大部分公司还在用传统的卡片分类法[①]进行各种会计和统

[①] 卡片分类法（Card-sorting Methods）是整理信息架构、确定多个功能分组和多个内容逻辑关系的一种有效工具，可以用于网站或应用的导航、信息架构等项目，也可以用于文档、电子书籍的结构整理或文件的分类管理等。——编者注

计运算。西蒙斯决定开一家公司，致力于股票研究和交易的电子化，这是一个能够颠覆行业现状的激进想法。28岁的西蒙斯和他的直接领导迪克·莱布勒（Dick Leibler）谈了这个想法，也鼓动了当时研究所最顶尖的程序员。莱布勒和这名程序员双双同意加入，西蒙斯给新公司取名叫"iStar"。

基于从事绝密工作的职业素养，他们把这个秘密保守得很好，但是纽沃思还是听到了风声。他非常担心团队会分崩离析，于是直接冲进了莱布勒的办公室问："你们为什么要走？""你是怎么发现的？"莱布勒答道，"还有谁知道？""所有人都知道了！你们把商业计划书的最后一页忘在打印机旁边了。"纽沃思说。

很明显，他们的谋划看起来更像是蹩脚侦探的行为，而不是"007"的敏捷身手。最终，西蒙斯没能筹集到足够的启动资金，只得放弃了这个想法。然而"东方不亮西方亮"，西蒙斯的学术研究水平突飞猛进，他在困扰他已久的微分几何的极小簇（Minimal Varieties）问题上取得了进展。

微分方程描述的是数学变量的导数或者相对速率，被广泛地应用在物理学、生物学、金融学和社会学等领域。著名的牛顿第二定律就是一个微分方程，即作用在物体上的力等于物体质量乘以加速度，而加速度是时间的二阶导数。包含时间或者空间导数的方程就是偏微分方程，可以被用来描述物体的弹性、热量和声音等变量。

偏微分方程在几何中的一个应用就是极小簇理论，也是西蒙斯在麻省理工学院做教员之后的主要研究领域。这个领域关注的一个焦点，就是研究肥皂泡在穿过肥皂溶液的过程中其表面的变化情况。这个表面是具有相同封闭边界的曲面中的最小面积曲面。19世纪比利时物理学家约瑟夫·普拉托（Joseph Plateau）在做肥皂泡实验的时候提出了一个问题：

第 2 章
让每年收益超过 50% 的交易方法

这样的极小面积表面是否存在，且无论封闭边界多么扭曲和复杂，这个表面是否是连续可积的？这个问题被称为"普拉托问题"，已经在 1930 年被纽约的一位数学家证明了：这样的曲面至少在二维空间是存在的。西蒙斯想要探究在更高维的空间中极小曲面是否存在，这在几何中就被称为极小簇问题。

研究理论问题的数学家常常会沉浸在思考之中无法自拔，走路、睡觉，甚至连做梦都在思考，年复一年都是如此。那些从没接触过这种抽象的纯理论数学的人，可能会觉得这样毫无意义。但西蒙斯绝不仅仅像高中生一样只停留在解方程组的低级阶段，他渴望能用数学工具去发现并记录那些普世的原则、规律和真理。阿尔伯特·爱因斯坦认为宇宙间存在着一种普世秩序，而西蒙斯这样的数学家正致力于发现这种秩序存在的证据。他们的工作优雅而美丽，特别是当他们发现一丝关于普世秩序的蛛丝马迹的时候。通常，这种普世秩序在若干年之后才能找到实际应用的领域，特别是当我们对宇宙的认知更加深入之后。

西蒙斯间或与附近普林斯顿大学的小弗雷德里克·阿尔姆格伦（Frederick Almgren Jr.）教授讨论问题，阿尔姆格伦教授在三维空间证明了极小簇问题。渐渐地，西蒙斯有了突破。他创建了一个偏微分方程，可以在六维空间下求出统一解，该偏微分方程后来被称为"西蒙斯方程"。他还提供了一个七维空间下的反例。后来，包括菲尔兹奖[①]得主恩里科·邦别里（Enrico Bombieri）在内的三位意大利科学家证明了这个反例是正确的。

[①] 菲尔兹奖（Fields Medal），是据加拿大数学家约翰·查尔斯·菲尔兹（John Charles Fields）要求设立的国际性数学奖项，于 1936 年首次颁发。因诺贝尔奖未设置数学奖，菲尔兹奖常被视为"数学界的诺贝尔奖"。——编者注

1968年，西蒙斯发表了一篇名为《黎曼流形中的极小变种》(Minimal Varieties in Riemannian Manifolds)的论文。这篇论文成为几何学领域至关重要的奠基性论文，引用量持续处于高位，彰显了其重要性。上述成就奠定了西蒙斯作为世界杰出几何学家的地位。

开发新型股票交易系统

即使在密码破解和数学研究领域都获得了成功，西蒙斯还是在尽力寻找新的谋财之道。国防分析研究所的工作时间很有弹性，所以西蒙斯能抽出大把时间关注股票市场。他还和鲍姆以及其他两位同事一起，开发了一个新型的股票交易系统。他们在国防分析研究所内部发表了一篇名为《股票市场行为的概率预测模型》(Probabilistic Models for and Prediction of Stock Market Behavior)的文章，声称找到了可以将年化收益率维持在50%的一种交易方法。

西蒙斯他们没有像绝大多数投资者那样专注于股市的基本面数据，诸如盈利、股息和公司新闻等。相反，他们致力于寻找能够预测股市短期行为的宏观变量。他们把股市划分为8种"状态"，其中"高波动期"意味着股票大幅震荡，"良好期"意味着股票保持升势。

这篇论文的独特之处在于，他们没有用传统的经济学方法来甄别或者预测这些"状态"，也没有试图去解释为什么市场会进入某种状态，而是纯粹用数学方法来甄别当前的市场属于哪种"状态"，然后利用模型来推荐购买股票。也就是说，他们并不关注市场为什么会进入某种状态，而是仅仅根据推断出的市场状态来制定策略。

第 2 章
让每年收益超过 50% 的交易方法

对于大多数投资者来说，这种方法是闻所未闻的，赌徒们反倒更容易理解一些。扑克牌手会根据对手的动作来推测其状态，然后相应地调整策略。与一个冷面牌手对峙费力伤神，而如果与一名喜形于色的牌手过招则会轻松许多。牌手们无须知道为什么他们的对手会兴奋或者低落，他们只需要识别出这些状态所释放的信号并以此赚钱。西蒙斯团队利用一种叫隐马尔可夫模型（Hidden Markov Model）的数学工具，设计了一种相似的机制来预测股价走势。如同牌手们可以根据对手的决策来推断其牌面大小一样，投资者也可以通过价格的走势来推断市场所处的状态。

即使以 20 世纪 60 年代末的标准来看，西蒙斯团队发表的论文也是比较粗糙的。他们设定了很多可谓天真的假设，比如不考虑交易费用和摩擦成本，这对高频重度交易来讲是非常不现实的。但是，这篇论文依然具有开创性。彼时，投资者们主要通过经济指标来试图解释和预测股价的走势，或者是通过技术分析试图找出价格走势中的某种规律。西蒙斯他们提供了第三条路径，这种方法与技术分析有一些类似，但要复杂很多，且更为依赖数学工具。投资者通过使用这种方法抓取一系列包含有用信息的信号，来预测价格走势。

股票价格走势变幻莫测，受到很多变量的影响，包括一些很难界定的变量以及一些和传统基本面因素毫无关系的变量。当时持这一观点的并非只有西蒙斯他们，还包括芝加哥大学的诺贝尔奖得主、现代资产组合理论之父哈里·马科维茨（Harry Markowitz），以及数学家爱德华·索普（Edward Thorp）。索普也初涉了程序化交易，暂时领先西蒙斯半个身位。

西蒙斯也是利用数学模型来研究股票市场的先驱。他们认为，没有必要去理解市场变化的每个原因，只要找到一种系统性的能够适应市场的数学方法，并产生可持续的利润即可，这是西蒙斯后来投资策略的一个侧影。他们提出的数学模型是投资革命的一个预兆，涉及因子投资、基于不可观测状态的模型和其他形式的量化投资，这些在数十年后将横扫整个投资世界。

"你被解雇了"

时至 1967 年，西蒙斯已经在国防分析研究所混得风生水起。他在密码破译、数学研究以及团队管理方面都有了不小的进展。除此之外，西蒙斯还对计算机的威力有了更深的体会。他能从一堆同事的各种想法中迅速挑选出最有价值的那个，他的这种能力尤其突出。"他是一个极好的倾听者。"纽沃思说，"千里马常有，而伯乐不常有，他就是那个伯乐。"

此时莱布勒已经准备退休，西蒙斯顺势成为部门的副总监。名利双收似乎近在眼前。但是战争改变了一切。那年秋天，反战浪潮席卷美国，包括普林斯顿大学校园。此前很少有普林斯顿大学的学生意识到，在他们校园附近有一个服务于国家安全局的分支机构，直到有一天校刊《普林斯顿人日报》（*Daily Princetonian*）上的一篇文章向公众指出了这个事实。在西蒙斯和他的同事们之中，许多人都是激烈的反战者。那年夏天，当西蒙斯和芭芭拉的女儿莉兹去参加露营的时候，别的女孩儿从父母那儿拿到的大多是一包糖果，而莉兹拿到的是反战项链。

然而，密码专家们的反战态度并没能平息学生们对国家安全机构的抗议浪潮。学生们阻塞了国防分析研究所的通道，进行静坐示威，还一度砸坏了大楼的设施。纽沃思的车子被扔了臭鸡蛋，还被学生们污蔑为"杀婴凶手"。[2]

正当关于战争的争论席卷全国之际，《纽约时报》在其周日版上刊登了

第 2 章
让每年收益超过 50% 的交易方法

一篇封面文章，此文出自马克斯韦尔·泰勒（Maxwell Taylor）将军。泰勒当时是美国参谋长联席会议主席。在这篇文章中，泰勒将军掷地有声地宣布美国将很快赢得战争，并且动员全国上下一心为之努力。

西蒙斯看不下去了，他不希望读者们据此认为国防分析研究所的确在为战争提供支援。他写了一封仅有 6 段文字的信给《纽约时报》表示抗议，他认为国家的资源应该有更好的用处，而不是都用来支援战争。"大力发展工业比起发动战争，哪个更有利于我们的国家？"西蒙斯写道，"'建设良好的东部沿海交通运输设施'和'与别的国家打仗'，显然前者会令我们更为强大！"

《纽约时报》登出西蒙斯的信之后，西蒙斯着实开心了一阵子。虽然他没有从同事们那里得到多少反馈，但是他确信泰勒将军对不同意见能够泰然接受。稍晚时候，有一位专门撰写国防部雇员反战观点的《新闻周刊》(Newsweek)特约记者联系到了西蒙斯，该记者想知道西蒙斯他们在当下是如何开展工作的。西蒙斯说他和同事们会花一半时间在自己的研究上，而另一半时间则用来做政府项目。但是因为他非常反战，所以他说自己目前会把所有时间都花在数学研究上，等战争结束之后，他才会对政府的项目全力以赴。

实际上，西蒙斯从来没有正式停止过国防部的工作，停止政府项目的研究工作只是他的个人想法，显然是不应该公开的。"我那时 29 岁，"西蒙斯回忆道，"在那之前从来没有人采访过我，我当时有些自以为是了。"

西蒙斯把这个采访的情况告诉了莱布勒，莱布勒提醒他要小心。果不其然，不久之后，莱布勒带来了一个令人不安的消息："你被解雇了。""什么？你不能解雇我，我是一个永久成员。"西蒙斯回答道。"西蒙斯，永久成员和临时成员之间唯一的差别是，临时成员有合同，"莱布勒说，"而你没有。"

西蒙斯在中午时分回到家中，彻头彻尾地蒙了。3天之后，约翰逊总统宣布战争已近尾声。西蒙斯看到新闻以为他又能重返岗位了，然而莱布勒告诉他再也不用回去了。

此时西蒙斯已经有3个年幼的孩子，他不知道下一步应该做什么。这次突然的失业让西蒙斯下定决心要设法掌控自己的未来，但他不确定具体要怎么做。西蒙斯关于极小簇的论文引起了不小的关注，不少学校，甚至IBM公司都向他伸来了橄榄枝。他跟同为数学家的朋友莱纳德·查拉普（Leonard Charlap）说，教数学太无聊了，他可能会加入一家投资银行去销售可转换债券。查拉普不明白什么是可转换债券，西蒙斯花了很长时间给他解释。事实上，查拉普对他的朋友很失望，西蒙斯是当今最杰出的年轻数学家之一，他的才华不是用来推销华尔街的花样产品的。

"这太荒谬了，"查拉普说，"你理想中的工作是什么？"西蒙斯坦承他更愿意去主管某个学校的数学系，但他太年轻了，没有什么人脉资源。查拉普灵机一动，似乎有了主意。不久之后，西蒙斯就收到一封纽约州立大学石溪分校校长约翰·托尔（John Toll）的信。石溪分校坐落在长岛，距离纽约100千米。这所分校5年以来一直在寻找可以领导数学系的人选。这所分校的名声还不错。

作为一名由纽约州州长尼尔森·洛克菲勒（Nelson Rockefeller）亲自招募的物理学家，托尔手握1亿美元的基金，试图把石溪分校改造成"美国东部的加州大学伯克利分校"。他已经招募了诺贝尔物理学奖得主杨振宁，现在正在致力于复兴其数学系。托尔愿意给予西蒙斯数学系系主任的职位，重建数学系的一切事务由西蒙斯全权负责。

"我愿意前往。"西蒙斯回信说。

第 2 章
让每年收益超过 50% 的交易方法

牛人与真正的牛人

1968 年，当西蒙斯 30 岁的时候，他们一家搬到了长岛，于是西蒙斯开始着手招募人手重建纽约州立大学石溪分校的数学系。一开始，西蒙斯瞄准了康奈尔大学的数学家詹姆斯·埃克斯，埃克斯一年之前刚刚获得著名的科尔数论奖[1]。从表面上看，埃克斯似乎不太可能离开常春藤盟校去一所名不见经传的学校。他已经成家，有一个年幼的孩子，在康奈尔大学的前途一片大好。但西蒙斯和埃克斯同在加州大学伯克利分校念研究生时就已经成为朋友，并且一直保持联络，这给了西蒙斯些许的希望。于是西蒙斯和芭芭拉一起历经 5 个小时的车程到了纽约州的伊萨卡，去拜访这位更为年轻的数学家。

西蒙斯试图说服埃克斯，许以更优厚的薪酬待遇。随后，西蒙斯和芭芭拉还在石溪接待了埃克斯一家，并且开车带他们去了位于长岛海峡布鲁克黑文镇附近的西草地海滩，期望海边的美景可以动摇埃克斯的决心。回到伊萨卡之后，埃克斯和他的妻子芭芭拉·埃克斯还收到了来自西蒙斯的邮包，里面装了一些鹅卵石和其他可以让他们联想起石溪宜人天气的物件。

埃克斯花了很长时间考虑，这让西蒙斯很气恼。一天，西蒙斯打完网球回到办公室，重重地把网球拍摔到了地上。他告诉同事说："如果这个工作总是需要我低三下四地去求人的话，我就不干了！"然而，西蒙斯的诚恳付出最终得到了回报，埃克斯成为第一个加盟纽约州立大学石溪分校的大牌学

---

[1] 科尔奖（Cole Prize）分为科尔代数奖（Cole Prize in Alge-bra）和科尔数论奖（Cole Prize in Number Theory），由美国数学学会（American Mathematical Society，简称 AMS）颁奖。科尔代数奖与科尔数论奖不同时颁发，每种奖项的颁奖时间前后相隔 5 年，获奖者都是美国数学学会会员。——编者注

者。"他真是个会磨人的家伙。"埃克斯的妻子说道。

埃克斯的加盟传达了一个信息，西蒙斯对于数学系是倾注了心血的。在物色其他学校的数学家的同时，西蒙斯也在逐渐锤炼着自己招揽贤士的技巧：那些看重钱的，得到了加薪；看重个人研究的，可以负担较少的教学任务和享受更多的行政自由，并且享有更长的休假和更多的研究支持。"西蒙斯，我不想加入任何委员会。"一位受邀的专家对西蒙斯说道。"那图书馆委员会如何？"西蒙斯回答说，"这个委员会只有你一个人。"

为了吸引有成就的人才，西蒙斯形成了一种独特的人才观。他告诉纽约州立大学石溪分校的教授赫谢尔·法卡斯（Hershel Farkas），他想要的是"杀手"一样的人，就是那些极其专注、不达目的誓不罢休的人。西蒙斯还告诉另一个同事说，很多学者虽然极其聪明，但并不具有原创性的思维，这样的人他不想要。"牛人和真正的牛人之间还是有很大区别的。"西蒙斯说。

西蒙斯致力于创建一个既有学院气息，又有充分的激励机制的环境，就像他在国防分析研究所经历的一样。为了营造良好的团队氛围，他给学者们分配适量的教学任务，而且经常邀请他们出海游玩，乘坐的就是他和芭芭拉新买的停靠在长岛海峡的八九米长的游轮。西蒙斯很乐于与同事们互动，这与其他很多顶尖学者有着显著区别。西蒙斯经常走进某个教授的办公室，问他最近在研究什么，需不需要帮助等，像极了西蒙斯在国防分析研究所的所作所为。"像西蒙斯这样能经常为同事着想的人是比较少见的。"法卡斯评价说。

西蒙斯对数学系的成员没有过多刻板的要求，他在穿着上也较其他人更随意。他很少穿袜子，哪怕是在纽约寒冷的冬季，这个习惯他一直保持到了现在。"穿袜子太浪费时间了。"西蒙斯说。

西蒙斯和芭芭拉每周都会邀请一些教授、艺术家和民主党派学者到家里聚会。他们会脱了鞋，随意地坐在西蒙斯家的白色地毯上，喝酒吹牛，谈古论今。

西蒙斯也犯过错误，比如因没有满足丘成桐对终身教职的诉求而与这位著名的学者失之交臂。丘成桐后来获得了著名的菲尔兹奖。但总体上西蒙斯在石溪分校作为数学系系主任的工作还是很成功的，他招募了 20 多位数学家，建立了世界上顶尖的几何学中心，还学会了如何识别、招募并管理这些绝顶聪明的人。

离婚，只是因为结婚太早

西蒙斯的事业蒸蒸日上，私生活也逐渐变得混乱了。

西蒙斯卓越的个人魅力经常吸引很多学生去他的办公室，而他刚好在事业发展劲头正盛的时候碰上了性解放运动。妇女解放运动也鼓励女性们抛弃社会的桎梏，包括保守的着装，甚至一夫一妻制。"女学生们似乎在比谁的裙子更短。"查拉普教授回忆道。

西蒙斯时年 33 岁，精力正旺盛。很快，他和部门女秘书的绯闻就流传开来。西蒙斯不止一次对一位女教员开过界的玩笑，这让同事们很震惊。而芭芭拉在西蒙斯的成就面前越来越自惭形秽，她觉得过早结婚生子阻碍了自己的发展。芭芭拉聪明又雄心勃勃，但无奈她 18 岁就结了婚，19 岁就有了孩子。"我觉得自己被困住了。"芭芭拉说。

终于有一天，西蒙斯听说芭芭拉在和他的一个年轻下属交往，他十分吃惊。在一个饭局上，有人问起西蒙斯为什么如此沮丧。大家都注意到了西蒙斯和芭芭拉的关系似乎不像以前那么融洽了，他们的关系逐渐疏远了。"那天，西蒙斯喝醉以后猛烈地对着墙拳打脚踢。"一位同事回忆道。

西蒙斯决定去加州大学洛杉矶分校休假一年，他准备在那里接受原始疗法。原始疗法是当时正在美国兴起的一种文化现象，接受治疗者需要用尖叫或者歇斯底里的方式表达出内心的痛苦。有时候，西蒙斯在夜间也会尖叫着惊醒，所以他对这种疗法很感兴趣。但经过几周的治疗之后，西蒙斯决定就此打住。"这看起来像一个圈套。"他想。

西蒙斯回到东部，把这一年余下的时间花在了普林斯顿高等研究所（Institute for Advanced Study in Princeton）。他和芭芭拉的婚姻已经无可挽回，最终他们离婚了。芭芭拉后来去了加州大学伯克利分校就读，并在1981年获得了计算机博士学位。芭芭拉的论文解决了计算机科学中一个著名的理论问题。后来她入职IBM公司成为研发人员，并成为国际计算机协会（Association for Computing Machinery，简称ACM）的主席。国际计算机协会是全球最大的科学性和教育性计算机协会。再后来，芭芭拉在计算机投票安全方面成为国家级专家，并且对更大范围的社会问题展现出了浓厚的兴趣，她的成果日后也为西蒙斯所借鉴。"我们只是结婚太早了，"芭芭拉说，"我的父母是对的。"

陈－西蒙斯理论

只身回到长岛之后，西蒙斯想为他的3个孩子找一位居家保姆。一天，他面试了一名漂亮的22岁金发女郎玛丽莲·霍瑞丝（Marilyn Hawrys），玛丽莲后来成了纽约州立大学石溪分校的一名经济学研究生。雇用玛丽莲不久之后，西蒙斯就想跟她约会了，但是这段关系若即若离。最终玛丽莲去了詹姆斯·埃克斯家做保姆，因为埃克斯和他的妻子也在闹离婚。玛丽莲和芭芭拉·埃克斯及其两个儿子开尔文和布莱恩住在一起，给他们做奶酪汉堡，陪他们玩拼字游戏，在他们伤心的时候为他们提供一个可以依靠的肩膀。"玛丽莲对我们来说就像一个天使。"埃克斯的儿子布莱恩回忆道。

久而久之，西蒙斯和玛丽莲之间日久生情。玛丽莲在经济学博士论文方面渐渐取得进展，而西蒙斯和他在加州大学伯克利分校的导师陈省身一起做的研究也取得了突破。西蒙斯意识到，也许是到该换条赛道的时候了。

西蒙斯在三维弯曲空间可计量形状方面取得了一个重要突破。他把成果拿给陈省身看，陈省身意识到这是一个重要洞见，可以拓展至所有维度空间。1974 年，陈省身和西蒙斯一起发表了论文《特征形式与几何常量》（*Characteristic Forms and Geometric Invariants*），在这篇论文中首次提出了陈－西蒙斯常量，常量就是经过各种变形之后依然不变的量，陈－西蒙斯常量在数学的各个领域中得到了广泛应用。

1976 年，因为西蒙斯和陈省身的共同研究，以及西蒙斯早期在极小簇领域的成果，38 岁的西蒙斯获得了美国数学学会奥斯瓦尔德·维布伦几何奖，这是这个领域的最高奖项。10 年之后，包括理论物理学家爱德华·威顿（Edward Witten）在内的研究者们会发现，"陈－西蒙斯理论"（Chern-Simons Theory）适用于物理学的许多领域，包括凝聚态物质、弦论和超重力领域。甚至微软等公司在研发量子计算机的时候，也从"陈－西蒙斯理论"中挖掘出大量重要的价值。量子计算机的算力是碾压普通计算机的，特别是在新药研发和人工智能等领域。截至 2019 年，陈省身和西蒙斯的论文被引用的次数已达数万次，平均每天都有 3 次，这也奠定了西蒙斯在数学和物理学领域的殿堂级地位。

在职业巅峰攀登一座新的山峰

此时，西蒙斯可以说达到了职业生涯的顶峰。可是，他很快就决定开始攀登另一座新的高峰。

1974年，西蒙斯出售了地板公司50%的股权，手里有了一些现金。西蒙斯建议艾斯坤那齐、迈耶和维克托·沙由把钱交给他在哈佛大学认识的查理·弗雷菲尔德（Charlie Freifeld）来做投资。另外，沙由为西蒙斯设立的一个离岸信托基金也把钱投给了弗雷菲尔德。

弗雷菲尔德采用了一种与大多数人不同的策略。他建立了一个计量模型，使用经济数据和其他相关数据作为输入变量，试图去预测诸如糖之类的商品的价格。比如，如果谷物的产量下降了，他的模型就会指示其价格将上涨。这是一种早期形式的量化投资。

弗雷菲尔德的模型开始奏效了，糖的价格低开高走。他们的本金翻了10倍，达到了600万美元，但投资者对这笔意外之财的反应是出人意料的。"我很沮丧，"迈耶说，"我们的确赚了很多钱，但我们所做的事情毫无社会价值。"

西蒙斯的反应截然不同。迅速的获利再次唤醒了流淌在西蒙斯体内的投机血液，他再一次见证了投资的赚钱效率。弗雷菲尔德的方法与西蒙斯在国防分析研究所发表的那篇论文中基于数学的投资策略有着异曲同工之妙，这让他觉得基于模型的投资是很有前途的。"西蒙斯找到感觉了。"迈耶说。

第 2 章
让每年收益超过 50% 的交易方法

虽然西蒙斯有投身金融市场的想法，但他还需要和数学研究之间做一个了断。西蒙斯有一个得意门生叫杰夫·齐格（Jeff Cheeger），是几何学领域冉冉升起的一颗新星。他们一直在试图证明诸如 π 等几何学常数在几乎所有情况下都是非理性的，但是几无进展。他们越来越沮丧，甚至到了绝望的地步。"明明前途一片大好，但我却偏偏寸步难行，"西蒙斯说，"这让我很崩溃。"[3]

西蒙斯还得处理个人生活中的困扰。虽然他与玛丽莲越来越亲近，但依然为之前的婚姻破裂备感痛苦。尽管已经持续约会了 4 年之久，但西蒙斯向朋友坦言，他虽然明白应该考虑结婚，但还没有下定决心是否要回到正式的婚姻关系之中。"我也许遇到了对的人，玛丽莲的确很特别，"西蒙斯告诉朋友说，"但我不清楚下一步该怎么做。"

西蒙斯和玛丽莲终于还是结婚了，但西蒙斯依然在思索人生的方向。他适当地减轻了自己在纽约州立大学石溪分校的工作负荷，开始将主要精力用于管理由沙由设立的一个基金账户。1977 年，西蒙斯确信外汇市场的获利机会来了。各种货币的弹性加大，开始和黄金价格脱钩，英镑也开始暴跌。在西蒙斯看来，一个波动加剧的新时代来临了。1978 年，西蒙斯正式脱离学术圈，投身外汇交易，开始经营自己的投资公司。

西蒙斯的父亲马修认为，西蒙斯放弃终身教职是一个巨大的错误。同僚们更是吃惊不已，之前大家只是模糊地知道西蒙斯还有学术圈外的爱好，但他真要全职去做投资这件事还是引起了不小的轰动。数学家们对待钱的态度很暧昧，他们既渴望财富，又觉得喜欢赚钱是一种低级趣味，会妨碍他们追求更崇高的目标。大家虽然嘴上不说，但是心里都觉得西蒙斯浪费了他的才华。"我们有点儿看不起他，仿佛他已经堕落了，把灵魂出卖给了魔鬼。"康奈尔大学的瑞尼·卡莫纳教授说。

其实，西蒙斯从未全身心地投入学术圈。他热爱几何学，欣赏数学的优美，但他对金钱的渴望、对商业世界的好奇和对一段冒险旅程的期待，把他和其他学究区别了开来。"不管我做什么，我总觉得自己格格不入。"他后来说，"我虽然沉浸在数学之中，但从未完全融入数学圈子，我总有着一些别的想法。"[4]

西蒙斯曾经是一位明星密码学家，曾经攀上过数学的高峰，还创立了由世界级学者组成的数学系，而且这些都是他40岁之前达成的成就。他自然对于征服投资世界充满了自信。长久以来，投资者们总想要征服市场，但从未成功过。这丝毫没有吓退西蒙斯，反而激发了他的热情。"他总想做一些非比寻常的、其他人认为不可能的事情。"他的朋友乔·罗森斯海因说。但西蒙斯显然低估了投身金融圈的难度。

征服市场的策略 THE MAN WHO SOLVED THE MARKET

- 西蒙斯与国防分析研究所的同事共同发表了一篇名为《股票市场行为的概率预测模型》的文章，提出一种投资者闻所未闻的投资方法：寻找能够预测股市短期行为的宏观变量，纯粹用数学方法来甄别市场的状态，然后利用模型来推荐购买股票。

第 3 章

一定有办法
对价格建模

一些投资者认为，市场是随机游走的，所有已知的信息都已经体现在价格之中；另外一些人则认为，价格的变化是投资者对经济数据和公司情况做出的反应，认真研究是可以得到回报的。西蒙斯来自一个完全不同的世界，他善于从自然界混沌和杂乱无章的表面之下，寻找某些简洁和美丽的结构。

第 3 章
一定有办法对价格建模

> " 被解雇不一定是坏事,但老被解雇就不好了。 "
>
> ——詹姆斯·西蒙斯

1978年初夏,在离开纽约州立大学石溪分校郁郁葱葱的校园几周之后,西蒙斯就在同一条街上找到了一间办公室,虽然间隔不远,却已是两个世界。西蒙斯的办公室在一个再普通不过的购物中心后面的一个临街铺面里。该铺面与简陋的石溪火车站对面而立,隔壁是一间女士服装店,再隔壁是一家比萨店。西蒙斯的办公空间完全是为零售商店而设计的,除了贴有米色的壁纸外,只有一台电脑和一部电话机。从窗户向外看,西蒙斯可以看到牧羊路,这条路的名字似乎在讽刺他从一个令人艳羡的位置落到了一个被"放逐"的位置。

最古怪的不是一个40岁的数学家又开始了他事业的第二春,并满怀信心地要颠覆像山岳一样古老的投资世界。事实上,比起历史上取得突破的那些人,西蒙斯看起来更像即将退休的样子。他灰白的头发又细又长,直垂到肩,微微的啤酒肚若隐若现,看起来就像一个与现代金融行业格格不入的老教授。

彼时，西蒙斯初涉投资领域，且尚未展现出任何天赋。不过，他和他的父亲马修在查理·弗雷菲尔德的基金中的投资已经增值到了100万美元，因为弗雷菲尔德正确地预判了糖价的上涨，并且及时兑现了收益，幸运地躲过了几周之后的暴跌。其实弗雷菲尔德和西蒙斯都没有预料到这次暴跌，他们仅仅是觉得收益已经很可观了，应该适可而止。"难以置信，"西蒙斯说，"这完全是运气。"[1]

尽管如此，西蒙斯还是自信满满，他毕竟征服了数学，破译了密码，还创立了由世界级学者组成的数学系。而现在他觉得自己能够玩转金融投资，部分也是因为他对金融市场的运行有一些独特的见解。一些投资者认为，市场是随机游走的，所有已知的信息都已经体现在价格之中，只有新的信息可以推动价格变化，但新的信息是无法预知的。另外一些人则认为，价格的变化是投资者对经济数据和公司情况做出的反应，认真研究是可以得到回报的。

西蒙斯来自一个完全不同的世界，有着完全不同的视角。他已经非常习惯于在看似随机的数据中探寻某种规律。科学家和数学家们非常善于从自然界混沌和杂乱无章的表面之下，寻找某些简洁和美丽的结构。寻获的这些规律或规则就构成了科学定律。[2]

西蒙斯认识到，市场并不总是以可理解的或者理性的方式运行的，所以仅仅依赖于传统的研究和分析视角是不够的。然而，不管市场表面上看起来有多么混沌，金融资产的价格看起来都存在着某些确定的规律，很像隐藏在看似毫无章法的天气背后的潜在规律。

"价格中看起来确实有一些可辨识的规律。"西蒙斯想。他决心要把它们找出来。西蒙斯认为，可以把金融市场视为一般的混沌系统。就像物理学家通过挖掘海量数据来建立科学模型，从而描述出自然界的定理一样，西蒙斯决定建立数学模型来识别金融市场的价格规律。他采用了与他在国防分析研究所破译密码时类似的策略，这个策略在他们的论文中也曾经得到过论证，现在要应用于金融市场了。西蒙斯深信他能够用数学模型挖掘出价格背后潜藏的规律。"一定有办法对价格建模。"他想。

西蒙斯把他的公司命名为"Monemetrics"，这是"金钱"（Money）和"计量经济学"（Econometrics）两个词的合体，表明他是用数学方法来分析金融数据并做出投资决策的。在国防分析研究所，西蒙斯创建过类似的数学模型来捕捉"敌方"通信数据之中隐藏的真实信号。而在纽约州立大学石溪分校，他又培养了识别、寻求并管理天才的头脑。现在，西蒙斯正要雇用一批最聪明的人和他一起挖掘金融数据，建立模型，识别趋势，并以之获利。

西蒙斯其实并不清楚该怎么开始，他只是意识到外汇市场已经和黄金市场有所脱节，这意味着获利的机会近在眼前。西蒙斯心目中有一位理想的合作伙伴，就是列尼·鲍姆。他是西蒙斯在国防分析研究所发表的那篇论文的共同作者，并且在数据挖掘和短期预测方面有着相当丰富的工作经历。西蒙斯需要做的只是说服鲍姆放弃稳定的工作，加入他的初创公司，一起探索他那激进的、未经验证的投资策略。

列尼·鲍姆的算法

列尼·鲍姆于 1931 年出生，是俄罗斯移民的后裔，为了躲避贫穷和反犹主义，他们从俄罗斯逃到了美国的布鲁克林。鲍姆的父亲莫里斯 13 岁的时候就开始在一家帽子厂工作，后来逐渐升任经理，最后买下了整座工厂。

鲍姆少年时期就人高马大、虎背熊腰，他是其就读的高中里最好的短跑选手，也是校网球队的一员。即使如此，还是有人认为鲍姆更适合读书，而不是做运动员。

一天，鲍姆和朋友们在布莱顿海滩上玩耍，他注意到了一位正在和朋友交谈的迷人的年轻姑娘。1941年，5岁的朱莉娅·利伯曼（Julia Lieberman）同家人一起从捷克斯洛伐克的一个小村子逃到了美国，他们很幸运地挤上了最后一班从欧洲出发到美国的客轮，逃离了纳粹的铁蹄。到了纽约，朱莉娅的父亲路易斯花了好几个月依然没有找到工作。于是他决定常去当地的工厂转悠，试图与工人们套套近乎。最终，因为他的锲而不舍，路易斯终于找到了一份工作。后来，路易斯在居住的小屋子里开了一间干洗店，但他们一家始终过得很拮据。

鲍姆和朱莉娅相爱了，最终喜结连理。婚后他们搬去了波士顿，一同就读于哈佛大学。鲍姆于1953年毕业并取得了数学博士学位，朱莉娅的学术表现也同样出色，她以优异的成绩获得了哈佛大学的教育学和历史学双硕士学位。加盟位于普林斯顿的国防分析研究所后，鲍姆在密码破译领域的表现比西蒙斯更为出色，经常取得重要的成就，为研究所增添了许多光彩。"在管理层眼里，鲍姆和其他一些人要比西蒙斯重要得多。"李·纽沃思说道。

鲍姆头顶微秃，留着络腮胡子，他和西蒙斯一样，一边研究数学一边完成政府指派的任务。20世纪60年代晚期，经过几个夏天的努力，鲍姆和一位名叫劳埃德·韦尔奇的信息学家一起，开发了一种可以分析马尔可夫模型的算法，后来被称为鲍姆-韦尔奇算法（The Baum-Welch Algorithm）。马尔可夫模型是一连串事件的集合，下一事件的概率只能由当前状态决定，与之前的事件无关。在马尔可夫模型中，你不可能确定地预测出未来的事件，但可以通过观察整个链的规律来给出对于未来事件的较好的估计。棒球就是一

第 3 章
一定有办法对价格建模

个典型的马尔可夫游戏。假设一个击球手已经打了 3 个坏球和 2 个好球,那么之前的击球顺序和其间的犯规次数都无关紧要了,只要他再误击一个好球,他就出局了。

隐马尔可夫模型是指事件的序列本身也是未知的,由隐藏的参数或变量控制,是一种双随机过程。人们观察到事件只是链的输出结果,并不能作为推测链走向的某种依据。不熟悉棒球比赛的人看到每局得分次数时往往摸不着头脑,也许这一局得分 1 次,那一局得分 6 次,没有明显的规律或者内在逻辑可循。一些投资者把诸如金融市场价格、语音识别和其他一些复杂过程都认为是隐马尔可夫过程。

鲍姆-韦尔奇算法提供了一种在有限增量信息的条件下估算复杂过程的概率和参数的方法。再拿棒球比赛举例,他们的算法可以帮助不太懂棒球的人去理解导致某种比分结果的赛况是什么样的。比如得分次数忽然从 2 次跃升为 5 次,鲍姆-韦尔奇算法会推测一个三分全垒打的概率要大于一个三垒安打。这个算法可以帮助人们从比分的结果去反推比赛的大致规则,哪怕完整规则是未知的。"我们的算法能帮助你以更高的概率推测出最后的结果。"韦尔奇解释道。

鲍姆通常对于自己的成就很谦逊,但是他的算法如今已经被认为是 20 世纪机器学习领域最亮眼的突破,并通过在基因组学和天气预测等领域的应用,影响了千百万人的生活。鲍姆-韦尔奇算法赋能了世界上第一个语音识别系统,甚至影响了谷歌搜索引擎的开发。

尽管鲍姆-韦尔奇算法给鲍姆带来了很多赞誉,但是鲍姆写的几百篇论文中的大部分都是机密的,无法公开,这令朱莉娅很恼火。她认为她的丈夫无论在名还是利上都没有得到他应得的。甚至他们的孩子都不知道父亲具体是干什么的。孩子们偶然问起，鲍姆只能说这是机密，他最多只能说他不是做什么的。"我不是做炸弹的。"有一天，他肯定地告诉他的女儿斯特菲。因为当时反战的浪潮正甚嚣尘上。

与西蒙斯不同，鲍姆是一个居家型的人，不喜欢出去社交。大多数夜晚，鲍姆只是静静地坐在家中那张仿豹纹的皮沙发上，用铅笔在黄色的便笺簿上涂涂写写。当遇到难题的时候，他会停下来，凝视远方，陷入沉思。鲍姆有点儿像那种一根筋的老学究，有一次他只刮了一半胡子就去上班了，声称刮胡子妨碍了他思考数学问题。

当他还在国防分析研究所工作的时候，鲍姆就意识到自己的视力开始减弱了。医生最终确诊他患有一种视锥细胞营养不良的疾病。鲍姆发现自己已经很难再从事对视力要求高的活动了，比如网球。有一次在网前，一个球直接击中了鲍姆的头部。打乒乓球也是一样的，在他清澈的蓝眼睛里，乒乓球变得时隐时现，他不得不放弃体育运动。

但鲍姆依然保持乐观，专注于他能够从事的体育活动，比如每天在普林斯顿大学校园旁边步行 3 千米。尽管他的视力日渐衰退，但他依然很感恩，至少自己还能读能写，鲍姆保持着他那坚不可摧的乐观。"顺其自然吧，"当孩子们关心他时，鲍姆会浅浅一笑，"船到桥头自然直。"

然而，在西蒙斯离开国防分析研究所去纽约州立大学石溪分校组建数学系之后，鲍姆的家人们发觉他开始在工作中感受到前所未有的挫败感。有一次，鲍姆破译了他国军方的密码并锁定了一个间谍，但联邦调查局动作太慢导致抓捕失败，鲍姆显得很恼怒。鲍姆为部门的前途感到担忧，他写了一封内部邮件要求招聘更好的人才。

第 3 章
一定有办法对价格建模

"很明显,西蒙斯的离开对我们是不利的,因为我们需要他的数学才华。并且,他被解雇的原因是不合理的。"鲍姆写道,"西蒙斯被质疑在长达 7 个月的时间里没有做国防部指派的工作,但实际上他在这 7 个月中没有丝毫松懈,他所做的支持国防的工作比我们某些同事在好几年中做的都多。"[3]

一天,西蒙斯来找鲍姆,问他能不能花一天时间来 Monemetrics 的办公室,帮忙开发一个进行外汇投资的交易系统。鲍姆笑了,虽然他早年和西蒙斯一起写了相关的论文,但实际上他对金融投资知之甚少,甚至漠不关心,他总会将赚的钱悉数上交妻子。无论如何,鲍姆还是同意协助西蒙斯,就当是帮老朋友一个忙。

到了办公室,西蒙斯把各种主要货币的日收盘价图表放在了鲍姆面前,就好像在让鲍姆做一道数学题。纵览这些数据之后,鲍姆很快就发现某些货币似乎表现出了稳定的价格趋势,特别是日元。鲍姆想,也许西蒙斯是对的,金融市场也许的确存在某些潜在的规律。鲍姆猜想日元稳定的上升趋势也许与日本政府的宏观调控政策有关,当时日本正迫于别国的压力让日元升值,来适度降低其出口商品的竞争力。不管怎样,鲍姆都赞同西蒙斯的想法,他们可以用数学模型来捕捉各种货币的价格趋势,并以此获利。

一开始,鲍姆和西蒙斯每周会面一次。到了 1979 年,48 岁的鲍姆已经沉浸于金融投资之中不可自拔,而这正是西蒙斯期望看到的。作为大学时期的顶尖棋手,鲍姆似乎又找到了一种可以测试他脑力的新游戏。鲍姆从国防分析研究所请了一年的年假,举家搬到了长岛,租了一间始建于维多利亚时代的、有丰富藏书的三居室房子。因为鲍姆的视力越来越差,朱莉娅每天开车接送鲍姆往返于西蒙斯的办公室与家之间。"看看我们能不能做一个模型。"西蒙斯跟鲍姆说,他们准备开始专注于研究金融市场了。

047

鲍姆并没有花太多时间就写出了一个算法并用其指导 Monemetrics 的交易：当货币汇率在算法给出的趋势线以下某一区间时，他们就买入，反之就卖出。这些事情看似平常，但看到鲍姆逐渐步入正轨，西蒙斯越发自信了。"一旦鲍姆加入进来，数学建模就指日可待了。"西蒙斯后来说道。[4]

西蒙斯打电话给一些朋友，包括吉米·迈耶和艾德蒙多·艾斯坤那齐，询问他们是否有兴趣投资他的新基金。西蒙斯给他们看了之前给鲍姆看过的那些价格图表，并鼓动他们说，如果他和鲍姆过去一直用数学方法做交易，那么他们今天的成就必然已斐然可观了。"他带着图表过来，介绍了获利的可能性，令我们印象深刻。"迈耶说。

西蒙斯并没有募集到他预设的 400 万美元的筹备资金，但也没差多少，再加上他自己的钱，他终于可以启动自己的基金了。他把新基金命名为 "Limroy"，这是两个词的合体。一个是约瑟夫·康拉德[①]的小说《吉姆爵士》中的主人公，另一个是帮助公司处理跨国资金往来的百慕大皇家银行（Royal Bank of Bermuda）。西蒙斯为了享受税收优惠，把公司注册在了离岸市场。Limroy 这个名字把现实的金融市场和一个以追求荣誉和道德理想而闻名的人物结合了起来，很好地描述了一只脚已跨入商业世界但另一只脚还留在学术圈的西蒙斯及他的搭档。

西蒙斯把 Limroy 的性质确定为对冲基金，这是一种比较宽泛的策略，适合为高净值人群或者机构管理资产的私募投资公司，可以用来追求多种投

[①] 约瑟夫·康拉德（Joseph Conrad），英国现代主义小说的先驱，他延续了亨利·詹姆斯（Henry James）发起的英文小说的实验与改革。康拉德的作品不但以印象主义著称，更以其悲剧性的特质震撼着人们的心灵。其代表作有《吉姆爵士》（*Lord Jim*）、《黑暗的心》（*Heart of Darkness*）等。——编者注

第 3 章
一定有办法对价格建模

资目标，也可以用来对冲损失或保护资产。Monemetrics 还会额外拨出一些钱给西蒙斯，以测试他的投资策略在不同市场的有效性。如果某个策略有效，那么西蒙斯会将其运用到 Limroy 基金之中。Limroy 基金中有外部持有人，其规模也大了许多。作为酬劳，鲍姆会从公司取得的交易利润中提取 25% 的份额。

西蒙斯期望他和鲍姆可以从一种糅杂了数学模型、复杂图形和人类直觉的交易系统中赚到大钱。鲍姆对他们的方法很有信心，而且越来越醉心于金融交易，所以他干脆从国防分析研究所辞职，全力支持西蒙斯。

为了确保他们行驶在正确的轨道上，西蒙斯还请来了詹姆斯·埃克斯帮助检查他们的策略有无漏洞。就像一年前的鲍姆一样，埃克斯几乎不懂也不在意金融投资。然而，埃克斯很快明白了他的前同事正在做的事情，并且确信他们做得很不错。埃克斯认为，鲍姆的算法不但在外汇交易中表现良好，而且或许也能被用于商品交易，比如小麦、大豆和原油。听闻这些，西蒙斯开始鼓动埃克斯也离开学术圈并建立自己的交易账户。西蒙斯现在真的有点儿激动了，他拥有两位杰出的数学家作为合作伙伴，又有足够的现金，可以一起去揭开市场的神秘面纱。

就在一两年前，鲍姆还时时刻刻都在思考着数学问题，但现在是金融交易占据了他的内心。1979 年一个夏季的上午，当鲍姆和家人一起躺在沙滩上的时候，他仔细思考了英镑疲软已久的走势。当时普遍的观点是英镑只会一路下跌。有一位曾经给西蒙斯和鲍姆提供了很多投资建议的专家卖空了大量的英镑。鲍姆想着想着，就忽然从沙滩上直直地坐了起来，抑制不住内心的激动。他确信英镑马上就会出现买入机会。鲍姆一路小跑来到西蒙斯的办公室，告诉西蒙斯说，他认为是英国的新首相玛格丽特·撒切尔把英镑维持在了一个不可持续的低位上。

"撒切尔正在压制英镑的走势，"鲍姆说，"但她可能压不了多久。"鲍姆认为他们应该买入英镑，但西蒙斯被鲍姆突如其来的信心逗乐了。"鲍姆，你为什么不早点来，"西蒙斯嬉笑着回答，"撒切尔刚刚一起身，英镑的价格就涨了5美分……"原来，那天早上撒切尔决定让英镑短暂回归一下市场。但鲍姆不以为然。"这没什么！"他坚持道，"英镑价格还会持续走高！"[5]

鲍姆是对的，他和西蒙斯持续买入英镑，而英镑也持续在升值。他们跟随这波趋势，同样对日元、德国马克和瑞士法郎进行了精准的预测，赚得盆满钵满，连他们身在南美的基金持有人都给西蒙斯打来电话表示祝贺和鼓励。

其他的数学家依然非常不理解为什么西蒙斯会放弃如此有前途的教职事业，而去坐在一个简陋的办公室里成天交易外汇。让他们更惊讶的是，鲍姆和埃克斯竟然也加盟了西蒙斯的队伍。西蒙斯的父亲马修也对西蒙斯的选择感到很失望。1979年，在西蒙斯的儿子内森尼尔的成人礼派对上，马修跟一位纽约州立大学石溪分校的数学家说："我更愿意说，我有一个教授儿子，而不是一个商人儿子。"

但西蒙斯无暇他顾。挟着外汇交易获利的余威，西蒙斯修改了Limroy的契约，使之可以交易美国国债期货和商品。他和鲍姆现在有了各自分立的账户，同时组建了一个小团队来负责构建模型，以期能抓住外汇、商品和国债市场中的获利机会。

西蒙斯大张旗鼓地开始了他的金融投机生涯。如何才能征服市场？这也许是他遇到的最大挑战。此外，他还开玩笑说玛丽莲现在终于能够"听明白他们在谈论什么了"。[6]然而，太平日子并没有持续太久。

第 3 章
一定有办法对价格建模

"我想要在我睡觉的时候都能帮我赚钱的模型"

西蒙斯开始为公司物色程序员，他打听到了一位年仅 19 岁却即将被加州理工大学（California Institute of Technology）开除的小伙子。他的名字是格雷格·赫尔兰德（Greg Hullender），他睿智而富有创造力，但他总是无法完成学校作业，各门课成绩都很差。赫尔兰德后来被诊断为有注意缺陷障碍。当时，赫尔兰德因即将被学院开除而感到非常沮丧，当然，学校的管理部门也很沮丧。压垮赫尔兰德的最后一根稻草是，他在宿舍里进行未经授权的高风险证券交易时被抓现行了。他的朋友们把钱集中起来交给赫尔兰德，然后他在 1978 年牛市启动之前买入了一些股票期权，这些钱迅速就从 200 美元涨到了 2 000 美元。很快，宿舍里的每个人都想参与这项交易，赫尔兰德于是把美林证券账户里的期权重新打包，卖给这些渴望赚钱的学生。"这就像我自己的股票交易所。"赫尔兰德不无骄傲地说。

然而美林证券对赫尔兰德的聪明才智并不买账。赫尔兰德被指控违反账户规则，美林证券关闭了他的账户，学校也把他开除了。一天早上 7 点，当赫尔兰德正准备搬出宿舍的时候，西蒙斯打来了电话。西蒙斯是从加州理工大学一位研究生那里听说赫尔兰德的，赫尔兰德的交易操作和对金融市场的理解，当然还有他的魄力令西蒙斯印象深刻。西蒙斯给赫尔兰德开了年薪 9 000 美元的条件，并给予其部分公司股权作为激励，邀请他来纽约为 Limroy 的交易写程序。

一头蓬松的棕色头发，圆圆的娃娃脸，笑起来像个小男孩儿，赫尔兰德看起来一点儿都不像是要横穿整个国土去加入一家不知名的投资公司的交易天才，而像一个要去参加夏令营的高中生。他戴着超大的厚眼镜，胸前的口袋里插着眼镜盒和钢笔，看起来特别天真。

赫尔兰德还没有见过西蒙斯和鲍姆，他对这个工作机会是好是坏有点儿不确定。"西蒙斯的公司听起来像世界上最阴暗的地方。"赫尔兰德说。但是最终，赫尔兰德还是接受了西蒙斯的邀请，他说："我本来就是坐在宿舍里等着被踢出去的，我并没有多少其他的选择。"

赫尔兰德搬到了长岛，前几个星期借住在西蒙斯家，直到在附近的纽约州立大学石溪分校租到了一间宿舍。这个年轻人还没有驾照，所以西蒙斯借了一辆自行车给他用来上下班。西蒙斯在办公室通常穿开领棉衬衫和休闲皮鞋，这给了初来乍到的赫尔兰德一个关于交易人员的最初印象。外汇市场常常受到政府行为和言论的影响，但西蒙斯告诉赫尔兰德，他的公司想要创建一种详细的分步骤的算法，来识别出受潜在因素影响的趋势。不得不说，这与西蒙斯在国防分析研究所破译他国军方密码的过程很类似。

赫尔兰德先写了一个追踪公司投资业绩的程序。6个月过去了，这个追踪程序显示，西蒙斯在债券上的投资不太成功，亏了不少钱。客户不停地打电话过来，但这回不是来祝贺的，而是来质问为什么基金亏了这么多钱。西蒙斯似乎还没有学会如何应对低潮期，随着亏损增加，他显得越来越焦虑。有一天行情特别差，赫尔兰德发现他的老板仰卧在办公室的沙发上。赫尔兰德感觉西蒙斯似乎想开口说些什么，可能是某种忏悔的话。"有时候在面对这种糟糕局面时，我觉得我根本不知道自己在做什么。"西蒙斯说。

赫尔兰德很吃惊，在此之前，西蒙斯一直表现得自信满满。而现在，西蒙斯自己都不确定放弃数学研究并试图征服金融市场这个决定正确与否。有一次，身处心理医生的办公室，躺在沙发上的西蒙斯给赫尔兰德讲了吉姆爵士的故事，中心思想是如何面对失败和获得救赎。西蒙斯深深地迷上了吉姆这个人物，他自视甚高，渴望荣耀，但是在一场勇气的试炼中惨败，终身陷在羞愧与自责之中。

第 3 章
一定有办法对价格建模

西蒙斯忽然直直地坐起来，转向赫尔兰德说："但是，他至少死得很高贵啊。"等等，西蒙斯莫不是在考虑自杀吧？赫尔兰德想，他非常担心他的老板和自己的前途。他意识到自己只身在东海岸，身无分文，还要面对一个躺在沙发上要死要活的老板。赫尔兰德想要说些什么让西蒙斯振作起来，但好像说什么都无济于事。

在接下来的日子里，西蒙斯总算从低落中振作了起来，更加坚定决心要建立一个由算法驱动的高科技交易系统，或者说分步骤执行的计算机程序，来替代人类的主观判断。直到此时，西蒙斯和鲍姆还仅仅依赖粗糙的模型并辅之以个人的直觉来做交易，这是造成危机的根源。西蒙斯和之前加入公司的技术专家霍华德·摩根（Howard Morgan）商量，他有一个新目标，就是要建立一个复杂的、完全由预先设定的算法驱动的自动交易系统。"我不想每时每刻都被市场折磨，我想要在我睡觉的时候都能帮我赚钱的模型，"西蒙斯说，"一个完全屏蔽了人类干预的系统。"

西蒙斯认识到，当时创建这种全自动交易系统的技术还不成熟，但他想用一些更复杂的方法来小试牛刀。他觉得计算机基于海量的历史数据应该能够挖掘出有持续性的、不断重复的某种价格规律。西蒙斯从世界银行等地方买了一大堆的书，还从各个商品交易所买了许多磁盘，这些资料记录了商品、债券和外汇过去几十年的价格数据，甚至包含了第二次世界大战之前的一些数据。这本来是一堆没人在乎的破烂货，但是西蒙斯觉得可以从中挖到宝贝。

赫尔兰德的高达 1.5 米、蓝白相间的 PDP-11/60 电脑无法读取西蒙斯收集的这些数据，因为磁盘的数据格式太老了。所以赫尔兰德偷偷地把这些磁盘带到了附近的格鲁曼飞行器工程公司（Grumman Aerospace）总部，他的朋友斯坦供职于此。午夜时分，当警戒略有松懈时，斯坦打开了一台超级计算机，帮助赫尔兰德把那些数据转换成普通计算机可以读取的格式。他们边等边享用着咖啡。

为了获取更多数据，西蒙斯特地雇了一个人频繁地造访位于曼哈顿的美联储办公室，记录当时尚未电子化的利率历史走势等数据。西蒙斯还找来了他在纽约州立大学石溪分校时候的秘书卡罗尔·艾尔博金（Carole Alberghine），任命她为办公室经理，负责记录各币种当期的收盘数据。每天早晨，艾尔博金会通读一遍《华尔街日报》，然后借助公司图书室的沙发和椅子，把价格数据更新到贴得满屋子都是的价格图表之中。这种操作一直维持到艾尔博金从椅子上摔下来才作罢，西蒙斯只得雇用一个更年轻的女孩儿来更新数据。

西蒙斯雇了包括他嫂子在内的几个人来负责把价格数据输入到赫尔兰德创建的数据库中，这个数据库可以跟踪价格，也可以用来测试基于数学算法或基于直觉的各种投资策略的效果。他们采用的很多策略都属于短期动量交易策略①，但他们也会关注不同商品价格之间的相关性。比如，某种货币已经连跌了3天，第四天继续跌的概率有多大？金价领先于银价吗？小麦价格是黄金和其他商品价格的先行指标吗？西蒙斯甚至研究过自然现象对行情的影响。在寻找相关性方面，赫尔兰德等人经常无功而返，但西蒙斯要求他们不要停止搜寻的脚步。"这其中一定存在着某种规律！"西蒙斯坚持道。最后，他们终于开发完成了一个可以覆盖各种商品、债券和外汇交易的系统。虽然公司仅有的一台电脑算力不够，无法运算所有的数据，但他们还是发现了一些可靠的相关性。

---

① 动量交易策略（Momentum Strategies），即预先对股票收益和交易量设定过滤准则，当股票收益和交易量同时满足过滤准则时就买入或卖出股票的投资策略。——编者注

第 3 章
一定有办法对价格建模

由于这个系统的覆盖范围包括了生猪价格数据，所以西蒙斯戏称它为他的"小猪篮子"（Piggy Basket）。这个系统主要是运用线性代数的原理分析大量的数据，然后给出投资建议。它通常会给出一行数字，比如"0.5、0.3、0.2"，这代表系统建议外汇投资组合应该是 50% 的日元、30% 的德国马克和 20% 的瑞士法郎。等到"小猪篮子"提出大约 40 条不同的期货交易建议之后，公司的交易员会按照系统给出的比例来执行这些买入和卖出指令。这个系统只是提供投资建议，还不能够直接进行自动交易，但这已经是西蒙斯在当时的技术条件下，所能做的最大限度的事情了。

几个月之后，"小猪篮子"已经能够指导 100 万美元左右规模的交易，并且获利颇丰。组合一般只持仓一天，然后就卖掉。受到初期成果的鼓舞，西蒙斯又从 Limroy 基金里面拨出几百万美元给"小猪篮子"来运营，以期获得更多的利润。

然而，出人意料的事情发生了。系统突然强烈看好土豆价格，并把三分之二的现金都配置到了纽约商品交易所的土豆期货合约上，相应的标的物是数百万千克的缅因州土豆。一天，西蒙斯接到了来自商品期货交易委员会的电话。交易委员会很不高兴，因为 Monemetrics 持有的这些合约几乎垄断了全球的土豆供应。西蒙斯暗笑，交易委员会的确有权质问他，但他们需要了解的是，他的本意并不是要囤积这么多土豆，事实上连他自己都不知道为什么他的系统要买入这么多土豆。当然，交易委员会并不需要明白这些。"他们认为我们要垄断全球的土豆市场！"挂上电话后，西蒙斯嬉笑着跟赫尔兰德说。

交易委员会可没那么欣赏西蒙斯的幽默感，它强平了 Monemetrics 公司的持仓，还给他们开了几百万美元的罚单。很快，西蒙斯和鲍姆就对他们的系统丧失了信心。他们能够清楚地看到"小猪篮子"做出的各种交易决策，也知道它的盈亏情况，但是他们不理解为什么系统要做出这些决策。西蒙斯和鲍姆觉得，也许计算机交易系统根本就行不通。

到了1980年，赫尔兰德决定退出，重返校园。过早地离开大学给了赫尔兰德很大的压力，而且他也很惭愧不能帮助西蒙斯进一步完善他的计算机交易系统。赫尔兰德对西蒙斯和鲍姆在算法中使用的数学逻辑感到陌生，他很孤独，也很抑郁。"我只是觉得在加州我更有可能遇到真正合得来的人，有些东西比钱更重要。"赫尔兰德说。他最后获得了学位，并且成为亚马逊和微软的机器学习专家。

更名

赫尔兰德走了，"小猪篮子"出问题了，西蒙斯和鲍姆也不再采用数学模型来指导投资了，而是转向更为传统的方法。他们开始根据各种事件和市场动向来寻找可能被低估的机会，把3000万美元的头寸分布在不同的交易品种之中。

西蒙斯想，如果他能比对手更早地获悉欧洲的新闻，那么这也许会给他带来优势。所以他雇了一个在纽约州立大学石溪分校读书的来自巴黎的学生来帮他翻译晦涩的法语金融新闻，以期能领先对手一步。西蒙斯还经常咨询一位名叫艾伦·格林斯潘（Alan Greenspan）[①]的经济学家，众所周知，格林斯潘是后来的美联储主席。西蒙斯曾在办公室安装了一部红色的电话机，只要有突发的金融新闻，电话铃声就会想起，他和鲍姆就能立即抢在市场

[①] 美联储第十三任主席，任期跨越6届美国总统。许多人认为他是美国国家经济政策的决定性人物。在巅峰时期，他被称为全球的"经济沙皇""美元总统"。他的传奇历程被记述在《格林斯潘传》之中，本书简体中文版已由湛庐策划出版。——编者注

第 3 章
一定有办法对价格建模

反应之前下单。如果电话铃声响了,但是他们恰好不在,新的办公室经理佩妮·艾尔博金(Penny Alberghine)就会冲出去找他们,无论他们在餐馆、在商店,还是在男厕所,艾尔博金都会用力地拍门来提醒他们:"出来!快回去!"艾尔博金甚至会尖叫道:"小麦价格跌了3个点!"

西蒙斯无处不在的幽默感常常让他的团队感到很放松。他经常会拿艾尔博金浓重的纽约口音开玩笑,而艾尔博金则会取笑他的波士顿口音。有一次,西蒙斯发现公司银行账户里的存款享受了很高的利率,他高兴坏了。"投资者竟然能享受这么高的利率!"他喊道。

玛丽莲每周会带着儿子尼古拉斯来看西蒙斯几次,而芭芭拉有时也会来探望他的前夫。其他员工的家人有时候也会来办公室闲逛。每天下午,他们都会在图书室享用下午茶,西蒙斯和鲍姆他们会讨论最近的新闻,争论经济的走向。西蒙斯也会请同事们到他的游艇上玩,他的游艇叫作"吉姆爵士号",通常停靠在附近的杰斐逊港。

大多数日子里,西蒙斯都会穿着高尔夫球服和牛仔裤,坐在办公室里,紧张地盯着电脑屏幕,看各种新闻,预测大盘的走势,并和绝大多数投资者一样买入卖出。当陷入沉思的时候,他会手拿一支香烟,不停地咬着嘴唇。而鲍姆会坐在旁边一间较小的办公室里打理着他自己的账户,他喜欢穿破旧的毛衣、起皱的裤子和廉价的鞋子。因为视力日渐衰退,鲍姆会尽量凑近电脑屏幕,试图规避西蒙斯抽烟时升腾的烟雾。

他们的传统交易方法运行得还不错,所以当隔壁的小店倒闭的时候,西蒙斯把它盘了下来,并把中间的隔断墙打通了。办公室变大了,队伍也壮大了。有一位经济学家和其他领域的几名专家加盟了,他们提供专业的投资建议,同时打理着自己的账户,以期提高全公司的业绩表现。与此同时,西蒙斯又有了新的兴趣：支持那些冉冉升起的新兴技术公司。其中就包括做电子词典的富兰克林电子出版公司（Franklin Electronic Publishers），正是这家公司开发了第一台手提电脑。

1982年，西蒙斯把公司的名字更改为文艺复兴科技公司，反映出他对那些新兴科技公司的兴趣。除了交易者这个身份之外，西蒙斯还越来越视自己为一个风险投资家。他每周会在纽约市的办公室里待很长时间，一方面是与对冲基金的投资者互动，另一方面是处理他投资的高科技公司的相关事务。

西蒙斯还会花大把时间照顾他的孩子，其中一个孩子需要特殊的照料。保罗是西蒙斯和芭芭拉的第二个孩子，生来就患有一种罕见的遗传性疾病，叫作先天性外胚层发育不全（Ectodermal Dysplasia）。保罗的皮肤、头发和汗腺都发育不良，他比同龄人矮，牙齿也很稀疏而且畸形。为了减少由此产生的自卑感，保罗会刻意要求父母给他买新潮的衣服，以期能融入同学圈。保罗的情况给了西蒙斯造成了很大的压力。他经常会驾车带保罗去新泽西的特伦顿，找一位牙科医生给保罗做牙齿整形。后来，纽约的一位医生给保罗做了一整套的牙齿植入，此举略微修复了保罗的自尊心。

对于西蒙斯经常在纽约的办公室工作并且花很多精力去照顾家人这件事，鲍姆并不介意，因为他不太需要别人的帮助。鲍姆通过交易各类外汇赚了很多钱，似乎已经没有必要再去开发一个体系化的量化交易系统。构建方程组费时费力，盈利虽然稳定但不够可观。相反，通过分析新闻和地缘政治做事件性投资，不但刺激而且来钱很快。"我为什么还要开发这些模型？"鲍姆问他的女儿斯特菲，"比起寻找数学论据，我们现在的赚钱方式要容易得多。"西蒙斯很尊重鲍姆，很少对鲍姆的交易指手画脚，而且鲍姆正在风头上。公司的计算机算力也很有限，不可能反映所有自动交易系统的真实情况。

第 3 章
一定有办法对价格建模

  鲍姆喜欢仔细研究与经济相关的一系列数据，然后关上办公室的门，躺在他那张绿色沙发上，长时间思考市场下一步可能的走势。"他会忘记时间的，"佩妮·艾尔博金说，"他甚至有点儿神志不清。"

  当鲍姆终于"出关"的时候，他通常会下单。他天性乐观，喜欢买入持有，并静待上涨，他不在乎要等待多长时间。"有的时候稳住仓位需要勇气。"鲍姆告诉朋友说。他很自豪在他人坚持不住的时候，自己坚持住了。"当我没有明确想法的时候，我不会轻举妄动。"鲍姆在写信给家人的时候这样解释他的策略。"爸爸的理论就是低位买入，然后长期持有。"斯特菲说。

  鲍姆通过采用这种策略成功地应对了市场的波动，1979年7月到1982年3月期间盈利达到4 300万美元，西蒙斯当初给他的账户中的资金几乎翻倍了。此后一年中，鲍姆越来越看好市场，甚至连公司的年度旅游都不愿意参加，而是待在办公室盯盘和下单。中午时分，鲍姆往往会很勉强地加入同事们吃午餐的行列，西蒙斯问他为什么看上去这么不开心。"我建仓才建了一半，"鲍姆说，"就不得不来吃饭了。"

  鲍姆确实应该待在办公室，因为他在那一年美国股市的历史性低谷果断地抄了底。随着股市上涨，鲍姆赚得盆满钵满，还和朱莉娅在长岛湾买了一栋拥有6个卧室的房子。朱莉娅依然开着那辆老凯迪拉克，但她不再为钱的问题而担忧了。尽管获利颇丰，但是交易还是给鲍姆带来了一些不利的影响。他曾经是一个乐观而随性的人，但是现在变得严肃而紧张，经常与同事通电话聊到深夜，争论应该如何应对最新发生的事件。"他像变了一个人。"斯特菲回忆道。

解约，鲍姆退场

鲍姆对投资的嗜好日盛，最终和西蒙斯之间产生了裂痕。紧张关系发端于 1979 年的秋天，当时他们在金价 250 美元的时候各自买了一些黄金期货合约。那年年底，紧张的国际形势使金价和银价不断上涨。那时候去拜访文艺复兴科技公司的人，经常能看到原本安静而内敛的鲍姆兴高采烈地谈论金价的走高，而西蒙斯则坐在一旁微笑。

时至 1980 年 1 月，金银价格依然在快速上涨。经过疯狂的两周时间，金价创下了每克约 25 美元的历史新高，此时西蒙斯选择了清仓，锁定了每克数十美元的收益。像往常一样，鲍姆依然不愿意卖出。一天，西蒙斯听一位朋友谈起，他的珠宝商妻子最近翻了他的衣橱，想把金袖扣和领带夹都拿出去卖了。

"你们是要破产了吗？"西蒙斯问道。"没有，她只是想去排队把它们卖了。"朋友回答道。西蒙斯又问："现在卖黄金需要排队？"那位朋友解释道，现在乡下的居民正在排队卖珠宝，想趁金价在高位时赚上一笔。西蒙斯震惊了，他认为如果黄金的供给迅速增加，金价会崩盘的。回到办公室，西蒙斯要求鲍姆立即抛出手中的黄金。以下是他们的对话：

"鲍姆，马上卖出黄金。"
"不行，金价还在走高。"
"快点卖出，鲍姆！"

但鲍姆就是固执己见，西蒙斯很生气。鲍姆已经有超过 1 000 万美元的浮盈了，金价也已经超过每克 28 美元，但他确信还能赚得更多。"西蒙斯对我指手画脚，"鲍姆后来跟家人说，"但是当时没有任何理由或苗头让

第 3 章
一定有办法对价格建模

我卖出,所以我什么都没做。"

最后,1980 年 1 月 18 日那天,西蒙斯不能忍了,他强行让鲍姆听电话。他对鲍姆说:"告诉交易员你要卖出,鲍姆!"

"好吧,好吧!"鲍姆嘟囔道。结果,几个月之内金价涨到了每克 30 美元,鲍姆一直在抱怨西蒙斯让他错失了很多赚钱机会。然后,泡沫破裂,金价几个月之内就跌到了每克 18 美元以下。

其后不久,鲍姆又发掘了一个在 E. F. Hutton 经纪公司①工作的哥伦比亚人,他声称自己非常擅长投资咖啡期货。这个哥伦比亚人很看好咖啡期货,于是西蒙斯和鲍姆建立了全市场最大的多头仓位。刚刚建完,咖啡价格就跌了 10%,他们的浮亏达到了数百万美元。于是西蒙斯迅速清仓了,但鲍姆依然不愿意卖出。最终,鲍姆亏损严重,甚至都没有勇气自己去清仓卖出,只能求助于西蒙斯。鲍姆后来总是说这是他"职业生涯最愚蠢的一幕"。鲍姆的盲目乐观开始让西蒙斯感到不爽了。"他只有能力做到'低买',没办法做到'高卖'。"西蒙斯后来说。[7]

1983 年,鲍姆一家搬到了百慕大群岛,他们很享受那边友好的税率和舒适的天气。岛上美丽的景色增强了鲍姆乐观的天性和看涨的倾向。美国的通货膨胀看起来已经得到了控制,时任美联储主席保罗·沃尔克(Paul Volcker)也表示未来利率有下降的空间,于是鲍姆买了几百万美元的美国国债,这看起来是一个恰逢其时的头寸。但是 1984 年晚春,恐慌性的卖

---

① 爱德华·赫顿(Edward Hutton)于 1904 年创办了以他名字命名的证券经纪公司 E. F. Hutton。此后,这家公司成为全美最著名的证券经纪公司之一。——编者注

盘①主导了债券市场，这一方面是因为里根总统任期内债券发行量激增，另一方面是因为美国经济迅速增长。随着亏损增加，鲍姆依然保持着惯有的平静，但西蒙斯很担心这么下去公司会垮掉。"醒一醒，鲍姆，别这么顽固！"西蒙斯说。鲍姆的亏损仍在继续，而市场对于日元继续升值的预期也让鲍姆的美债头寸雪上加霜。"不能再这么继续下去了。"终于有一天，西蒙斯盯着电脑屏幕说。

当鲍姆的账户亏损达到40%的时候，触发了他和西蒙斯之间的协议中的自动条款，西蒙斯必须卖出鲍姆的全部持仓，并与他解约。两位著名数学家之间持续数十年的合作正式告吹了。

最终，事实证明鲍姆是对的。数年之后，利率和通胀都持续下行，债券投资者获益良多。此时，鲍姆一门心思地打理着自己的账户，他和朱莉娅又搬回了普林斯顿。和西蒙斯合作的岁月里，鲍姆总觉得压力巨大，甚至晚上都无法安然入睡。现在他终于可以休息休息，并重新思考数学问题了。随着年龄的增长，鲍姆越来越专注于研究质数领域的黎曼猜想（Riemann Hypothesis）。为了找乐子，鲍姆去全国各地参加围棋比赛，因为视力渐弱，他不得不把棋盘布局和每个回合都背下来。

80岁以后，鲍姆总喜欢步行大约3千米去普林斯顿大学附近的威瑟斯彭街，沿途他经常会停下来闻一闻路边含苞待放的花朵。过路的司机们有时候会放慢车速，问一问这位行动迟缓但穿戴讲究的老先生是否需要帮助，但他总是婉言谢绝。鲍姆有时会在咖啡店里靠窗的角落坐上几个小时，和各种陌生人搭讪。他的家人有时候会看到他正温柔地安抚着咖啡店

---

① "买盘"表示以比市价高的价格进行委托买入，并已经"主动成交"，代表外盘；"卖盘"表示以比市价低的价格进行委托卖出，并已经"主动成交"，代表内盘。——编者注

第 3 章
一定有办法对价格建模

里想家的本科生。2017年夏天，就在完成他最后一篇数学论文的几周之后，鲍姆离开了人世，享年 86 岁。他的孩子在他去世后发表了他的最后一篇数学论文。

寻找一条新赛道

1984 年交易溃败所带来的亏损给西蒙斯留下了很深的伤痕。他停止了公司的所有交易，面对不满的投资者也是手足无措。以前，同事们听到西蒙斯的朋友打电话来询问行情的时候，总是暗自欣喜，但如今其管理下的基金每天都要亏损数百万美元，所以西蒙斯不得不和投资者们制定了一个新规则，即每月月底才会公布交易净值。

亏损一直困扰着西蒙斯，导致他一度想结束投资生涯，只专注于他那些不断深入的技术研究。他开放了基金的申赎，让想离开的投资者撤资。但大多数人都表示了对西蒙斯的信任，并且鼓励他采取措施改善基金的业绩表现，可是西蒙斯明显自信心不足。挫折感"令人心痛"，他告诉一个朋友："它来得猝不及防，也不讲道理。"

西蒙斯得寻找一条新赛道了。

征服市场的策略 THE MAN WHO SOLVED THE MARKET

- 西蒙斯与列尼·鲍姆尝试用数学模型来捕捉各种货币的价格趋势，并以此获利。鲍姆写出了一个算法并用其指导 Monemetrics 的交易：当货币汇率在算法给出的趋势线以下某一区间时，他们就买入，反之就卖出。

- 西蒙斯坚定决心要建立一个由算法驱动的高科技交易系统，或者说分步骤执行的计算机程序，来替代人类的主观判断。他不再想仅仅依赖粗糙的模型并辅之以个人的直觉来做交易，他有一个新目标，就是要建立一个复杂的、完全由预先设定的算法驱动的自动交易系统，一个完全屏蔽了人类干预的系统。

第 4 章

一场投资革命蓄势待发

让计算机来做决策正是西蒙斯一开始就想要做的东西,然而他仍然无法完全相信这种激进的方法。西蒙斯理智上觉得应该完全依赖模型,但他的心似乎还不能完全认同。

第 4 章
一场投资革命蓄势待发

> 真理只能逼近，无法到达。
>
> ——约翰·冯·诺依曼（John Von Neumann）

詹姆斯·西蒙斯很痛苦，在放弃了前途光明的学术生涯之后，他一时还没有完全准备好应对突然的亏损和满腹牢骚的投资者。他必须找到一种新的交易方法来应对金融市场，因为列尼·鲍姆的方法依赖于智力和直觉，并不总是行得通。这些都让他深感不安。"我在赚钱的时候，觉得自己是个天才，"他告诉一个朋友，"在亏损的时候，又觉得自己是个傻瓜。"

他给查理·弗雷菲尔德打电话倾诉他的困惑。此前，正是通过弗雷菲尔德在糖期货上的操作，西蒙斯成了百万富翁。"我们现在使用的这套方法已经行不通了，"西蒙斯似乎很恼火，"我要借助数学的力量。"

西蒙斯想知道，现有的技术水平是否支持投资者使用数学模型和算法来自动交易，以避免因情绪上的大起大落而遭受损失。幸好西蒙斯的身边还有詹姆斯·埃克斯，他是开发计算机交易系统的理想人选。西蒙斯决定给埃克斯更多的支持和资源，以期取得特别的效果。

一场投资革命似乎蓄势待发。

詹姆斯·埃克斯的焦虑与愤怒

没人知道为什么詹姆斯·埃克斯的脾气总是那么暴躁。他曾经踹过部门办公室的墙，曾经和别的数学家打斗，甚至经常谩骂同事。他总是为其要还的贷款抱怨不休；如果谁让他感到失望，他会怒不可遏；一旦遇到令他不满意的事，他就会大喊大叫。

这些怒火其实并不代表他性格的全部。埃克斯是一位外表俊朗并富有幽默感的知名数学家，他很享受事业上的成功和同行的赞赏。埃克斯的天赋在很小的时候就显现了出来。他出生在纽约布朗克斯区，就读于纽约最负盛名的位于曼哈顿南部的斯图伊韦桑特公立高中（Stuyvesant High School）。后来，他以优异的成绩毕业于布鲁克林理工学院（Polytechnic Institute of Brooklyn），这座学院为美国微波物理、雷达和太空项目的发展做出了卓越的贡献。

尽管埃克斯取得了优异的学术成绩，但他内心始终隐匿着痛苦。他7岁的时候，父亲抛弃了家庭。在成长的过程中，埃克斯又一直受胃痛的折磨。直到青年时期，才有医生诊断他罹患的是克罗恩病[①]。经过一系列的治疗之后，他的病症才得以减轻。

1961年，埃克斯在加州大学伯克利分校获得了数学博士学位，并且认

[①] 克罗恩病（Crohn's Disease）是一种原因不明的肠道炎症性疾病，在胃肠道的任何部位均可能发生，但多发于末端回肠和右半结肠。——编者注

第 4 章
一场投资革命蓄势待发

识了西蒙斯。在西蒙斯的第一个孩子出生时,埃克斯是第一个向西蒙斯道贺的人。作为康奈尔大学的数学教授,埃克斯帮助学校创建了一个专门研究数论的纯数学专业。在此过程中,埃克斯与数理逻辑终身教授西蒙·科申(Simon Kochen)结下了亲密的友谊。两位教授想解决一个由奥地利著名数学家埃米尔·阿廷(Emil Artin)在 50 多年前提出的猜想。在此过程中,两人遇到了许多困难与挫折。为了发泄不满,埃克斯和科申每周都会在纽约地区的伊萨卡举办扑克联赛。两人在联赛中密切配合,虽然每局最多赢不过 15 美元,但累积下来他们竟然赢得了好几百美元。

埃克斯打牌水平很高,但是他始终无法战胜科申。埃克斯越来越恼火,他断定科申肯定是通过观察他的表情变化来取得关键优势的,于是他决定有意掩饰他的表情。一个夏日的夜晚,牌手们在热浪中奋战,埃克斯出现了,戴着一个严实的羊毛滑雪面罩。这个面罩使得埃克斯大汗淋漓,而且遮挡了他的视野,因此埃克斯再次负于科申。他气呼呼地离开了牌局,但没有当面揭穿科申胜利的秘诀。"其实跟他的表情没关系,"科申说,"每次埃克斯拿到好牌,他就会挺直身子。"

埃克斯在整个 20 世纪 70 年代一直在寻找新的对手和最好的打牌方法。除了打牌之外,他还喜欢打高尔夫和保龄球,另外他是全国顶尖的双陆棋选手。"埃克斯是一个不知疲倦的人,有着一颗不知疲倦的心。"科申说。

当然,埃克斯还是把主要精力花在了数学研究上,对他来讲,这是最有挑战性的领域。数学家进入这个领域通常是出于对数字、结构和模型的热爱,但是真正激动人心的还是获得原创性的发现和突破的时刻。以证明费马猜想[①]而闻名的普林斯顿大学数学教授安德鲁·威尔士(Andrew Wiles)曾

[①] 费马猜想(Fermat's Conjecture)又称费马大定理或费马问题,是数论中最著名的世界难题之一,由 17 世纪法国数学家皮耶·德·费马(Pierre de Fermat)提出。——编者注

经这样描述数学研究工作:"这是一趟穿越未经探索过的黑暗大厦的旅程,你可能花费了几个月甚至数年时间,也只能'蹒跚而行'。沿途,各种压力会接踵而至。数学常常被认为是年轻人的游戏,如果你在20多岁或者30岁出头儿没有获得显著成就的话,基本上就没有机会了。"[1]

埃克斯在事业上不断取得进展,而同时焦虑和愤怒情绪也如影随形。一天,他跟科申抱怨说,他的办公室离盥洗室太近,里面的水声会打扰他的思路。说完,埃克斯竟然就朝那堵墙上用力地踹了一脚,留下了一个不小的洞。是的,他的确证明了这堵墙有多么不牢靠,但是,他现在连盥洗室的冲水声都能听得很清晰了。为了纪念埃克斯,康奈尔大学数学系至今都特意保留了墙上的那个洞。

科申后来了解到埃克斯童年的遭遇之后,开始对他抱有更为宽容的态度。科申经常对人说,埃克斯的怒火来自内心的不安全感,并非生性如此,而且他的坏情绪总是很快就消散。埃克斯夫妇和科申夫妇成了很好的朋友。最终,埃克斯和科申为奋战已久的数学难题找到了一个解决方案,这个突破被命名为埃克斯-科申定理(Ax-Kochen Theorem)。从某种程度上说,他们用的方法比他们达成的效果更令人吃惊,因为直到那时,还没有人用数理逻辑的方法解决过数论问题。"我们用的是旁门左道。"科申说。

1967年,埃克斯和科申凭借用3页纸的论文阐述的定理赢得了科尔数论奖,这是数论领域最高的奖项之一,而且每5年才会颁发一次。埃克斯得到了很多的赞誉,学校在1969年授予他终身教职。时年29岁的埃克斯成了康奈尔大学历史上最年轻的终身教授。正是这一年,埃克斯接到了西蒙斯的电话,邀请他加盟纽约州立大学石溪分校正在创建中的数学系。埃克斯虽然在纽约出生和长大,但他非常醉心于海洋的沉静,这也许与他早年的遭遇有关。而他的妻子芭芭拉也早已厌倦了伊萨卡严酷的寒冬。

第 4 章
一场投资革命蓄势待发

埃克斯去了纽约州立大学石溪分校之后，康奈尔大学威胁西蒙斯说，如果他再挖走康奈尔大学的任何教员，康奈尔大学就要向时任纽约州州长纳尔逊·洛克菲勒提出抗议。很明显，这所常春藤名校为失去一位优秀的数学家而感到非常沮丧。

到了纽约州立大学石溪分校不久，埃克斯就告诉一位同事说，数学家最光辉的年华是 30 岁以前，这也许表明了他对于自己在数学领域取得更高的成就失去了信心。同事们隐约感觉，埃克斯可能认为他和科申的成果并没有得到充分的肯定。埃克斯的学术产出效率开始下降了，他醉心于打牌、下棋甚至钓鱼，一心想躲避数学。

由于出现了明显的抑郁症状，埃克斯经常会和妻子芭芭拉争吵。和系里其他同事一样，埃克斯在很年轻的时候就结婚了，那时候性解放运动还没有开始。随着埃克斯留起长发，穿上紧身牛仔裤，关于他对婚姻不忠的谣言也开始流传开来。其他那些有了孩子的夫妻也许会为了给孩子完整的家庭而努力维系婚姻，但做一个好父亲这件事对于埃克斯来说并不容易。"我喜欢孩子们，"埃克斯操着拖沓的布朗克斯口音说道，"但仅仅是在他们学习代数的时候。"

离婚让埃克斯很痛苦，而且他还失去了他的两个儿子开尔文和布莱恩的监护权，他和孩子们似乎不再有任何关系了。埃克斯一直处在低落的情绪之中。系里开会的时候，他会频频打断同事的讲话，以至于莱纳德·查拉普不得不手持一个铃铛，当埃克斯又打断别人的时候，他就摇铃抗议。"你到底在干什么？"有一天，埃克斯大叫起来。查拉普向他解释原因之后，埃克斯怒气冲冲地走了，同事们哭笑不得。

还有一次，埃克斯和一位年轻的助理教授发生了冲突，同事们不得不上前劝解。埃克斯不停地挖苦这位年轻助理教授,让这位助理教授认定埃克斯将会阻碍自己的晋升之路。局面一度非常紧张。"我刚刚差点儿被你弄死!"年轻教授朝埃克斯喊道。

尽管人缘很差,但是埃克斯在专业领域依然声名显赫。一位叫迈克尔·弗里德(Michael Fried)的年轻教授放弃了芝加哥大学的终身教职,来到纽约州立大学石溪分校投奔了埃克斯。埃克斯认可弗里德的能力,并且两人很是气场相合。弗里德身材魁梧,身高1.83米,有一头卷曲的褐色头发和淡淡的胡须,在20世纪70年代的美国,人们对一位数学教授的长相的最高期待也不过如此。

然而,他们的关系破裂了,弗里德怀疑埃克斯盗用了他的研究成果,而埃克斯觉得弗里德没有给他像对其他同事那样充分的尊重。在一场埃克斯、弗里德、西蒙斯和另一位学院领导参与的调停会上,埃克斯当着弗里德的面发了一个毒誓。"无论如何我会尽我所能毁掉你的事业。"埃克斯喊道。

由于过于震惊,弗里德都不知道该怎么回应。"随便你。"弗里德回答道,他转身走了出去,此后再也没有跟埃克斯说过一句话。

埃克斯加入西蒙斯的公司

1978年,当西蒙斯第一次邀请埃克斯加入他的公司时,埃克斯认为金融市场有点儿无聊。但等埃克斯去公司参观并且看了鲍姆开发的早期模型之后,他改变了主意。西蒙斯把投资比作一个难解的谜题,并且许诺埃克斯,如果埃克斯离开学校专心投身金融投资,那么公司会给他设立他自己的账户。埃克斯答应了,一方面出于对新挑战的渴望,另一方面是急于离开学校,再一方面是想试试自己能不能征服金融市场。

第 4 章
一场投资革命蓄势待发

1979 年，埃克斯正式加盟了西蒙斯的公司，搬到了夹在比萨店和女装店之间的办公室。起初，埃克斯专注于基本面研究，诸如大豆的需求是否会增长、极端天气对小麦供应的影响等，但是回报率平平。于是埃克斯开发了一种基于数学原理的交易系统，通过挖掘西蒙斯他们收集的数据来预测各种外汇和商品的价格走势。

埃克斯早期的研究并不十分具有原创性。他先识别出价格持续走高的投资品种，然后评估这些投资品种过去 10 天、15 天、20 天或者 50 天的均价是否对未来的走势有预测作用。这很像趋势投资者的做法，即通过跟踪移动平均线指标[①]的变化，抓住趋势，并一直持有到趋势结束。

埃克斯的模型有潜力，但是还很粗糙。经过测试，埃克斯发现西蒙斯他们收集的数据大多数都毫无用处，因为其中的错误和漏洞太多了。而且埃克斯的模型也远远称不上自动化，他的交易指令需要通过打电话每天在盘前和盘后各传达一次。

为了获取竞争优势，埃克斯开始将目光投向另一位数学教授。

桑铎·斯特劳斯，未知宝藏的探寻者

桑铎·斯特劳斯是费城人，1972 年在加州大学伯克利分校获得数学博士学位之后，他开始供职于纽约州立大学石溪分校的数学系，并且把家也搬到了长岛。斯特劳斯性格外向而且合群，学生和同事们都对他评价很高，他对于数学和计算机的热情深深地感染了大家。斯特劳斯的外表很像那个时代

[①] 移动平均线指标（Moving Averages）是金融投资领域应用最普遍的技术指标之一，有助于交易者确认现有趋势、判断未来趋势、发现过度延伸即将反转的趋势。——编者注

的成功学者。作为自由主义者，他第一次遇到妻子菲亚的时候是在1968年尤金·麦卡锡（Eugene McCarthy）领导的一场反战路演活动中。斯特劳斯像许多学者一样，戴着约翰·列侬那种圆圆的眼镜，棕色的长发梳成了马尾。

渐渐地，斯特劳斯开始担忧他的未来。他意识到自己只不过是一个二流的数学家，也不善于应对办公室政治。由于缺乏和其他数学家竞争项目资金的技巧，斯特劳斯明白他可能很难在纽约州立大学石溪分校或者其他还不错的数学系谋求一份终身教职。

1976年，斯特劳斯加入了纽约州立大学石溪分校的计算机中心，帮助埃克斯和其他同事进行计算机仿真测试。斯特劳斯当时的年薪不到20 000美元，看起来很难得到提升，他对未来充满了迷惘。"我真的不太开心。"斯特劳斯说。

1980年春，当赫尔兰德准备退出的时候，埃克斯向Monemetrics公司推荐了斯特劳斯来担任计算机专家。西蒙斯对斯特劳斯的资历很是满意，并想尽快填补因赫尔兰德的离开而留下的职位空缺，所以他给斯特劳斯开了双倍的年薪。斯特劳斯矛盾极了。他已经35岁了，学校计算机中心的薪水实在太低，很难养活他的妻子和1岁的孩子，但他觉得如果能再多坚持两年，应该就可以得到学校的终身教职了。斯特劳斯的父亲和朋友们给了他同样的建议：千万不要为了一个不知名的、随时可能倒闭的交易公司而放弃一份稳定的工作。

斯特劳斯没有理睬这些建议，反而接受了西蒙斯的邀请。但斯特劳斯也留了一手，他并没有直接辞职，而是向纽约州立大学石溪分校申请了1年的工休。初到公司，埃克斯就邀请斯特劳斯帮忙开发模型。埃克斯说他想基于技术分析来投资商品、外汇和债券期货。技术分析是一种相对古老的分析框架，试图利用过去的价格走势来预测未来。埃克斯想要斯特劳斯尽最大可能

第 4 章
一场投资革命蓄势待发

挖掘所有的历史信息来改进公司的预测模型。

在搜寻价格数据的时候，斯特劳斯遇到了问题。那个时候，交易大厅使用的电传打字机[①]还没有供投资者收集和分析信息的界面。数年之后，一位名叫迈克尔·彭博（Michael Bloomberg）的下岗推销员推广的一种更有竞争力的设备将填补这一空白。

为了拼凑出一个数据库，斯特劳斯从印第安纳州的一家名叫唐&哈格特（Dunn & Hargitt）的公司购买了记录有商品历史价格的磁盘，然后把它们融合到之前已经收集好的那些数据之中。对于近期的数据，斯特劳斯干脆直接手动记录，包括开盘价、收盘价、最高价和最低价。最终，斯特劳斯发现了一种有规律的数据流，即各种商品期货和其他期货的日内波动数据。斯特劳斯在 Apple II 电脑上写了一个程序来收集和存储不断增长的数据流。其实没人要求斯特劳斯记录下这么多的数据，对西蒙斯和埃克斯来说，开盘价和收盘价就足够了。他们甚至都不知道该怎么使用这些数据，况且当时计算机的算力也很有限。但是斯特劳斯表示他会继续收集数据，以后或许会派上用场。

斯特劳斯在寻找价格数据方面变得越来越痴迷，而当时人们并没有认识到数据的价值。他甚至还收集股票交易的数据，以备不时之需。对斯特劳斯来说，收集数据已经成了他的一种实现自我价值的方式。

不过，看着堆积如山的数据，斯特劳斯也发现了一些不对劲儿的地方。比如，在不少时间段，某些商品价格似乎是没有变化的，这似乎说不通。20

[①] 电传打字机（Telerate Machines）是随着计算机的发展而出现的一种远距离信息传送器械，形状像一个大号的打印机。——编者注

分钟内，一笔交易都没有？几年以后也曾出现过类似的交易断档。芝加哥交易所曾经在两天之内没有任何一笔交易，而其他地方的交易是正常进行的。后来人们才知道，是一场大洪水迫使芝加哥交易所停牌了。

数据不连续的情况困扰着斯特劳斯。他找了一个学生来写程序，希望能检测出他们收集的价格数据中的各种异常。斯特劳斯的办公室就在埃克斯的隔壁、西蒙斯的楼下，狭小，无窗。就在这间办公室里，他开始了备受煎熬的校对之旅，借助各种商品交易所年鉴、期货表和《华尔街日报》等媒体资源，来校正他收集的数据。事实上没人要求他这么做，但是斯特劳斯已经对数据深深着迷，虔诚地收集和"清洗"着别人根本不在乎的数据。

许多人要花费许多年才能找到真正适合自己的职业，有些人永远也找不到，而此时，斯特劳斯独有的天赋才真正显现出来。在其他公司，或者是在其他时代，斯特劳斯对于准确价格数据的追求会显得格格不入，甚至有些古怪，而此时的他却视自己为未知宝藏的探寻者。其他一些交易者也会收集和清洗数据，但是从来没有人像斯特劳斯做得这么多，斯特劳斯可以说已经成了一位"数据宗师"。在挑战和机遇面前，他显然已经探明了自己的事业之路。"我再也不会回石溪分校的计算机中心了。"斯特劳斯说道。

"他必须参与到竞争之中，并且必须赢"

斯特劳斯的数据帮助埃克斯提升了投资业绩，这让埃克斯感到了少有的兴奋，也让他对他们的方法越来越有信心。但是请注意，埃克斯还在继续着赌博、打壁球和保龄球等活动。他还去过拉斯维加斯，参加了双陆棋世界业余锦标赛，并获得了季军，《纽约时报》还报道过此事。"他必须参与到竞争之中，并且必须赢。"另一位程序员雷吉·杜加德（Reggie Dugard）说道。

第 4 章
一场投资革命蓄势待发

但是埃克斯已经发觉交易比他曾经参加过的任何比赛都要更刺激，更有吸引力。他和斯特劳斯把过去的价格变化输入模型，以期预测未来的价格走势。"这有点儿意思。"西蒙斯跟埃克斯说，意在鼓励他们继续研究。

为了寻求更多的帮助，西蒙斯邀请纽约州立大学石溪分校的另一位声名卓著的数学家亨利·劳弗每周花一天时间来帮忙。劳弗和埃克斯在数学研究方面互为补充，埃克斯是数论学家，而劳弗在复数函数方面造诣颇深，因此双方是存在合作基础的。然而，他们有着截然不同的个性。劳弗在之前鲍姆的办公室办公，但他有时候会把他的小婴儿放在安全座椅里带到办公室来，这不禁令埃克斯侧目。

劳弗开发了计算机仿真程序来测试某种策略是否应该被放到交易模型中。这些策略通常基于均值回归的理念。如果交易品种的开盘价相比前一天的收盘价低了很多，那么劳弗会买入期货合约；反之，如果开盘价异常的高，他则卖出期货合约。西蒙斯也对进化中的系统提了一些改进建议，同时他非常注重团队合作和成果共享。埃克斯有时候会难以接受这种要求，他想得到更多对他个人的认可和奖励。"劳弗过分夸大了他自己的作用。"一天，埃克斯向西蒙斯抱怨道。

西蒙斯回答："别担心，我会保持公正的。"但西蒙斯的表态并没有对埃克斯起到安抚作用。接下来的 6 个月，埃克斯没有同劳弗说过一句话，尽管沉浸于工作中的劳弗甚至都没有注意到这一点。

在办公室里，埃克斯喜欢散布阴谋论，特别是与肯尼迪遇刺相关的。他还要求同事们称呼他为"埃克斯博士"，以显示对他博士学位的尊重。同事们对此要求都不予理会。有一次，埃克斯要求佩妮·艾尔博金去让附近停车场的一辆车挪一下儿位置，因为太阳照射在这辆车上的反光打扰到他了。艾尔博金只得谎称找不到司机才了事。"他缺乏自信，经常把事情搞得一团糟，"艾尔博金说，"我只能祈祷不要激怒他。"

埃克斯和他的团队确实在赚钱，但他们在交易系统上的努力似乎并没有什么特别的效果，甚至他们自己都不清楚西蒙斯是否还愿意支持他们继续研究下去。当一位雇员收到格鲁曼公司的邀请时，斯特劳斯是支持他去的。格鲁曼公司是一家业务稳定的国防军工供应商，甚至提供免费的火鸡作为签约奖励。任谁都会不假思索地前去的。

新公司 Axcom

1985 年，埃克斯忽然告诉西蒙斯说他要搬家了。他想搬到一个气候更温暖的地方，整年都可以玩帆船、冲浪和壁球。斯特劳斯也想逃离寒冷的东北地区。西蒙斯别无选择，只得同意他们把手中的投资业务迁到美国西海岸。

埃克斯和斯特劳斯搬到了加州，他们在距离洛杉矶约 60 千米的亨廷顿海滩附近住了下来，并且创办了一家新公司，名叫 Axcom。西蒙斯可以分到新公司 25% 的利润，但他要提供交易上的帮助，并且为新公司联系客户。埃克斯和斯特劳斯会负责投资，并且分享剩下的 75% 股权。劳弗并不想搬到西海岸，所以他回纽约州立大学石溪分校教书了，但还会利用业余时间和西蒙斯一起做金融投资。

埃克斯西迁背后还有一个潜在的动机没有告诉西蒙斯。离婚给他带来了持久的伤痛，为此他一直在责怪前妻，他很想摆脱这种伤痛。一旦离开纽约，埃克斯就相当于抛弃了孩子，非常类似于他父亲在他童年时的离家而去。事实上，埃克斯在之后的15年中都没有再和他的孩子们联系过。

瑞尼·卡莫纳，只要大部分正确就足够了

亨廷顿海滩上的办公室位于一座两层办公楼的顶楼，物业所有者是石油巨擘雪佛龙的一家分公司。这可能是世界上最不可能存在顶尖投资公司的地方了。停车场附近就有油井在工作，原油的味道弥漫在整个社区中。办公楼没有电梯，所以斯特劳斯只能和一众工人一起用一架爬梯机把巨大的VAX-11/750计算机和300兆的存储磁盘搬到楼上的办公室。一台拥有900兆存储量的古尔德超级微型计算机（Gould Superminicomputer）跟一台大型冰箱差不多大，他们必须把它从卡车上弄到一台叉车上，再通过阳台放入办公室中。

到了1986年，Axcom公司的交易品种已经涵盖了21种不同的期货，包括英镑、瑞士法郎、德国马克和欧元，还包括小麦、玉米和糖等商品。埃克斯和斯特劳斯开发的数学模型主导了公司绝大部分的交易，只有很小部分是基于埃克斯的主观判断。每天上午开盘前和下午收盘前，计算机程序会向公司的外部经纪商格雷格·奥尔森（Greg Olsen）发送一条信息，包括一个交易指令和一些限制条件，比如，如果小麦价格开在4.25美元/千克以上，就卖出36个合约。

奥尔森会用老式的方法来执行指令：打电话给各个商品和债券交易所的场内经纪人。有时候，这个半自动系统的业绩相当不错，但大多数情况下的业绩却令人沮丧。他们最大的问题在于，没人致力于发掘新的投资方法或提升他们现有的交易策略，但他们的对手却在悄然进步。西蒙斯还曾经研究过太阳黑子周期和月球周期对交易的影响，但是无功而返。斯特劳斯有一个在

艾库天气公司（Accu Weather）工作的表亲，他们的专长是预测天气，所以斯特劳斯委托他们研究巴西的天气情况和咖啡价格的关系，结果也是浪费时间。公众的情绪和同行的持仓情况看起来也没有什么参考价值。

埃克斯花了很多时间寻找新的算法，但是他也沉溺于壁球，爱上了帆板，还出现了中年危机的征兆。拥有宽阔肩膀、强壮肌肉和卷曲棕色头发的埃克斯，看起来就像一位冲浪老手，他几乎什么都玩儿，但是依然没有放松下来，即使是在阳光灿烂的加州。

埃克斯后来又开始和同事们进行减肥比赛，并且依然决心要赢。但在开始称重之前，埃克斯狼吞虎咽地吃了很多甜瓜，致使体重虚高，因为甜瓜里面水分太多了。还有一次，在大太阳底下连续骑行了数小时后，埃克斯大汗淋漓，于是他把内衣放到微波炉里想要烘干，结果引起了微波炉起火，幸好另一位同事拿着灭火器飞奔而至。

西蒙斯一年要飞好几次加州，和大家探讨新的交易方法。但事实上，他的到来更多的是制造麻烦。同事们有很多已经定居在加州，而且拥抱了更为健康的生活方式，但西蒙斯还是每天连续不断地抽多达3包的梅丽特牌香烟。"当西蒙斯在办公室抽烟的时候，没人想跟他待在一起，"一位雇员说道，"所以我们会请他出去吃饭，尽量让他在办公室之外待着。"

午餐完毕，西蒙斯会提议回去上班，但大家实在是太抗拒和西蒙斯一起待在室内了，所以会制造出各种理由让他继续留在户外。"你知道吗？西蒙斯，其实在这里干活也挺好。"一位同事在午餐后跟西蒙斯说。"说得对！那我们下午不如就在户外工作吧！"另一位同事附和道。西蒙斯同意了，完全没有意识到同事们是多么不愿意同他一起回办公室。

第 4 章
一场投资革命蓄势待发

最终，埃克斯还是决定要以一种更为复杂的方式来交易。他们之前没有采用更复杂的数学方法来构建交易模型，部分原因是当时的计算机算力不够，而现在埃克斯觉得是时候改变了。

埃克斯一直认为金融市场和马尔可夫模型非常类似，下一事件只取决于当前的状态。在马尔可夫模型中，要精确预测下一步是不可能的，但是如果有可靠的模型，要预测未来多个步骤的趋势却是有可能的。西蒙斯和鲍姆10年前在国防分析研究所开发的假想模型，也是把市场运行过程描述为一个类马尔可夫过程。

为了改善预测模型，埃克斯认为是时候引入擅长开发随机方程的人才了，马尔可夫模型在广义上是适用于随机方程组的。随机方程组可以用来描述随着时间进化的动态过程，也可以容纳高度的不确定性。斯特劳斯最近阅读了多篇相关论文，文中指出基于随机方程组的交易模型会是很有价值的工具，因此他认为公司有必要招募新的数学大拿。

不久之后，附近加州大学尔湾分校的教授瑞尼·卡莫纳接到了一个朋友的电话。"有一群数学家需要随机微分方程方面的帮助，"电话那头说，"你对那东西了解多少？"

这位时年41岁，后来成为普林斯顿大学教授的法国人，对于金融市场和交易知之甚少，但随机微分方程确实是他的专长。这种方程可以使用随机数据来做相对准确的预测，比如应用在天气预报领域。Axcom公司的数学家们用数学方法来投资，并且把金融市场视为不可预测的复杂的进化系统，在某种程度上，这类似于一个随机过程。

不难看出，他们觉得随机过程和投资之间具有相似性是有一定道理的。

一方面，西蒙斯、埃克斯和斯特劳斯都不认为市场真的像某些学者说的那样是"随机游走"，或者完全不可预测的；另一方面，尽管市场确实具有一些随机性，如同天气一样阴晴不定，但西蒙斯和埃克斯认为，利用某种概率分布应该能够预测未来的价格走势，就如同其他随机过程一样。这就是为什么埃克斯认为找一个这方面的数学专家应该能帮助他们改善模型。卡莫纳的加入或许可以帮助他们开发模型来计算投资结果的概率分布，以提升业绩表现。

卡莫纳很愿意施以援手，当时他正在为当地的一家空间技术公司提供咨询服务，他也很愿意每周为埃克斯他们工作几天来多赚些钱。而且，改善公司投资业绩的使命也吸引着卡莫纳。"我们的目标是开发数学模型，并以之为框架推导出一些实用的结论和结果。"卡莫纳说，"这不是一个一定能得出正确结论的游戏，但只要大部分正确就足够了。"卡莫纳也不敢肯定这种方法一定行得通，或者说比当时大部分投资者采用的非数量化的方法更好。"如果可以更加了解场内交易者们的交易哲学，我们也许能够做得更好。"卡莫纳说道。

一开始，卡莫纳用了斯特劳斯的数据，想要改善 Axcom 公司现有的数学模型，但收效甚微。虽然他的模型比公司原有的模型要复杂许多，但是效果并没有提升多少。尽管后来文艺复兴科技公司会在风险管理和期权定价中全面拥抱随机微分方程，但目前他们还不知道该怎么使用这一重器。这让卡莫纳很头疼。

黑箱，跟着数据走

时至 1987 年，卡莫纳已经自觉羞愧难当。卡莫纳的报酬是从埃克斯的

第 4 章
一场投资革命蓄势待发

个人奖金中列支的，但他却尚未给公司做出什么贡献。他决定暑期的时候全职在 Axcom 公司工作，期望更多的时间投入可以换来更好的模型改进，但他依然没有取得实质的进展。尽管埃克斯和斯特劳斯并不介意，但卡莫纳自己感觉很糟糕。"我感觉自己是吃白饭的。"卡莫纳说。

一天，卡莫纳有了一个想法。Axcom 公司已经用了各种方法来运用他们的模型，比如依赖突破信号[①]和运用简单的线性回归。线性回归是很多投资者用来分析两个数据或者变量集合之间关系的一种工具，隐含的假设是这种关系可以线性外推。比如你把石油价格作为 x 轴，把汽油价格作为 y 轴，然后根据散点图画一条回归线，延长这条线，你就可以在某一石油价格水平下轻松预测出对应的汽油价格。

然而，有时候市场并不那么听话。简单的线性回归模型通常无法有效地预测复杂而波动的金融市场价格走势，这些价格可能会受到暴风雪、恐慌盘[②]和地缘政治等因素的严重冲击。同时，斯特劳斯此前已经收集了几十个各个历史时期的商品交易数据的集合，卡莫纳认为需要用回归的方法来找出这些市场数据之间的非线性关系。

卡莫纳建议尝试一种不同的方法：让计算机自己来寻找这些数据间的关系，从而找到过去某个相似的交易环境，然后观察价格的表现，这样他们就可以开发一个复杂但更为准确的预测模型来识别隐藏的价格趋势。

[①] 突破信号（Breakout Signals）是一种常见的交易指示器，可用来免费查看交易理念、策略、观点、分析等。——编者注

[②] 恐慌盘是指在大盘下跌时，投资者因为看到大盘瞬间跌幅巨大而产生恐慌心理，之后非理智地卖出手中的股票以求减少亏损的现象。——编者注

为了让这个方法付诸实践，Axcom 公司需要大量的数据，远比斯特劳斯收集的要多得多。为了解决这个问题，斯特劳斯开始挖掘数据，而不仅仅是收集数据，比如，针对历史数据断档问题，他利用计算机模型做出相对可靠的猜测，以填补空白；再比如，他们没有收集到 20 世纪 40 年代的棉花价格数据，但是通过模型"创造"出的数据也许能够派上用场。就如同可以根据已有拼图来推断丢失的那块拼图大致长什么样一样，他们"推断"出了丢失的数据和信息，然后输入了数据库。

卡莫纳建议让模型自己来消化所有的数据，并给出买卖的指令。在某种程度上，卡莫纳是在创建早期的机器学习系统。模型会基于复杂的数据结构、集群和相关性给出对各种商品价格的预测，这是卡莫纳他们无法理解也无法用肉眼观察到的。

在别处，实际上统计学家们也在使用类似的方法，该方法被称为"核方法"，可以用来分析数据模式。此前已经回到长岛的亨利·劳弗也在自己的研究中运用了机器学习的方法，并正准备分享给西蒙斯他们。卡莫纳不知道这回事，他只是想运用复杂的算法给埃克斯和斯特劳斯提供一个框架，以识别当前和过去数据中相似的模式。"你们应该试试这个。"卡莫纳催促同事们。

当埃克斯他们把这个方法分享给西蒙斯的时候，西蒙斯怔住了。过去依赖线性方程组的模型给出的投资和资产配置建议是西蒙斯可以理解的，但卡莫纳的模型给出的结果，其背后的逻辑是未知的，因为卡莫纳的方法并不是基于简单的可以被写成标准方程组的数学模型。卡莫纳的结果是来自计算机程序对于未知数据模式的自动挖掘，即计算机在运算了几个小时后直接给出的结果。对西蒙斯来说，这听起来就不太对劲儿。"我觉得这听起来就让人不舒服，"西蒙斯有一天跟同事们说，"我不理解为什么模型一直要求买入而不是卖出呢？"

第 4 章
一场投资革命蓄势待发

后来,西蒙斯越来越恼火。"这就是个黑箱!"西蒙斯愤怒地说。卡莫纳同意西蒙斯的评价,但是他依然很坚持。"跟着数据走,西蒙斯,"卡莫纳说,"这不是我的意思,是数据的意思。"

埃克斯已经和卡莫纳成了不错的朋友,也成了这种方法的"信徒",他自然站在卡莫纳这一边。"它的效果不错,西蒙斯,"埃克斯对西蒙斯说,"这恰恰是合理的……因为人类无法预测价格,就让计算机来做决策吧。"其实这正是西蒙斯一开始就想要做的东西,然而他仍然无法完全相信这种激进的方法。西蒙斯理智上觉得应该完全依赖模型,但他的心似乎还不能完全认同。"西蒙斯想弄清楚模型到底在干什么,"斯特劳斯回忆道,"他并不是很喜欢这种利用类似核方法而开发出的模型。"

渐渐地,斯特劳斯和同事们又找到了更多的历史价格数据,以帮助埃克斯开发基于卡莫纳方法的预测模型。他们后来甚至找到了19世纪以来的股票交易周度数据,这是其他任何人都没有涉足过的。当时,他们还不知道如何充分利用这些数据,但是这种搜寻历史数据并据此观察市场对特殊事件反应的能力,后续会帮助西蒙斯团队开发出可以利用市场意外冲击或崩盘获利的模型,帮助公司在特殊时期跑赢市场。

当 Axcom 公司开始测试这种方法的时候,其投资业绩迅速得到了改善。公司开始采用高维的核回归方法,这种方法更适用于趋势模型,或者更有利于预测某个投资品种趋势的持续性。

西蒙斯确信埃克斯他们可以做得更好,卡莫纳的想法确实帮助了他们,但这远远不够。西蒙斯经常来电来访,想要帮助 Axcom 公司提升业绩。西蒙斯通常扮演的是"蓄水池主管",他要为基金找到高净值的客户并且哄他们开心,让他们愿意参与具有高科技含量的投资,这部分投资要占到公司 1

亿美元管理规模的一半。

为了得到更多数学方面的支持，西蒙斯还安排了一位颇有声望的学者为公司提供咨询。这个举动为公司的历史性突破埋下了伏笔。

征服市场的策略 THE MAN WHO SOLVED THE MARKET

- 埃克斯和斯特劳斯把过去的价格变化输入模型，以期预测未来的价格走势。数学家亨利·劳弗开发了计算机仿真程序来测试某种策略是否应该被放到交易模型中。这些策略通常基于均值回归的理念。如果交易品种的开盘价相比前一天的收盘价低了很多，那么劳弗会买入期货合约；反之如果开盘价异常的高，他则卖出期货合约。

- 卡莫纳建议尝试一种不同的方法：让计算机自己来寻找这些数据间的关系，从而找到过去某个相似的交易环境，然后观察价格的表现，这样他们就可以开发一个复杂但更为准确的预测模型来识别隐藏的价格趋势。

第5章

大奖章诞生，
致敬曾经获得的数学奖章

在价格上涨时买入，在价格下跌后卖出，这种价值投资策略似乎与课本里写的完全相反，然而沃伦·巴菲特等大牌投资者却是该投资策略的忠实粉丝，但也有一些激进的投资者采用的是和西蒙斯他们类似的趋势跟踪策略。西蒙斯需要采取一些新的措施来保持自己的领先优势。

第 5 章
大奖章诞生，致敬曾经获得的数学奖章

> "我十分相信，对于所有的孩子和大部分成年人来讲，好奇心都远比钱重要得多。
>
> ——埃尔文·伯勒坎普

在埃尔文·伯勒坎普的前半生，如果有人说他未来会对一场席卷投资界的革命起到重要的作用，那听起来就像是一个恶意的玩笑。

伯勒坎普出生和成长在肯塔基州俄亥俄河南岸的托马斯堡，他热衷于教会生活和数学知识，但非常讨厌运动。伯勒坎普的父亲瓦尔多是一位温柔而热心的教会领袖，他凭借精彩的布道和温和的个性赢得了大量的信众。当瓦尔多家族要搬离托马斯堡的时候，多达 450 位当地信众为他们送行。信众还送给瓦尔多一辆德索托汽车以表示赞赏和感谢。

托马斯堡是辛辛那提郊区的一个小镇，有大约 1 万的常住人口，极为拥护废奴主义。作为在这里长大的男孩儿，伯勒坎普对南方有着强烈的偏见，并且非常敢于追求自己的兴趣，无论该兴趣有多么冷门。当他的同龄人还在操场上追逐打闹的时候，瘦削而严肃的伯勒坎普喜欢待在教室里进行另一种游戏。他和几个朋友喜欢用铅笔在纸上画出点阵，然后依次在点与点之间连线，组成方形。这是一种叫作"点与盒子"①的传统游戏，已经在中西部流行了近一个世纪。有些人觉得这个游戏是小孩子玩的，其实"点与盒子"有着惊人的复杂性和相当深刻的数学内涵，这些在后来让伯勒坎普受益良多。"这是我最早接触的博弈论。"伯勒坎普说。

1954年，在伯勒坎普入读托马斯堡高地高中的时候，他已经是一个身高1.78米的精力充沛的年轻人了，而且他非常明白自己想要什么。在学校里，他非常喜欢数学和科学。因为智力过人，他被同学们选为班长。其实他原本对文学也挺感兴趣的，但是文学老师花了半个学期给他们分析《乱世佳人》，把他对文学的兴趣消磨殆尽。

伯勒坎普对体育活动从来都不感兴趣，但有时候不得不参与其中。"书呆子不受欢迎，学校非常强调团队精神，"他说，"所以我就也加入了一个团队。"伯勒坎普发觉游泳队可能是最适合他的。他说："游泳队从来都招不满人，所以我知道我至少不会被踢出局。"

每天晚上，游泳队员们赤身裸体地在泳池游泳。他们身上沾有的泳池里的液氯，需要花好久才能洗干净，这也许是游泳队不受欢迎的原因之一。当然也有可能是因为暴躁的教练，他会全程冲着游泳队员们大喊大叫。伯勒坎普作为体能最弱、游得最慢的那一个，当然是被教练训斥得最多的了。"快点啊，伯勒坎普！"教练吼叫着，"像个男人行不行？"

这句话让伯勒坎普觉得特别难堪。伯勒坎普游得很慢，也不健壮。在他

---

① "点与盒子"游戏是一款益智类游戏。在游戏中，你要想尽办法在布满点阵的纸张上通过连线来组成你的盒子，你与对手谁抢占的点数多，谁就是最后的赢家。——编者注

仅有的几次获得银牌的比赛中，他获奖的原因都是除了他之外，只有一个对手报名参赛。

1957年的州锦标赛中有混合泳姿项目。伯勒坎普不得不作为接力赛中的一员，对抗强大的对手。幸运的是，他的队友为他创造了巨大的领先优势，他不费吹灰之力就拿到了金牌。伯勒坎普这次仅有的在运动领域的高光时刻，教会他一个宝贵的人生哲理。"一定要待在伟大的团队[①]里。"他说。

申请大学的时候，伯勒坎普有两个基本的择校标准：拥有世界级的学术水平和对体育要求不高。他觉得整个社会都过于看重体育运动了，他不想再委曲求全了。麻省理工学院明显是个很好的选择。"当我听说麻省理工学院没有足球队的时候，我就知道它一定适合我。"他说。

到了麻省理工学院之后，伯勒坎普开始涉猎物理、经济学、计算机和化学。大一的时候，他就被选中参加约翰·纳什教的高级微积分课程。纳什是著名的博弈论学家和数学家，西尔维娅·娜萨（Sylvia Nasar）的书《美丽心灵》[②]就是向他致敬的。1959年年初的一天，纳什正在黑板上边书写边讲解的时候，有一位学生举手想问问题。纳什转过来，目不转睛地盯着他。一阵尴尬的沉默之后，纳什用手指着那个学生，斥责他竟敢打断他讲课。"他看起来像个疯子。"伯勒坎普回忆道。这个小插曲只是纳什出现精神疾病症状的冰山一角。几周之后，纳什就从麻省理工学院辞职，住进了当地一家治疗精神分裂症的医院。

---

① 数十年之后，接力队的队长小杰克·华兹华斯（Jack Wadsworth Jr.）成了一名投资银行家，后来作为主要成员承办了苹果公司的 IPO 项目。

② 《美丽心灵》（A Beautiful Mind）介绍了美国诺贝尔经济学奖获得者约翰·纳什的传奇人生。——编者注

伯勒坎普可以轻松应对绝大部分课程。有一个学期，他得了8个A和4.9的平均学分绩点（GPA，满分是5分），唯独在人文学科拿了个C，拉低了平均分。大四的时候，在赢得著名的普特南数学竞赛[①]之后，伯勒坎普开始在麻省理工学院攻读博士学位。他专攻电气工程专业，师从彼得·伊利亚斯（Peter Elias）和克劳德·香农（Claude Shannon）。伊利亚斯和香农是信息理论领域的先驱，开创性地提出了电话信号、文字、图片和其他信息的数字化编码和传输方法，为计算机、互联网和一切数字媒体提供了基础。

一天下午，香农和伯勒坎普在学校的走廊里擦肩而过。这位身高1.78米、身形瘦削的教授是出了名的内向，所以伯勒坎普必须努力引起他的注意。"我正要去图书馆查找一篇您的论文。"伯勒坎普脱口而出。香农皱了皱眉，肯定地说："千万别那么做，如果你自己去做研究，你会收获更多。"接着，香农把伯勒坎普拉到一旁，感觉是要讲什么秘闻。"现在不是投资金融市场的好时机。"香农说。

香农秘而不宣的是，他实际上已经开始研发能够跑赢金融市场的数学模型了。在那个时间点，他的模型给出的是谨慎的建议。伯勒坎普努力忍住不笑出声，因为他的银行存款是零，所以香农的警告对他没有任何意义。况且，伯勒坎普内心也对金融市场不屑一顾。"我以前觉得金融市场只是富人之间的游戏，对社会也没有什么贡献，"伯勒坎普说，"我现在还是这么认为。"但是自己崇拜的人竟然也投资股票，这让伯勒坎普多少有些震惊。"这真是刷新我的三观。"伯勒坎普说。

[①] 普特南数学竞赛是伊丽莎白·洛厄尔·普特南为纪念其逝去的丈夫威廉·洛厄尔·普特南于1938年开始举办的比赛，现由美国数学学会承办，每年的比赛于12月的第一个星期六进行。参赛者为所有在美国和加拿大的大学生，且任何参赛者的参赛次数都不得超过4次。——编者注

第 5 章
大奖章诞生，致敬曾经获得的数学奖章

1960年和1962年的夏天，伯勒坎普在著名的贝尔实验室实习，为物理学家小约翰·拉里·凯利（John Larry Kelly Jr.）工作。凯利年轻帅气，操着浓重的得州口音，而且兴趣广泛。一开始伯勒坎普并不喜欢他的某些习惯。凯利在第二次世界大战的时候在美国海军服役过4年，他家的起居室墙上挂着一把巨大的来复枪。他一天要抽6包烟，并且非常沉迷于职业级和大学级的足球联赛，甚至开发过一个投注系统来预测比赛结果。

当凯利工作不顺时，他会大声抱怨。"该死的积分。"凯利有一次大叫起来，吓到了伯勒坎普。尽管行为有些粗鲁，但凯利的确是伯勒坎普遇到过的最聪明的科学家。"令我震惊的是，他的数学研究能力非常出色。"伯勒坎普说，"我以前觉得美国南部的人都是笨蛋，但是凯利改变了我的观点。"

数年之后，凯利发表了一篇论文，论文中介绍了一个由他开发的用以分析信息在网络如何传播的系统，这个系统也可以应用在各种形式的赌博中。为了说明他的想法，凯利开发了一种可以在赛马中获利的凯利公式。依据该公式得出的建议是，如果投注者对比赛规则和赛马情况都很了解，那么他应该忽略官方公布的赔率而去计算每场比赛的"真实赔率"，这样投注者将获得最优获胜率。

凯利公式是从香农早期的信息理论发展而来的。伯勒坎普经常去凯利家打桥牌，谈论数学和科学等话题。久而久之，伯勒坎普体会到了赌马与投资股票之间的相似性，概率在两者之中都扮演了很重要的角色。他们也讨论到了准确的信息和适当的赌注如何给参与者带来收益。

凯利的研究强调了赌注大小的重要性，这是伯勒坎普后来要学会的重要一课。"我对金融一点儿兴趣都没有，但是凯利的研究都是适用于投资组合

理论的。"伯勒坎普说道。慢慢地，伯勒坎普也开始喜欢上了金融带来的智力挑战和可观的利润。

用"大奖章"留住客户

1964年，伯勒坎普似乎陷入了人生的谷底。一个与他交往了一段时间的女孩儿跟他分手了，他沉浸在自怜情绪中。当时，加州大学伯克利分校邀请他到西海岸参加一个教职员的面试，伯勒坎普欣然应允了。"我的世界一直在下雪，我想换个环境。"他说。

伯勒坎普最后接受了这个职位。在加州大学伯克利分校完成博士论文之后，他成了电气工程系的一位助理教授。一天，他在公寓里玩儿的时候，忽然听到从楼下传来的敲击地板的声音。原来是他发出的噪声打扰了住在楼下的两位女士。下楼道歉的伯勒坎普非但没有遭到斥责，反而结识了一位来自英国的名叫珍妮弗·威尔逊（Jennifer Wilson）的漂亮女生。1966年，他们结婚了。[1]

伯勒坎普后来成了一名数字信息解码专家，帮助美国国家航空航天局（NASA）解码了很多卫星回传的火星、金星和太阳系其他星球的数字照片。利用他在类似于"点与盒子"等游戏中培养的技巧，伯勒坎普与其他学者共同创建了一个新的数学分支"组合博弈理论"（Combinatorial Game Theory），并且撰写了该领域的经典著作《代数编码理论》（Algebraic Coding Theory）。他还构建了一个用于有限域上多项式因式分解的算法，后来被命名为"伯勒坎普算法"，这成为密码学领域一个至关重要的工具。

伯勒坎普从来没觉得自己在科系政治方面有什么天赋，但他很快卷入了

第 5 章
大奖章诞生，致敬曾经获得的数学奖章

加州大学伯克利分校文理学院不同科系间的一场纷争。"因为和错误的人共进午餐，我被批评了。"伯勒坎普回忆道。

伯勒坎普逐渐认识到，人际交往中的若即若离和含混晦涩是难以辨识和把握的。相反，数学就要清朗很多，得出的答案客观公正，更让他感到平静和安心。"现实生活中的真相是多维和微妙的，每个人都可以有自己的看法，比如某位总统到底是伟大的还是糟糕的，"他说，"相比之下我更喜欢数学，因为它有着清晰的答案。"

到了 20 世纪 60 年代晚期，伯勒坎普在编码学领域的研究引起了国防分析研究所的关注，这是西蒙斯曾经战斗过的地方。1968 年起，伯勒坎普开始为国防分析研究所做一些秘密的研究工作，在伯克利和普林斯顿两地都留下了研究的印迹。就是在这段时间，一位同事把伯勒坎普介绍给了西蒙斯。尽管两人都热爱数学，也都在麻省理工学院、加州大学伯克利分校和国防分析研究所待过，但是他们却没有什么交集。"他的数学理论和我的不一样，"伯勒坎普说，"而且西蒙斯在赚钱方面简直贪得无厌，他一旦有了想法就喜欢马上行动……他要么在打扑克，要么在金融市场中胡闹。我一直认为打扑克是一种低级趣味的游戏，就像棒球和足球一样，对我毫无吸引力。"

伯勒坎普回到加州大学伯克利分校做电气工程和数学教授的时候，西蒙斯正在纽约州立大学石溪分校创建他的数学系。1973 年，当伯勒坎普成为一家密码公司股东的时候，他邀请西蒙斯担任公司的股东，但西蒙斯付不起 400 万美元的认购金，不过他答应在董事会任职。在相处的过程中，伯勒坎普发现西蒙斯是一位很好的倾听者，并能够提出合理的建议，尽管他经常要求中断会议出去抽烟。

1985年，柯达公司收购了由伯勒坎普创办的研究宇宙空间卫星分组通信[①]的公司。但由此带来的几百万美元意外之财，反而给伯勒坎普的婚姻带来了矛盾。"我妻子想要拿这笔钱买一栋大房子，而我想要去旅行。"伯勒坎普说。

为了保护资产，伯勒坎普买了很多最高评级的市政债券。1986年春，市场开始谣传国会要取消投资该类债券的免税待遇，这引发了债券价格下跌，他的资产还是缩水了。事实上，国会并没有行动，这让伯勒坎普认识到投资者有时候是非理性的。他又考虑投资股票，但是一位大学室友告诉他，上市公司的管理层都倾向于欺骗股东，所以股票市场的前景很不明朗。"你或许可以考虑商品交易。"那位室友说。

伯勒坎普知道商品交易涉及复杂的期货合约，所以他打电话给西蒙斯寻求建议。西蒙斯是他唯一认识的对这个领域有所了解的人。西蒙斯接到电话似乎很激动。"我这儿正好有一个适合你的机会。"他说。

西蒙斯邀请伯勒坎普每月飞抵亨廷顿海滩两次，一方面是让他学习商品交易，另一方面是期待他在统计信息理论方面的造诣可以帮到 Axcom 公司。"你真的应该和詹姆斯·埃克斯聊聊，"西蒙斯告诉伯勒坎普，"他会从你身上获益良多。"

以前，伯勒坎普是比较鄙视金融交易这个行当的，但他现在也越来越为交易带来的挑战所吸引。1988年，伯勒坎普满怀期待地飞到了亨廷顿海滩，

[①] 卫星分组通信（Satellite Packet Communications）是利用卫星信号以分组方式传递信息的通信方式，可以分为两大类：在分组通信网中仅部分使用卫星信道作为分组交换节点机间的传输链路的通信方式，以及完全或主要利用卫星广播信道来组织分组通信网的通信方式。——编者注

第 5 章
大奖章诞生，致敬曾经获得的数学奖章

他的屁股还没坐热，埃克斯就流露出了不悦的态度。"如果是西蒙斯请你来工作的，那么让他付你工资，"埃克斯第一次见到伯勒坎普时就这么说，"反正我不会。"

埃克斯让他立即滚蛋，伯勒坎普有点儿不知所措。但他从伯克利千里迢迢飞过来，不想就这样无功而返，于是决定再坚持一下儿。但这一次他要尽量避开埃克斯的锋芒，就像经典电视剧《宋飞正传》①里的乔治·科斯坦萨（George Costanza）被解雇后重返岗位的情况。不久以后，伯勒坎普就认识到，埃克斯和西蒙斯为了谁该支付 Axcom 公司费用的问题结怨已久。这一点，西蒙斯从未向伯勒坎普提起过。

虽然团队人才济济，也有卡莫纳等高人相助，但是埃克斯的模型主要聚焦于两种简单的策略。有时候，模型采用动量交易策略，追逐价格趋势，然后假设趋势持续，买卖一篮子商品；其他时候，模型采用反转策略②，认为当前的价格趋势会反转。

得益于斯特劳斯收集并整理的大量历史数据，埃克斯能比竞争对手接触到更多的价格信息。因为价格走势经常会复刻历史，所以这些数据能让公司对趋势的持续性有更准确的评估。计算机的算力变得更为强大，而且使用成本也更加低廉，所以团队可以开发更为复杂的交易模型，包括西蒙斯曾不以为然的机器学习的雏形——卡莫纳的核方法。有这些优

---

① 《宋飞正传》(Seinfeld) 是美国情景喜剧，于 1989 年开始在美国全国广播公司（NBC）播出。——编者注

② 反转策略是根据过去一段时间的股票收益率情况，买入过去表现较差的股票而卖出过去表现较好的股票，据此构成的投资组合在未来一段时间内将获得较高收益的投资策略。——编者注

势加持，Axcom公司的年化收益率达到了20%左右，在同行中排名遥遥领先。

然而，西蒙斯还是一直在质疑为什么投资收益没有更好，竞争对手持续涌现也给公司带来了很大压力。美林证券一位叫约翰·墨菲（John Murphy）的资深分析师写了一本关于如何跟踪和交易趋势的书，名叫《金融市场的技术分析》(Technical Analysis of the Financial Markets)。在价格上涨时买入，在价格下跌后卖出，这种价值投资策略似乎与课本里写的完全相反，然而沃伦·巴菲特等大牌投资者却是该投资策略的忠实粉丝，但也有一些激进的投资者，比如对冲基金经理保罗·都铎·琼斯（Paul Tudor Jones）采用的是和西蒙斯他们类似的趋势跟踪策略。西蒙斯需要采取一些新的措施来保持自己的领先优势。

伯勒坎普开始提出建议。他告诉埃克斯，Axcom公司的交易模型没有给出合适的仓位建议。伯勒坎普认为，当模型给出盈利概率较高的投资建议时，他们应该果断加仓。这是他从凯利身上得到的启发。"我们应该加大仓位。"伯勒坎普有一天说道。但埃克斯并不在意，他说："我会考虑的。"

伯勒坎普从Axcom公司的操作中还发现了其他问题。公司交易金、银、铜和其他金属，也交易猪肉、谷物和其他大宗商品。但是他们的买卖指令是在每日开盘和收盘前通过电子邮件的形式发给经纪商的，而且公司经常会持有某些头寸数周甚至数月之久。

伯勒坎普认为这么做很危险，因为市场的波动性可能会很大。低频交易可能会妨碍公司抓住新的投资机会，并在市场下行时扩大公司损失。伯勒坎普建议埃克斯寻找更短期更小的投资机会，也就是提高交易频率。埃克斯以频繁交易的摩擦成本太高为由而对伯勒坎普的建议不予理睬。另外，斯特劳

第 5 章
大奖章诞生，致敬曾经获得的数学奖章

斯收集的日内交易数据还没来得及整理和筛选，所以他们无法开发出一个可靠的短期交易模型。

埃克斯同意让伯勒坎普做一些课题研究，但是伯勒坎普每次来到公司，都发现埃克斯基本没理睬他的建议，不是在他建议的基础上只进行"小修小补"，就是对其视若无睹。因为让伯勒坎普来提供建议本就不是埃克斯的主意，而且他根本不想理睬一个初涉金融交易的大学教授提出的所谓理论或者意见。

埃克斯看起来并不需要太多帮助。就在前一年，即 1987 年，Axcom 公司斩获了两位数的投资收益率，这还是在 10 月份发生股灾，道琼斯指数一天跌了 22.6% 的情况之下取得的。埃克斯没有理睬交易模型，而是提前买入了欧洲美元期货，在股票市场暴跌时对冲了损失。

坊间开始流传西蒙斯得到了数学天才相助，开发了一种全新的策略。也有不少人想要投资 Axcom 公司，其中就包括量化交易的先驱爱德华·索普。索普本来约了西蒙斯在纽约见面，但是做了一些尽职调查之后，他主动取消了会面，因为真正吸引他的并不是西蒙斯的策略。"我发觉西蒙斯每天持续不断地抽烟，走进他的办公室就像走进了一个巨大的烟灰缸。"索普说。索普此前已经把公司搬到了加州的纽波特海滩。

客户们对 Axcom 公司还有其他的担心。很多人对西蒙斯的风险投资不放心，不想在基金中注入太多的风险投资的头寸。为了留住客户，西蒙斯在 1988 年 3 月把 Limroy 清盘了，卖出了所有的风险投资头寸，然后和埃克斯一起发起了一只纯做交易的离岸对冲基金。他们将该对冲基金命名为"大奖章基金"，意在向他们各自获得过的数学奖章致敬。然而，之后的 6 个月，大奖章基金的业绩一直处在波动之中，其中很多损失可以归因为埃克斯注意力的转移。

称职的数学家，不称职的研究主管

搬到加州之后，埃克斯在亨廷顿港附近租了一间静谧的屋子，沿着太平洋海岸公路驾车 8 千米就能到办公室。不久之后，埃克斯又开始寻找更为安静的住所，最终在马里布租了一间滨海别墅。

埃克斯从未真正享受过与人共事的乐趣，尤其是和同事们。此时的他变得更加离群，只是远程指挥着亨廷顿海滩办公室里的十几位雇员。他每周只去一次办公室。有时，伯勒坎普飞过来参加会议，却发现埃克斯还在马里布待着。埃克斯和一位名为弗朗西丝的会计结婚之后，就更加不愿意花时间和他的团队"共舞"了。有时候，他会打来电话提一些与算法和模型毫不相干的要求。"好吧，你到底要我给你买哪种麦片？"一天，一位员工在和埃克斯通话时被人无意中听到了。

随着埃克斯的重心转移，公司的业绩也在恶化。"他们的研究不再那么精准。"卡莫纳说，"老板不在，员工们的工作动力也减弱了。"伯勒坎普则是这么评价的："埃克斯是一个称职的数学家，但不是一个称职的研究主管。"

为了更加避世，埃克斯在一处悬崖附近买了一栋豪宅，可以俯瞰整个圣莫尼卡山脉。每周卡莫纳会驱车去一次，给埃克斯带一些食物、书籍和其他必需品。卡莫纳一边陪埃克斯玩板网球[①]，一边听他讲最新的阴谋论。同事们都把埃克斯视作隐士，因为他不断地选择悬崖边的房子作为住所，这样他才能够享受到僻静的住所带来的安宁。有一位同事在埃克斯的院子里弄了一小块盐渍地，以吸引鹿等动物过来舔舐，之后埃克斯每天都会花很长时间从

---

① 板网球（Paddle Tennis）是从网球派生出来的一种小型球类运动，其比赛规则、打法和网球基本相同，只是场地较小，并且击球时要用木板拍。——编者注

第 5 章
大奖章诞生，致敬曾经获得的数学奖章

窗户里呆呆地看着这个场景。

埃克斯的一部分仓位是依靠直觉进行投资的，并没有完全依从他和斯特劳斯开发的那些复杂的交易模型。这很类似于早年鲍姆对于传统投资方法的回归，以及西蒙斯对卡莫纳"核方法"的不适应。看来量化投资的确是不顺应人的本性的，哪怕是对于数学教授们也是如此。埃克斯发现，《纽约时报》的西海岸版本就是在 60 多千米外的托伦斯市印刷的，所以他向报社提出申请，希望最新的报纸刚过午夜就要送到他家里，他如愿以偿了。埃克斯依然喜欢在晚上交易，试图利用他可以抢先看到报纸的优势，因为某些政府官员的言论会对国际市场造成巨大的影响。他还在家里装了很多巨大的电视屏幕，以随时掌握新闻信息，并通过远程视频会议系统和同事们交流。"他也开始迷恋科技了。"伯勒坎普说。

埃克斯开一辆白色的捷豹，喜欢打美式壁球，还热衷于在附近的山里玩山地车。有一次在玩山地车时，他脑部着地受了伤，还做了紧急手术。1988 年上半年，公司业绩尚可，但随后就亏损了。埃克斯确信反弹在即，但西蒙斯却越来越担忧。很快，两人又吵了起来。埃克斯想要更新公司的计算机配置以加速交易系统的运行，但他不愿意出钱，西蒙斯也不愿意出钱。随着紧张态势的升级，埃克斯开始抱怨西蒙斯没有尽到一个股东的责任。"让西蒙斯出钱。"看着手中的账单，埃克斯跟同事说。

到了 1989 年春，埃克斯已经对伯勒坎普有了基本的尊重，毕竟两人都是世界级的数学家。埃克斯依然没有听取伯勒坎普的交易建议，但是他也认识到自己陷入了困境。另外，他周围的人也不太愿意再听他对西蒙斯的抱怨了。"所有的交易都是我做的，西蒙斯只是负责维护客户而已。"埃克斯抱怨道。伯勒坎普只能努力报以同情。

一天，伯勒坎普到访时，埃克斯显得非常阴郁。他们的基金在过去几个月内已经亏损了接近30%，这是沉重的一击。在一家意大利的大豆巨头试图垄断市场失败之后，大豆价格暴跌，导致公司的大豆持仓大幅亏损。来自其他趋势投资者的激烈竞争也给公司带来了很大的压力。

埃克斯给伯勒坎普看了一封来自西蒙斯的会计师马克·西尔伯（Mark Silber）的信，鉴于 Axcom 公司当前的业绩情况，信中建议公司先停止所有的交易活动，直到埃克斯和团队可以找到改善业绩的方法。西蒙斯只允许 Axcom 公司做短期交易，但短期交易只占到公司平时交易量的10%。埃克斯非常愤怒，毕竟他才是主管交易的，西蒙斯只是负责搞定客户的。"他怎么能让我停止交易？"埃克斯嗓门越来越大，"他没有权力这么做！"

埃克斯依然确信基金的业绩会反弹。趋势策略要求投资者在没有趋势或者难以识别趋势的时候静观其变，因为趋势随时都会到来。埃克斯想去起诉西蒙斯，因为西蒙斯的交易禁令违反了他们的合伙协议。"他对我指手画脚太久了！"埃克斯吼道。伯勒坎普努力想让埃克斯平静下来："打官司不是一个好主意，既费钱，又费时间，最后还不一定能赢。西蒙斯的理由充分，理论上 Axcom 公司是一家普通合伙公司，而它的实际控制人就是西蒙斯，他拥有决定公司未来的法定权力。"显然埃克斯之前并没有认识到这一点。

不过西蒙斯也有自己的烦心事，投资者和老朋友们纷纷来电询问基金亏损的情况，有的索性赎回了基金。在办公室里与同事们共事时，西蒙斯时常显得很粗鲁。大家都能看到亏损在累积，而公司内部的氛围也在恶化。西蒙斯觉得埃克斯的策略太简单了。他跟埃克斯说，要防止客户赎回基金并确保公司活下去只有一条路，就是减少致使公司大幅亏损的长期交易，并设法让客户相信公司正在开发更好的策略。

第 5 章
大奖章诞生，致敬曾经获得的数学奖章

埃克斯根本听不进去，他动身去亨廷顿海滩，想获取同事们的支持，但是情况并不乐观。斯特劳斯不想选边站，身处一场日渐恶化的争斗中让他觉得很不舒服，这既危及公司，也危及他的事业。埃克斯被激怒了。"你怎么能这么没良心！"他朝斯特劳斯吼道。斯特劳斯不知该如何回答。"我只能坐在那里，静观这愚蠢的一幕。"斯特劳斯回忆道。

西蒙斯已经花了 10 多年的时间和各种交易员合作，想要探索一种新的投资方式，但是进展不大。列尼·鲍姆已经"熄火"了，亨利·劳弗也出局了，现在他和埃克斯、斯特劳斯的基金也在一连串的亏损之下只剩下 2000 万美元了。西蒙斯在各种副业上面花的时间要比投资多，他的心好像没有放在投资业务上。斯特劳斯和其他同事越来越确信西蒙斯会把公司关掉。"西蒙斯看起来也没什么信心，"斯特劳斯说，"我们到底会挺过去还是关门了事，前景很不明朗。"

夜里回到家，斯特劳斯和妻子开始为最坏的情况做打算。当他们计算家里积攒的所有资产和未来的开销时，就让两个年幼的孩子在一旁玩耍；他们还讨论了如果西蒙斯把公司关了，他们要搬去哪里。

斯特劳斯回到办公室，埃克斯和西蒙斯的争吵仍在继续。斯特劳斯听着埃克斯隔着电话对西蒙斯和西尔伯大吼大叫，已经忍无可忍了。"我要休假去了，"斯特劳斯最后跟埃克斯说，"你们自己去解决吧！"

道歉与忏悔

到了 1989 年夏天，埃克斯越发觉得自己陷入了困境。他请的是风险代理方面的二流律所，而西蒙斯请的是纽约的一流律所。很明显，西蒙斯会赢得官司。

一天，伯勒坎普给埃克斯出了个主意："你为什么不把股份卖给我呢？"埃克斯思前想后觉得自己别无选择，所以他同意把绝大部分 Axcom 公司的股份卖给伯勒坎普。交易完成后，伯勒坎普拥有了公司 40% 的股权，斯特劳斯和西蒙斯各拥有 25%，剩下 10% 则留在埃克斯手里。

埃克斯在家里窝了好几个月，除了妻子之外几乎不和别人说话。渐渐地，他开始了一场缓慢、艰难但卓有成效的转型。后来埃克斯和妻子搬到了圣迭戈，在那里他终于可以放松下来，他会写写诗，还报了一个学习撰写电影剧本的培训班。他甚至还写了一本科幻惊悚小说，名叫《机器人》(*Bots*)。一天，埃克斯在网上读到一篇西蒙·科申写的关于量子力学的学术论文，于是他联系了这位依然在普林斯顿大学任教的前同事。很快，两人就开始合作撰写关于量子力学数学原理的论文。[2]

然而，埃克斯的生命中依然有些许遗憾。他偶然打听到小儿子布莱恩的行踪，布莱恩此时已经是布朗大学的一名大学生了。一天，埃克斯终于鼓起勇气，拨通了布莱恩宿舍的电话，他们已经有超过 15 年没有说过话了。"你好，"他怯怯地说，"我是詹姆斯·埃克斯。"

那天晚上他们聊了好几个小时。此后，埃克斯和他的两个儿子陆陆续续进行过很多次长谈。埃克斯为自己抛弃孩子们而道歉，也为自己的怒气所导致的伤害而忏悔。孩子们原谅了他，而且非常渴望埃克斯回到他们的生活中。渐渐地，埃克斯和他的儿子们建立了亲密的关系。2003 年，已经成为祖父的埃克斯和他的前妻芭芭拉破镜重圆了。亲情和爱情重新在埃克斯的生命中流淌。

3 年之后，时年 69 岁的埃克斯死于结肠癌。他的儿子们在他的墓碑上刻了一个方程式，正是埃克斯 - 科申定理。

第 5 章
大奖章诞生，致敬曾经获得的数学奖章

征服市场的策略 THE MAN WHO SOLVED THE MARKET

- 埃克斯的模型主要聚焦于两种简单的策略。有时候，模型采用动量交易策略，追逐价格趋势，然后假设趋势持续，买卖一篮子商品；其他时候，模型采用反转策略，认为当前的价格趋势会反转。

- 埃克斯的一部分仓位是依靠直觉进行投资的，并没有完全依从他和斯特劳斯开发的那些复杂的交易模型。这很类似于早年鲍姆对于传统投资方法的回归，以及西蒙斯对卡莫纳"核方法"的不适应。看来量化投资的确是不顺应人的本性的，哪怕是对于数学教授们也是如此。

第6章

神奇公式，在高频交易中盈利

华尔街有一条不成文的规则：不要频繁交易。除了成本高之外，短期交易产生的价差微乎其微，不值得投资者追逐。但大奖章持有的很多长期头寸都只带来了亏损，而短期交易却是基金收益最大的贡献者。

第 6 章
神奇公式，在高频交易中盈利

> 科学家也是人，而且一点儿都不缺乏人性。当数据和欲望相冲突的时候，往往后者会胜出。
>
> ——布赖恩·基廷（Brian Keating）[1]

埃尔文·伯勒坎普在1989年夏天接管了大奖章基金，此时公司的投资业务已经有所回暖。10年之前，金融类公司的利润占到全美公司利润的10%，而如今这一占比正朝20%进发。如同在小说《灯红酒绿》[2]和麦当娜的歌《物质女孩》（Material Girl）中描绘的那样，这是一个以贪婪和自我沉迷为特征的时代。

深度参与金融市场的交易员和投资银行家们能不断接触到不为公众所知的金融信息，即所谓的"信息优势"，这有效地提升了华尔街的金融收益。在里根时代，关于公司兼并收购、盈利情况和新产品研发的各种内幕消息是

---

[1] 宇宙学家，著有《错失诺贝尔奖》（Losing the Nobel Prize）。
[2]《灯红酒绿》（Bright Lights）是美国作家杰伊·麦金纳尼（Jay McInerney）于1984年出版的一部小说。——编者注

征服市场的人
THE MAN WHO SOLVED THE MARKET

金融王国皇冠上的明珠。垃圾债之王迈克尔·米尔肯（Michael Milken）因为内幕交易锒铛入狱之前，在1983年到1987年短短几年之间，他拿到的奖金就超过了10亿美元。[1] 类似的还有明码标价进行内幕消息交换的投资银行家马丁·西格尔（Martin Siegel）和交易员伊万·博斯基（Ivan Boesky）。1989年的电影《华尔街》① 中的主角戈登·杰科很好地诠释了这个行业的典型形象，激进、野心勃勃，常常渴望通过获取不对称信息而得到交易优势。

伯勒坎普在这个荷尔蒙迸发的时代像一个异类，他是一个几乎不打听任何小道消息的学者。他基本上不了解任何公司是怎么赚钱的，也没打算去学习了解。年近49岁的伯勒坎普在外形上与华尔街那些不可一世的大佬也很不一样。伯勒坎普很注重健身，酷爱自行车骑行，还拟订了严格的节食计划。他甚至一度瘦到了很夸张的程度，引发了同事们好一阵担心。伯勒坎普留着整洁的花白胡子，光秃的脑袋上经常泛着油光，他很少打领带，还喜欢在上衣的口袋里插上多达5支的色彩缤纷的钢笔。

即使是与在商业世界崭露头角的计算机极客们在一起的时候，伯勒坎普依然是与众不同的。1989年，他去加州的卡梅尔参加了一次会议，探讨如何使用计算机开发更好的预测模型。他看起来依然是与会者之中最古板的那一位。"伯勒坎普有点儿不修边幅，他的衬衫衣摆露在裤子外面，而且皱皱巴巴的。当他努力思考的时候，他的眼珠会不停地打转。"兰登·惠勒（Langdon Wheeler）说道，他就是在那次会议上首次见到了伯勒坎普，并和他成了朋友的，"但他太聪明了，我不在乎他的怪癖，只渴望跟他学习。"

---

① 《华尔街》（Wall Street）为二十世纪福克斯电影公司制作的剧情片，由奥利弗·斯通（Oliver Stone）执导，该片讲述贪婪成性的股市大亨戈登·杰科（Gordon Gekko）不择手段地在幕后操纵股票行情，最后被绳之以法的故事。——编者注

第 6 章
神奇公式，在高频交易中盈利

在 Axcom 公司的办公室里，伯勒坎普总喜欢天马行空地长篇大论，这让同事们难以招架。伯勒坎普曾夸口说，在一场谈话中，往往 80% 的时间都是由他主导的，但是认识他的人都觉得这个估测略显保守。伯勒坎普作为一个数学家还是很有声望的，很受人们的尊重。他对于改善基金业绩的自信也感染了不少持有人。

伯勒坎普上任后的第一个动作就是把公司搬到他在伯克利的住所附近，这个决定得到了斯特劳斯和他妻子的支持。1989 年 9 月，斯特劳斯在历史悠久的富国银行大厦（Wells Fargo Building）的第 9 层租了一间办公室，这个大厦共有 12 层，是伯克利的第一座高楼，从那里步行就能到加州大学伯克利分校。办公室的光缆已经老化，无法又快又准确地传输期货价格。一位雇员设法在附近奥克兰市的论坛报大厦（Tribune Tower）上架设了卫星信号接收器，这样他们就可以足够快地获得价格信息了。一个月之后，旧金山发生了大地震，共有 63 个人丧生。Axcom 公司的新办公室在地震中没有受到太严重的破坏，但是桌椅架子倒伏一地，部分资料和设备被损坏，那架卫星接收器也掉落了，这对于一家挣扎在生死线上的公司来说，不能说是一个好兆头。

但是团队奋勇向前，伯勒坎普专注于部署他之前提出的但被埃克斯忽视的建议。西蒙斯和埃克斯战斗了几个月之后已经筋疲力尽，也开始支持伯勒坎普的做法。"我们来做点儿确定性高的事情吧！"伯勒坎普这样对西蒙斯说。

埃克斯以前拒绝采取高频的短期交易策略，部分是因为他担心由此带来的交易成本和费用会吃掉潜在的利润。埃克斯还担心快速的成交会影响价格，从而减小获利空间，这种被称为"摩擦成本"的元素，是大奖章无法精确衡量的。

这种担心是有道理的，因为华尔街有一条不成文的规则：不要频繁交易。除了成本高之外，短期交易产生的价差微乎其微，不值得投资者追逐。既然获利空间如此有限，那么为什么还要如此努力地频繁交易？"这种观点在人们的脑海中根深蒂固，几乎没有人会去质疑它。"伯勒坎普说。

伯勒坎普并没有在华尔街工作过，他天然地对这些教条存有怀疑，而且他觉得提出这些教条的人可能并没有做充分的研究。伯勒坎普倡导做更多的短期交易。大奖章持有的很多长期头寸都只带来了亏损，而短期交易却是基金收益最大的贡献者，这还要感谢埃克斯和卡莫纳等人的努力。既然如此，他们现在理应顺着这条路走下去。此时，伯勒坎普还听到了好消息，斯特劳斯已经将绝大部分日内交易数据梳理完毕，可以为短期交易提供更好的支持。

他们的目标是一致的：仔细检视历史价格数据，以期找出未来可能重复出现的价格走势，隐含的假设是投资者的行为会不断重复。西蒙斯的团队觉得这种方法和技术分析如出一辙。华尔街的大佬们基本上把这种方法看作"暗黑艺术"，但是伯勒坎普他们确信这种方法是行得通的，前提是要用更科学和更复杂的形式来实现，并且只应用于短期交易，而非长期投资。

伯勒坎普还认为，如果交易不频繁，每次交易成果对公司都具有较大的影响，那么如果亏损的交易多来几次，公司就完蛋了；但是如果交易频繁，那么单次交易的结果就不至于那么重要，有助于降低公司的整体风险。

伯勒坎普和同事们希望大奖章基金可以模仿赌场的做法。赌场里每天有那么多场赌局，只要在超过一半的赌局上盈利，赌场整体就赚钱了。大奖章基金也是一样，只要保证每天进行的高频交易大多数都能盈利，大奖章基金就能赚很多钱。只需要拥有一点点优势，高频的重复博弈就会确保大数定律

第 6 章
神奇公式，在高频交易中盈利

站在他们这边，这跟赌场的盈利模式非常相似。"如果你交易得足够多，那么只要保证其中 51% 是盈利的就够了，"伯勒坎普告诉一位同事，"我们就不必要为每次交易劳神费力。"

在深入挖掘数据，为大奖章基金的短期交易策略添砖加瓦的时候，他们也注意到了一些市场上的怪事。某些投资品种的价格会在关键经济数据公布之前先下跌，之后又立即上涨，但也有例外。不知何故，美国劳工部等部门的数据公布前后并不存在这样的现象，但其他很多数据公布时都符合这个规律。所以模型给出的建议是，在经济数据即将公布之前买入，公布之后立即卖出。

为了找到更多有用的策略，伯勒坎普给亨利·劳弗打了电话。在埃克斯退出之后，劳弗已经同意花更多时间帮助大奖章基金渡过难关。劳弗在西蒙斯长岛办公室的地下室，率领两名从纽约州立大学石溪分校来的研究助理，正紧锣密鼓地研究改善大奖章基金交易模型的方法，与伯勒坎普和斯特劳斯在伯克利做的一样。

通过不断筛选挖掘斯特劳斯的数据，劳弗发现了周内价格变化规律。比如说，周一的价格变化常常是周五趋势的延续，而到了周二，这个趋势会反转。劳弗还发现前一天的交易常常可以引领后一天的市况，他称之为"24小时效应"（Twenty-four-hour Effect）。大奖章基金开始利用这些发现。如果周五的市场展现出清晰的上升趋势，那么大奖章基金会在周五收盘前顺势买入，在下周一早上就卖出，期望能够利用"周末效应"（Weekend Effect）占到便宜。

西蒙斯和同事们认为，不值得花太多时间去测试他们凭直觉获得的交易想法，而要让数据直接标示出异常交易信号。他们觉得也没有必要去思考这些异常现象为什么会存在。最重要的是，这些异常现象的出现频率要足够高才能纳入交易系统的考虑，并且要保证这些异常现象不是统计意义上的巧合。

他们也的确获得了理论支撑。伯勒坎普等人创建了一个理论：场内交易者对商品和债券的买卖有利于保持市场的流动性。比如他们会在周末来临前清仓，以防周末传来坏消息导致亏损。与之相类似的是商品交易所的场内经纪人会在经济数据公布前减仓，以防低于预期的数据导致头寸蒙受损失。

这些交易商在过完周末或者经济数据公布之后会立即补仓，这会助力价格反弹。大奖章基金的交易系统会利用这个规律，在交易商们卖出时买入，在他们觉得安全了又重新买入时再把头寸卖回给他们。"我们几乎包赚不赔。"伯勒坎普跟斯特劳斯说。

外汇市场的异常现象也提供了颇具吸引力的交易机会，特别是在德国马克的交易中。一旦某一天马克升值了，它第二天继续升值的概率非常高；而如果它贬值了，那么第二天大概率会继续贬值。无论是看月度、周度、日度甚至小时数据的相关性，德国马克都展现出一种不同寻常的价格趋势，这种趋势甚至比想象中的明显得多。

当你扔一个硬币的时候，你有25%的概率连续两次得到头像那一面，但是两次之间是相互独立的，没有相关性。与此相反，斯特劳斯、劳弗和伯勒坎普确信，德国马克在任意两个连续时间段内的价格趋势的相关性达到了20%，也就是说，在一半以上的时间段内，某个趋势会延续。相应地，他们在其他外汇中发现的这个相关性是10%，黄金的是7%，猪肉和其他商品的是4%，而股票的只有1%。"时间段的长短好像并不影响结果，"伯勒坎普有一天惊讶地对一位同事说道，"统计结果是一致的。"

第 6 章
神奇公式，在高频交易中盈利

时间段之间的相关性是不应该发生的，这是当时绝大部分信仰有效市场理论的经济学家所抱持的观点。如果时间段之间存在相关性，那么想利用价格走势的异常规律来征服市场是不可能的。学者们认为，一旦某种异常规律被发现，那么蜂拥而至的套利者就会迅速抹平这个异常值。

德国马克的交易中存在这种异常相关性，日元交易中的这种相关性更为明显，这些都是非常出人意料的，所以 Axcom 团队很想弄清楚背后可能的原因是什么。斯特劳斯发现一些学术论文中曾经做出解释，全球的中央银行都不喜欢汇率的突然变动，生怕会影响经济，所以一旦突发变动，它们就会介入市场平抑波动，但是这会延长相关趋势的持续时间。用伯勒坎普的话来说，就像类似于柯达这种体量和级别的公司，决策和执行过程缓慢一样，汇率变动背后的经济力量也会持续数月之久。"人们凭借理性和习惯作战，一般都会以失败而告终。"伯勒坎普说。

利用汇率变动进行交易只是大奖章基金日渐增长的交易策略集合中的一部分。伯勒坎普、劳弗和斯特劳斯花了好几个月，每天长时间盯着电脑屏幕，反复挖掘数据，试图观察价格对于各种市场事件的反应。西蒙斯每天都会亲临现场或通过电话来跟踪进度，一方面分享自己关于如何改进交易系统的想法，另一方面勉励团队专注于寻找那些被别人忽视的"微弱的异常值"。

除了那些可以利用的重复性价格规律之外，交易系统还在不同的市场发现了各种难以解释且几乎察觉不到的规律。这些趋势和异常值有时候发生得太快，因此绝大部分投资者都无法察觉。它们如此微弱，因此被团队称为"魅影"，然而它们重复出现的频率是足够高的，是值得纳入大奖章基金的交易策略集合的。西蒙斯依然认为，"不知道为什么"没关系，只要能用于交易就行了。

Axcom 团队在努力检视市场的历史表现的时候，相对于竞争对手，他们其实拥有一个巨大的优势：他们拥有更为精确的定价信息。多年以来，斯特劳斯收集了多种期货的日内高频价量信息，而绝大多数投资者是忽视这类颗粒信息的。直到 1989 年之前，Axcom 公司与其他投资者一样，主要采用日度开盘、收盘数据来开发交易模型，所以斯特劳斯收集的日内高频数据是无用的。但是办公室里新添置的每秒百万条指令计算机（MIPS），使得团队可以迅速地挖掘斯特劳斯收集的所有定价信息，产生数以千计的具有显著性的观测值，以揭示以前没有检测到的价格规律。

"我们觉得我们拯救了日内数据，"斯特劳斯说，"尽管这些数据并不十分完善，但是比其他投资者正在使用的数据要可靠和丰富多了。"

闻到硝烟味儿的时候要赶紧跑

到了 1989 年年末，经过 6 个月的努力，伯勒坎普和他的同事们已经有理由相信，他们创造的这个专注于商品、外汇和债券市场的交易系统可以大放异彩了。他们发现，某些异常价格规律和趋势可以持续好几天，有一些只能持续数小时甚至几分钟。伯勒坎普和劳弗确信他们改造后的系统能够有效地利用这些规律和趋势。Axcom 团队发现，要找出股票交易中的可靠趋势很困难，但没关系，利用其他市场中的可靠趋势就足够了。

他们找到的某些交易信号并不特别新奇和复杂，但是很多交易者忽视了它们。这些信号要么出现的概率不足 50%，要么相对于交易成本的潜在盈利空间太小。投资者选择忽视，继续寻找更丰厚的投资机会，就像渔夫忽视网中的孔雀鱼，总想着抓大鱼一样。但是由于交易的频率很高，所以大奖章基金认为这些孔雀鱼也很值得拥有。

第 6 章
神奇公式，在高频交易中盈利

1989年年末，这种新的交易方法被用在了对西蒙斯仅剩的2 700万美元基金的管理上。可以说效果立竿见影，每位同事都震惊了。他们的交易频率大大提高，大奖章的平均持有时间从之前的一周半被削减到一天半。更重要的是，他们几乎每天都在赚钱。

忽然之间，问题出现了。每当大奖章基金交易加元的时候，基金就会亏钱，基本上每次都是如此。这似乎说不通，因为最新交易模型显示，大奖章基金应该是赚钱的，但实际上他们每天都在亏钱。

一天下午，伯勒坎普和西蒙斯说了他的困惑。西蒙斯立即致电芝加哥交易协会的一位场内交易员，询问他对这个现象的看法。"你不知道吗？"该交易员笑着说，"那些家伙是骗子。"

该交易员口中的"那些家伙"指的是交易所内的3名经纪人。他们专注于交易加元期货，相互串通以谋取客户的利益。每当西蒙斯他们下单，这些经纪人就互相分享这个信息，然后立即用自己的账户买入加元，把价格推高一点点，再卖给西蒙斯以赚取差价。而如果大奖章基金下的是卖单，他们就反过来操作。这个小小的价差足以让加元交易者损失巨大。这是华尔街老掉牙的骗局，但伯勒坎普和他的团队却对此一无所知。西蒙斯立即从大奖章基金的交易系统中把加元移除了。

几个月之后，1990年年初，西蒙斯又给伯勒坎普带来了更加令人不安的消息。"有传言说斯托勒集团（Stotler Group）惹上麻烦了。"西蒙斯充满焦虑地说。

伯勒坎普怔住了。斯托勒集团是一家商品交易商，由芝加哥交易协会会长卡斯滕·马尔曼（Karsten Mahlmann）运营，而大奖章基金的大部分头寸都托管于此。伯勒坎普等人把斯托勒集团视为芝加哥最安全可靠的经纪商。如果斯托勒集团破产，大奖章基金的账户就会被冻结，并需要在几周之内进行清算，数千万美元的期货合约就会被置于险境，有可能导致巨额损失。斯特劳斯在交易所的熟人透露说斯托勒集团债务缠身，更加剧了大家的紧张。

然而，这只是传闻而已。如果要把大奖章基金的交易账户换到别家经纪商，会十分费时、费力且费钱。而斯托勒集团长久以来一直是业内最负盛名、最强大的公司，说不定会转危为安。伯勒坎普告诉西蒙斯说他有点儿犹豫。西蒙斯无法理解伯勒坎普的迟疑。"伯勒坎普，当你闻到硝烟味儿的时候应该干什么？赶紧跑啊！"西蒙斯告诉他。

斯特劳斯关闭了大奖章基金在斯托勒集团的经纪账户，并把它转移至别处。几个月之后，马尔曼从芝加哥交易协会辞职；两天之后，斯托勒集团宣布破产。最终，检方以欺诈罪起诉了这家公司。西蒙斯和他的公司再一次死里逃生。

只有系统能决定我们交易什么

在 1990 年的大部分时间里，西蒙斯的团队几乎都没有犯错，就好像在实验室摸索 10 年之后，他们终于找到了一个神奇的公式。除了在开盘前和收盘前交易之外，他们也会在中午交易。他们的系统越来越专注于短期交易，长期交易份额逐渐减少到了 10%。

有一天，Axcom 公司赚了 100 万美元，这种级别的日内盈利在公司历史上是首次发生。西蒙斯和同事们开香槟庆祝，就如同他们在国防分析研究所解决了一个难题之后所做的一样。后来，这种级别的日内盈利变得很普

第 6 章
神奇公式，在高频交易中盈利

遍，使他们的庆祝显得有点儿频繁了。西蒙斯只能宣布，只有日内净值增长率达到 3% 才能把香槟拿出来，但是渐渐地，3% 也变得司空见惯了。

即使盈利如此丰厚，外界依然对 Axcom 公司的投资方法不以为然。当西蒙斯为加州大学伯克利分校的学生介绍 Axcom 公司的投资方法时，还遭到了嘲讽。"我们的想法几乎被人看作痴人说梦。"伯勒坎普说。

学校的教授们会保持礼貌，至少不会当面表示怀疑和轻蔑。但伯勒坎普清楚他们在想什么。"他们只是在回避发表看法而已。"西蒙斯说，但他对这些怀疑不以为然，丰厚的收益更加使他确信，自动交易系统可以跑赢市场。"这是一次绝佳的机会。"西蒙斯满怀热情地告诉伯勒坎普。

大奖章基金在 1990 年的收益率达到了 55.9%，一改上一年亏损 4% 的颓势。这个利润非常可观，因为它远远超过了基金 5% 的高昂管理费费率①和 20% 的利润分成。就在一年多之前，西蒙斯还花了很多精力在他的副业上面，但如今他确信公司的运转已经上轨道了，于是决定花更多的精力来打理公司的业务。西蒙斯开始频繁地给伯勒坎普打电话来沟通公司运营情况。

那年 8 月初，黄金和石油价格暴涨。西蒙斯立即打电话给伯勒坎普，鼓动他把黄金和原油期货纳入交易系统："伯勒坎普，你在关注着黄金价格吗？"

事实上，西蒙斯还是会在自己的账户中做一些投资，主要采用技术分析

---

① 5% 的管理费费率是 1988 年被确定下来的，当时斯特劳斯告诉西蒙斯说，每年他需要约 80 万美元的运营费用，这大致相当于当时 1600 万美元基金管理规模的 5%。西蒙斯没有异议，这个费率水平就一直保持了下来。

去推断各种商品价格。他很想推销自己看涨黄金的观点。伯勒坎普像往常一样礼貌地听完建议，然后耐心地告诉西蒙斯，要避免修改运行得很好的算法，应该让模型自己做出选择。"好吧，听你的。"西蒙斯说。

过了一会儿，黄金价格又涨了。西蒙斯又打电话来了："黄金价格又涨了，伯勒坎普！"伯勒坎普困惑了。明明是西蒙斯自己要开发一个避免人类干扰的计算机交易系统，也是西蒙斯想要依赖科学的方法而不是技术图表或者直觉来寻找那些被忽视的异常规律的。伯勒坎普、劳弗和团队的其他成员夜以继日地工作，想要把人类的干扰从系统里清除出去，但现在西蒙斯却说他很看好金价，所以想调整交易系统？"西蒙斯确信基金应该由交易系统来管理，但他一有时间就瞎忙活，每周花 5～10 个小时交易黄金和铜，还以为自己从中悟到了什么真理。"伯勒坎普说。

就像鲍姆和埃克斯一样，西蒙斯无法抑制自己根据新闻消息做交易的冲动。伯勒坎普决定回击。"就像我之前说的，西蒙斯，我们不会调整基金的头寸。"一天，伯勒坎普终于恼怒地对西蒙斯说。挂掉电话，伯勒坎普转身对一位同事说："只有系统能决定我们交易什么。"

实际上西蒙斯从没有下令主导过什么大的交易，但当海湾战争爆发之后，他的确曾要求伯勒坎普买入一些石油看涨期权以对冲油价上涨。另外，当中东紧张局势加剧的时候，西蒙斯也曾要求将基金整体减仓三分之一。西蒙斯觉得有必要向客户解释一下这些调整。"在发生突然而剧烈的变化时，我们的交易必须依赖主观判断进行自主干预。"西蒙斯在当月的一封信里解释道。

西蒙斯总会不停地给伯勒坎普打电话，伯勒坎普对此越来越恼火。"他一天之内给我打了 4 次电话，"伯勒坎普说，"实在是太烦了。"西蒙斯再次

第 6 章
神奇公式，在高频交易中盈利

来电，但这次是告诉伯勒坎普他打算把研究团队搬到长岛去。在说服劳弗成为全职雇员后，西蒙斯还想在团队中发挥更大的作用。如果将团队搬到长岛，大家就可以经常在一起进行头脑风暴了，但这个想法遭到了伯勒坎普和斯特劳斯的反对。渐渐地，西蒙斯开始不断地告诉伯勒坎普，基金应该怎么操作才会更好，此时大奖章基金的资金管理规模已经到了 4 000 万美元。西蒙斯对于改进模型非常感兴趣，确信大奖章基金即将大放异彩。"我们再一起改改模型，"西蒙斯有一天说道，"明年没准儿就能拿到 80% 的收益率。"

伯勒坎普简直无法相信自己的耳朵。"我们在某些方面只是幸运，西蒙斯。"伯勒坎普这样告诉西蒙斯，试图平抑他的热情。挂断电话，伯勒坎普沮丧地摇了摇头。大奖章基金的收益已经很惊人了，伯勒坎普所担心的是基金的业绩能否勉强维持，更别说提高了。

西蒙斯又提出了更多的要求。他想要扩张团队，再买几个卫星数据接收器，投资更多的基础设施，以升级大奖章基金的自动交易系统。他还要求伯勒坎普出钱来支付这些费用。这些压力折磨着伯勒坎普。伯勒坎普依然是加州大学伯克利分校的一位兼职教授，他发现自己越来越享受教学，很可能是因为在讲台上没有另一双眼睛时刻在盯着他。"西蒙斯的电话实在是太多了，而我在教书的时候能感觉到更多的乐趣。"伯勒坎普解释道。

伯勒坎普终于承受不了了。最后，伯勒坎普打电话给西蒙斯，提出了要约。"西蒙斯，既然你觉得我们的基金收益率能达到 80%，而我觉得只能维持在 30%，那么你对公司的估值一定比我高，"伯勒坎普说，"你为什么不把我的股份买过去呢？"

西蒙斯的确这么做了。1990 年 12 月，Axcom 公司正式解散。西蒙斯用现金收购了伯勒坎普的股份，而斯特劳斯和埃克斯用自己的股份换取了文艺复兴科技公司的股份，文艺复兴科技公司接管了大奖章基金。伯勒坎普回到加州大学伯克利分校全职任教，他以 6 倍的价格把 16 个月前买入的 Axcom 公司的股份悉数卖给了西蒙斯。他觉得这笔买卖太值了。"我从没想象过我们曾经的事业会如此地一骑绝尘。"伯勒坎普后来说。

后来，伯勒坎普也开过一家投资公司，名叫伯克利量化（Berkeley Quantitative），主要做期货投资，管理规模也曾经超过 2 亿美元。但这家公司业绩平平，于 2012 年被关闭。"我总是更多地被好奇心驱使，"伯勒坎普说道，"但西蒙斯更专注于金钱。"

2019 年春，伯勒坎普因肺纤维化并发症去世，享年 78 岁。

征服市场的障碍

伯勒坎普、埃克斯和鲍姆都相继离开了公司，但西蒙斯并没有特别在意。他确信他已经找到一种可靠的系统性的投资方法，可以借助计算机和算法，用一种比技术分析更为科学和复杂的方式，找到商品、债券和外汇市场中被人们忽视的价格规律。

然而，西蒙斯只是一个数学家，对投资的历史知之甚少。他并没有意识到他的方法并没有他想象得那么具有独创性。他也不知道曾经有多少使用相同方法的交易者遭遇了毁灭性的打击，而另一些使用相同策略的交易者则已经领先他好几个身位。要真正征服金融市场，西蒙斯还必须越过一系列他甚至都没有想象过的障碍。

第 6 章
神奇公式，在高频交易中盈利

征服市场的策略 THE MAN WHO SOLVED THE MARKET

- 伯勒坎普倡导做更多的短期交易。他认为，如果交易不频繁，每次交易成果对公司都具有较大的影响，那么如果亏损的交易多来几次，公司就完蛋了；但是如果交易频繁，那么单次交易的结果就不至于那么重要，有助于降低公司的整体风险。如果交易得足够多，那么只要保证其中 51% 是盈利的就够了。

- Axcom 团队找到的某些交易信号并不特别新奇和复杂，但是很多交易者忽视了它们。这些信号要么出现的概率不足 50%，要么相对于交易成本的潜在盈利空间太小。投资者选择忽视，继续寻找更丰厚的投资机会，就像渔夫忽视网中的孔雀鱼，总想着抓大鱼一样。但是由于交易的频率很高，所以大奖章基金认为这些孔雀鱼也很值得拥有。

第 7 章

宽客们的金融工程

几个世纪以来，投机者用了各种方法来寻找价格规律，其中一些方法和文艺复兴科技公司采用的有一些相似之处。但现实是，大多数人都惨败而归，或者有些人根本就是江湖骗子，这些对西蒙斯来讲都不是好兆头。

第 7 章
宽客们的金融工程

1990年年末，西蒙斯的心情异常激动，而其原因也是显而易见的：历史的价格规律可以作为开发计算机模型的基础，用以识别被投资者忽视的市场趋势，让人能够从过去看见未来。西蒙斯一直觉得这能行得通，而近期的巨大投资收益更坚定了他的信心。

然而，西蒙斯并没有花太多时间钻研金融史，否则他应该会意识到他的方法也不是特别新奇。几个世纪以来，投机者用了各种方法来寻找价格规律，其中一些方法和文艺复兴科技公司采用的有一些相似之处。但现实是，大多数人都惨败而归，或者有些人根本就是江湖骗子，这些对西蒙斯来讲都不是好兆头。

西蒙斯的投资方法可以上溯至巴比伦时代，早期的商人会把大麦、枣子和其他农作物的价格刻在泥板上，以期能预测未来的价格。16世纪中期，德国纽伦堡有一位叫克里斯托弗·库尔茨（Christopher Kurz）的商人以能够预测 20 天后肉桂、胡椒和其他香料的价格而闻名。就像那个时代的许多人一样，库尔茨主要靠的是占星术，但是他也会回测观测到的星象，以期推导出一些可靠的规律，就像价格通常会遵循长期趋势一样。

18 世纪，日本有一位叫作本间宗久（Munehisa Homma）的大米投机商，他被称为"市场之神"，因为他发明了一种制图方法，用来预测一段时期内全国大米交易的开盘价、最高价、最低价和收盘价。本间宗久的图表再加上经典的蜡烛图①，组成了早期的一种均值回归策略。本间宗久认为市场是被情绪主导的，"投机者应该迅速止损，并让利润奔跑"，这个策略为众多期货投资者所采纳。[1]

19 世纪 30 年代，英国的经济学家会向投资者出售复杂的价格图表。19 世纪晚期，美国记者查尔斯·道（Charles Dow）把市场中的各种假设和数学分析方法相结合，开创了现代的技术分析，这是一种需要依赖价格趋势、交易量和其他因素的图表分析方法。查尔斯·道是道琼斯指数的发明人，同时也是《华尔街日报》的创始人。

20 世纪早期，一位叫作威廉·D. 甘恩（William D. Gann）的金融预言家获得了大批的追随者，尽管他的投资业绩平平。传说甘恩出生在美国得州一个棉花农场，他很早就从语言学校退学，回家种地，当地一个棉花仓库是他唯一接触过金融的地方。甘恩最后来到纽约市，并在 1908 年开了一家经纪公司，他以阅读价格图表的技巧出众而闻名，并能预测价格的周期和回撤。

---

① 蜡烛图也称股票 K 线，样子像蜡烛一样，常用红色和绿色表示。一条 K 线代表股票一天的走势，也代表着当天投资者对它的看法。——编者注

第 7 章
宽客们的金融工程

"已有的事，后必再有；已行的事，后必再行。日光之下，并无新事。"对于甘恩来说，这句话表明对历史的研究是获得投资收益的关键。甘恩声名鹊起，部分原因是，传闻他在一个月之内把 130 美元升值成了 12 000 美元。拥护者们认为甘恩几乎准确预言了所有的事情，从经济大萧条到日本偷袭珍珠港。甘恩总结道，一种普世的自然秩序主导着生活的方方面面，他称之为"振动法则"，而几何的序列和角度可以用于预测市场的行为。迄今为止，"甘恩分析"依然是一个相当流行的技术分析分支。

甘恩的投资业绩平平，但他的粉丝们不在乎。比如，1936 年甘恩曾说："我认为道琼斯指数不可能再超过 386 点。"这个预测很快被打破了。甘恩一共写了 8 本投资书籍，而且每天都会写一份投资评论，但是其中很少涉及他自己的投资方法。甘恩去世时只有区区 10 万美元资产，也很能说明问题。[2]

"甘恩可以称得上是一个金融占星师。"麻省理工学院斯隆管理学院的教授安德鲁·罗（Andrew Lo）归纳道。

数十年之后，蔡志勇（Gerald Tsai Jr.）依靠技术分析在 20 世纪 60 年代晚期的金融市场封神。他在富达公司（Fidelity Investments）累积了自己的声望。由于非常善于投资成长型股票，蔡志勇成了第一位成长股基金经理。后来，他开办了自己的投资公司，叫作曼哈顿基金（Manhattan Fund），成为当时媒体的宠儿。他设计了一间"作战室"，里面布置了各种图表，用以追踪数以百计的均线、比率和柱状图。他使这个房间的温度始终保持在 12 摄氏度左右，确保 3 位负责更新图表的雇员保持清醒和注意力集中。曼哈顿基金在 1969—1970 年的熊市中遭遇了惨败，其业绩和方法都遭到了嘲笑，但那时，蔡志勇已经把公司卖给了一家保险公司。他还忙于把一家叫 Primerica 的财务服务公司转型为一家银行，那就是后来的花旗集团。[3]

渐渐地，技术分析交易者成了被嘲笑的对象，技术分析交易策略被认为是最简单和最懒惰的，甚至被一些人视作一种"原始的巫术"。尽管有各种嘲笑声，但许多投资者依然继续绘制技术分析图表，跟踪头肩顶[①]等常用的技术形态。事实上，一些当代的顶尖投资者，比如斯坦利·德鲁肯米勒（Stanley Druckenmiller），也会看图形来印证自己的投资主题。安德鲁·罗等人认为技术分析是量化投资的先驱，然而这些方法其实从来没有经过独立而彻底的检验，大多数的法则来自人类的肉眼观察和似是而非的逻辑，有效性是非常值得怀疑的。[4]

就像之前的技术分析者一样，西蒙斯也试图在市场数据中寻找规律、信号和相关性。但是他期望能够通过运用更加科学的方法，比之前的技术分析者走得更远。西蒙斯赞同伯勒坎普所说的，技术指标更加适用于短期交易，而非长期交易。另外，西蒙斯希望借助严格的测试和更为复杂的模型，基于统计学分析而非肉眼观察，避免那些技术分析者经历过的惨败。但是西蒙斯没有意识到其他人也在加紧研发类似的策略，并且已经使用了高速计算机和自创的数学算法。其中一些交易者已经取得了巨大的进展，西蒙斯急需迎头赶上。

事实上，计算机时代刚一拉开序幕，就有投资者想用计算机来征服市场。早在1965年，《巴伦周刊》（*Barron's*）就提到，计算机不但可以给投资者带来难以估量的助益，而且可以有效地减轻分析师的负担，使之有机会做更多创造性的工作。同一时期，《华尔街日报》也大肆报道了计算机并行处

[①] 头肩顶（Head and Shoulders）是最为常见的倒转形态图表之一，是在上涨行情接近尾声时的看跌形态，其图形以左肩、头部、右肩及颈线构成。在技术分析的各种方法中，头肩顶是预判市场波段头部形成的最常见K线形态之一。——编者注

第 7 章
宽客们的金融工程

理大量股票数据的能力。在经典投资著作《金钱游戏》[①]中，作者乔治·古德曼化名为亚当·斯密，对入侵华尔街的"电脑人"冷嘲热讽。

当投资世界的一部分已经开始运用电脑来助力投资的时候，技术却还没有准备好，一方面是由于当时的电脑只能处理很简单的统计分析，另一方面是由于当时的投资活动中并不需要太多数学模型或者其他复杂模型。但是依然有一位名叫理查德·丹尼斯（Richard Dennis）的芝加哥投资者，成功地开发了一个能够预先设定算法的交易系统，以期能移除自己交易操作中的情感和非理性因素，这其实和西蒙斯梦寐以求的东西很类似。当文艺复兴科技公司的成员们在整个 20 世纪 80 年代都致力于改善模型的时候，他们经常听说丹尼斯的成功故事。年仅 26 岁，丹尼斯在芝加哥交易商协会就已经是有头有脸的人物了，人称"深渊之子"（Prince of the Pit）。丹尼斯戴着厚厚的金边眼镜，大腹便便，稀疏而卷曲的头发"像比格犬的大耳朵一样搭在他的脸周围"（当时一位拜访过他的人如此形容）。

丹尼斯对他这套趋势追踪系统非常自信，他把系统的法则写下来，招募并且训练了 20 名学徒。这些学徒学成之后，丹尼斯还给了他们现金，让他们自己去交易。丹尼斯这么做是因为和一位朋友的长期赌约，即只要严格运用他的交易法则，初学者也能成为市场的行家里手。据说丹尼斯在 1986 年赚了 8 000 万美元，1987 年更是赚了 1 亿美元之多。然而，丹尼斯在 1987 年的股灾中也损失惨重，他是距今最近的一位采用与西蒙斯类似的交易方法但最后损失惨重的人。在损失了一半现金之后，丹尼斯决定结束交易生涯，开始全力推动政治自由和大麻合法化。"生命中有很多比交易更为重要的东

[①]《金钱游戏》（*The Money Game*）是美国著名财经作家和电视节目主持人乔治·古德曼（George Goodman）的著作之一。它对当时的金融市场万相做了非常生动的记录，充满了洞见并且极为风趣幽默。——编者注

西。"丹尼斯这样告诉一位来访者。[5]

纵观20世纪80年代，华尔街和伦敦金融城都很热衷于招募应用数学家和物理学家。这些应用数学家和物理学家的任务主要是开发模型，为复杂的衍生品和抵押品定价，分析风险，对冲持有的头寸。这些操作被统称为"金融工程"。

不久以后，金融界就给这些开发和应用数学模型的人起了一个昵称。哥伦比亚大学的理论物理学博士，后来加入华尔街的伊曼纽尔·德曼（Emanuel Derman）说，起先他们被称为"火箭科学家"，因为很多人认为火箭科学是当时最为先进的科学分支。慢慢地，这些专家被称为"宽客"（Quants），这是量化金融专家的缩写。德曼回忆到，在许多年里，银行和投资公司的资深经理们都以不懂电脑为荣，他们把"宽容"这个名字视为贬义词。德曼说："当我在1985年加入高盛的时候，我发现做量化投资简直是一种耻辱……在一个满是交易员、销售经理和投资银行家的公司里面，两个成年人谈论数学、UNIX系统或者C语言，都被视为低级趣味。""你周围的人都看不起你。"德曼在他的自传《宽客人生》（My Life as a Quant）中写道。[6]

不过，当时人们的确有很好的理由对"电脑人"保持怀疑。一方面，"电脑人"复杂的对冲操作并不总能带来很好的效果。1987年10月19日，道琼斯指数一天内就跌了23%，这是史上最大单日跌幅。此次下跌就被归咎为一种被广泛采用的称为"组合保险"的对冲策略。在这种对冲策略的加持下，计算机会在市场出现下跌苗头的时候立即卖出股指期货，以防止组合头寸蒙受更大的损失。这些卖空操作导致指数进一步下跌，从而引发更多的计算机自动卖空，直至崩盘。

25年之后，《纽约时报》具有传奇色彩的专栏作家弗洛伊德·诺里斯

（Floyd Norris）称："那次崩盘是计算机破坏金融市场的恶性开端。或者，对于计算机更为公平的说法是，真正造成破坏的是那些不了解计算机的局限性又错漏百出的编程者。计算机一运转，人类的判断就消失了。"

20世纪80年代，本华·曼德博（Benoit Mandelbrot）教授提出，数学中某些被称为"分形"的结构可以刻画自然界中的不规则形状，并且金融市场也存在分形。曼德博教授认为，市场总会出现大多数投资者意料之外的事件，这成为质疑计算机模型有效性的又一理由。曼德博的研究进一步支持了交易员出身的作家纳西姆·尼古拉斯·塔勒布（Nassim Nicholas Taleb）的观点：广受欢迎的数学工具和风险管理模型难以逃脱金融市场大幅偏离历史规律的魔咒，而这种偏离发生的频率要远超过绝大多数模型所预测的结果。

正是出于这种担心，那些经常摆弄计算机和数学模型的人通常不会被允许直接进行交易。他们只能给银行或者投资公司里面那些重要的交易员提供帮助，而不是取而代之。20世纪70年代，加州大学伯克利分校的一位叫作巴尔·罗森博格（Barr Rosenberg）的经济学教授开发了一种量化模型，可以跟踪那些对股市有重要影响的经济指标。但是他并没有靠这个模型来交易，而是把它卖给了其他投资者，帮助他们预测股市的走向。

爱德华·索普是第一位使用量化策略来进行大规模投资的当代数学家。索普本来是一位学者，曾经与信息理论之父克劳德·香农一起工作过。与埃尔文·伯勒坎普一样，索普也深受得州科学家约翰·凯利的比例投注系统的影响。起初，索普把他的才华用在了赌博上，并因为巨额的盈利而声名鹊起。他还写了一本著名的书，叫作《击败庄家》（*Beat The Dealer*）。这本书介绍了索普创建的基于规则的系统性赌博策略，并且论述了在概率游戏中，参与者要善于利用赔率变化来寻找下注良机。

1964年，索普把注意力转向了最大的"赌场"——华尔街。在读完相关技术分析的书籍，以及本杰明·格雷厄姆（Benjamin Graham）和戴维·多德（David Dodd）的奠定了基本面投资基石的里程碑级著作《证券分析》（Security Analysis）①之后，索普在自传《战胜一切市场的人》（A Man for All Markets）中写道："我对于大众的无知感到既惊讶又窃喜。"[7]

索普把重点放在认股权证上，认股权证赋予持有人在某一价格购买股票的权利。他开发了一个模型能够计算认股权证的"正确"价格，这也使他能够立即发现市场的错误定价。在一台惠普9830电脑上，索普依靠程序化的数学公式，买入低估的认股权证，卖出高估的认股权证。这个策略在盈利的同时也能保护他的投资组合免受大盘震荡的伤害。

20世纪70年代，索普曾经参与管理了一家名为普林斯顿与纽波特合伙公司（Princeton/Newport Partners）的对冲基金，取得了斐然的业绩，并且吸引了不少知名的投资者，比如影星保罗·纽曼（Paul Newman）、好莱坞制片人罗伯特·埃文斯（Robert Evans）和编剧查尔斯·考夫曼（Charles Kaufman）。索普的基金是通过计算机算法和模型来交易的，所以耗电量巨大，导致他们位于南加州的办公室里总是很热。

索普的交易模型深受法国数学家路易·巴舍利耶（Louis Bachelier）的博士论文的影响。巴舍利耶在1900年就创建了一个理论，该理论可以用来为巴黎股票交易所的期权定价。他用的方程式与后来爱因斯坦用来描述花粉颗粒的布朗运动的方程式很类似。巴舍利耶这篇描述股价不规律运动的论文被忽视了几十年之久，直至索普等人认识到它与现代投资的相关性。

---

① 《证券分析》是价值投资流派的开山之作，给出了历经时间检验的价值投资思想和常识，其原书第6版的简体中文版已由湛庐策划出版。——编者注

第 7 章
宽客们的金融工程

1974年，索普登上了《华尔街日报》的头版头条："计算机模型是在市场上取得成功的密钥。"一年以后，随着财富的增长，索普也开上了一辆全新的红色保时捷911S。对于索普来说，依靠计算机来交易权证、期权、可转债等所谓的衍生证券是唯一可行的投资方法。"模型是对现实生活的简化，就像一张地图，可以带你从城市的一边去另一边。"索普写道，"如果你没弄错的话，就可以用模型来预测新形势下会发生的事情。"

对此不屑者依然不屑。有人致信《华尔街日报》说："真实的投资世界非常复杂，不可能简化为一个模型。"然而，到了20世纪80年代晚期，索普管理的基金规模已经达到3亿美元，远远超过当时西蒙斯的大奖章基金2 500万美元的管理规模。但是后来普林斯顿与纽波特合伙公司受到了垃圾债之王迈克尔·米尔肯丑闻的牵连，彻底终结了索普想要成为投资界大佬的雄心。

索普从未被指控有任何不当行为，政府也最终撤销了所有和普林斯顿与纽波特合伙公司相关的指控，但是这无法阻止他的基金遭遇巨额赎回的命运。1988年末，基金被彻底清盘，索普称之为一场"痛苦的创伤"。这只对冲基金的存续期超过19年，取得了费后超过15%的年化收益率，冠绝其时。"如果不是政府横插一杠，我们早就是亿万富翁了。"索普说。

自动化自营交易团队

20世纪80年代早期，格里·班伯格（Gerry Bamberger）对于名利并没有什么想法。班伯格高挑、瘦削，毕业于哥伦比亚大学计算机科学系，他在摩根士丹利的工作主要是为股票交易员们提供数据分析和技术支持，在投资银行这架大机器里充当着一个不起眼的齿轮。当交易员们准备为客户进行大宗股票交易，比如说买入价值几百万美元的可口可乐公司股票时，他们一般会同时卖出等量的相似公司的股票，比如百事可乐，以求自我保护，这被称为"配对交易"（Pairs Trade）。班伯格开发了可以跟踪交易员业绩的软件，但是交易员们却非常不屑于公司内部计算机部门的协助。

当交易员们大量买入股票的时候，班伯格观察到股价会如预期般上涨，反之亦然。这些交易活动每次都会改变某只股票和与其配对交易的股票间的价差，哪怕是在没有任何消息的情况下。比如说，一笔可口可乐的大额卖单可能会使其股价下跌一两个百分点，但配对交易的百事可乐股价却可能没什么变化。当卖单逐渐被执行完成后，价差又会回到正常状态。这是说得通的，因为除了摩根士丹利的卖单之外，并没有其他因素导致可口可乐的股价下跌。

班伯格嗅到了机会。如果公司创建一个数据库跟踪各种配对交易的股票之间的历史价差，那么在大宗交易执行完成之后，通过把握交易价差对于历史趋势的回归趋势，公司就可以获得盈利。班伯格的老板被说动了，给了他50万美元启动资金和一个小助理。班伯格开始开发计算机程序，以期能利用配对股票价差的"暂时性变动"获利。班伯格是一个正统的犹太人，同时也是一个富有幽默感的烟鬼，他每天的午餐都是用一个棕色的袋子装着的金枪鱼三明治。到了1985年，班伯格已经管理了3 000万美元，并能够同时在六七只股票上运用他的策略。[8]

大公司中总是有很多人事变动，摩根士丹利迅速就把班伯格的老板换成了农西奥·塔尔塔利亚（Nunzio Tartaglia），这成了班伯格离开公司的导火索。后来，班伯格加盟了索普的对冲基金，依然做相同的交易，最终成了百万富翁并提前退休。

第 7 章
宽客们的金融工程

塔尔塔利亚是一位身材矮小结实的天体物理学家,他管理摩根士丹利交易团队的方式和他的前任很不一样。身为混迹于华尔街的布鲁克林当地人,塔尔塔利亚锋芒毕露。有一次,一位新来的同事走过来做自我介绍,塔尔塔利亚立即打断了他:"别指望从我这儿得到任何东西,因为我是从那儿来的。"塔尔塔利亚用手指着窗外纽约的街道。[9]

塔尔塔利亚把团队的名字改为"自动化自营交易团队"(Automated Proprietary Trading,简称 APT),并把办公地址迁到了摩根士丹利位于曼哈顿中城的摩天大楼第 19 楼的一个 12 米长的房间里面。他给交易过程加入了许多自动化成分,到 1987 年的时候,他们每年已经能够赚取 5 000 万美元的利润。团队的成员其实对于股票一无所知,他们也无须了解,因为他们的策略只是押注股票之间的历史相关关系会重复出现。这是古老的"低买高卖"策略的一种延伸,只是现在借助的是计算机程序和高速高频交易。

一些新来的雇员帮助团队显著地提高了盈利,比如曾在哥伦比亚大学任计算机科学教授的戴维·肖(David Shaw)和数学家罗伯特·弗雷。摩根士丹利的交易员们成为首批运用"统计套利"(Statistical Arbitrage)的人。"统计套利"通常意味着很多笔交易同时进行,但其中绝大多数交易与大盘没有关系,只是利用了市场中出现的各种统计意义上的异常行为。比如,程序会先按照前一周的涨跌幅把股票排序。然后 APT 会卖空某一行业内排在涨幅榜前 10% 的股票,同时买入涨幅榜后 10% 的股票,以期反转效应的出现。当然,反转效应并不是每次都会出现,但是只要交易次数足够多,这个策略每年大概就能产生 20% 的收益。反转效应并不总是见效,其背后的原因可能是投资者经常会对各种消息反应过度,从而使得不同股票间的价差偏离历史趋势。

到了 1988 年,APT 已经是世界上交易规模最大的团队之一,每天买卖大约9 000万美元的股票,同时它也非常具有神秘感。然而,就是在这一年,APT产生了巨额亏损,导致摩根士丹利抽走了他们三分之二的资金。其实高层们从来就没有完全信任过计算机模型交易,塔尔塔利亚的巨额奖金也招来了很多嫉妒的目光。很快,塔尔塔利亚失业了,团队也解散了。

多年以后人们才明白,摩根士丹利挥霍了金融历史上最有利可图的交易策略。

因子投资法

其实在APT解散之前,罗伯特·弗雷就已经很焦虑了,但他并不是因为担心塔尔塔利亚处理不好与上司的关系,或是担心因投资亏损加大被遣散。弗雷很胖,腿有点儿瘸,这是他幼年时从高处跌落留下的后遗症。他的担忧主要是来自采取类似策略的竞争对手们正在迎头赶上。索普的基金就采用了相似的策略,弗雷打听到还有其他不少人也在这么干。弗雷决定去寻找新的交易策略。

弗雷建议通过识别导致股票价格变化的变量,来解构股票的波动。举例来说,埃克森美孚公司股价的上涨可以归因于多个因素,比如油价上涨、美元升值或者大盘的变动等。而宝洁公司股价的上涨可能主要是因为投资者避险的需求,他们阶段性地偏好资产负债表健康的公司,厌恶高负债的公司。因此,当这两类股票的价差突破历史区间的边界时,策略上就应该卖空一篮子具有良好资产负债表的公司股票,而买入高负债公司的股票。当时其实已经有不少投资者和学者在考虑"因子投资"(Factor Investing),弗雷想要通过计算机和数学工具分离出真正驱动股票价格变化的因子。可惜弗雷等人具有创新性的因子投资法并没能在摩根士丹利的高层中引起太多兴趣。"他们跟我说不要轻举妄动。"弗雷回忆道。

弗雷最终选择离开，后来得到了西蒙斯的资金支持并开办了自己的开普勒资产管理公司（Kepler Financial Management）。弗雷用了几十台小型电脑来运行他的统计套利策略。很快，他就收到了来自摩根士丹利律师的一封威胁信。其实弗雷并没有拿走摩根士丹利的任何东西，只是他是在那里工作的时候开发了这种策略。然而，弗雷是幸运的，因为塔尔塔利亚当年并没有要求团队成员签署保密协议。塔尔塔利亚给自己留了一手，以防奖金不达预期时他可以带领团队出走。所以摩根士丹利并没有很强的法律依据来迫使弗雷停止交易。尽管有点儿战战兢兢，弗雷还是忽略了摩根士丹利持续的威胁，并继续开展交易。

最大的竞争对手

到了 1990 年，西蒙斯开始对弗雷和开普勒基金在股市中的交易抱有期待，同时对大奖章基金在外汇、债券和商品市场的交易寄予更高的希望。然而，与此同时，竞争日益加剧。西蒙斯最大的竞争对手就是 APT 团队解散风波的另一位受害者戴维·肖。戴维·肖毕业于斯坦福大学，取得了博士学位，从摩根士丹利离开时他 36 岁。戴维·肖接到了高盛递过来的橄榄枝，但是他不确定是否要接受邀请。为了寻求建议，戴维·肖找到了对冲基金经理唐纳德·苏斯曼（Donald Sussman），他们一起去了长岛海湾航行。在苏斯曼长约 14 米的单桅帆船上，两人激烈地争论戴维·肖的去处问题。"我觉得我可以用科技来进行证券交易。"戴维·肖心有不甘地告诉苏斯曼。

苏斯曼建议戴维·肖不去为高盛工作，而应创立自己的对冲基金，他可以提供 2 800 万美元作为种子基金。戴维·肖心动了，于是创立了 D. E.

Shaw 公司，把办公室设置在了曼哈顿联合广场沙砾区一家书店楼上。戴维·肖的首要动作之一就是采购两台算力强大但是昂贵无比的太阳微系统服务器。"他需要法拉利，"苏斯曼说，"我们就给他买法拉利。"[10]

戴维·肖本身就是一位超级计算机专家，他雇用了几个相信他这套方法的数学博士和科学博士一起工作。此外，戴维·肖还找了不少拥有不同背景的达人。英语和哲学专业的人是戴维·肖最喜欢雇用的，另外他还找了一位国际象棋大师、一位喜剧演员、一位作家、一位奥运会级别的击剑手、一位长号手和一位拆弹专家。"我们不希望任何人有任何先入为主的想法。"一位早期的公司高层说道。[11]

与华尔街大多数公司嘈杂的交易室不同，戴维·肖的办公室很安静，甚至有些阴沉。尽管雇员们都穿着牛仔裤和 T 恤衫，但他们的办公场所很容易让来访者联想到国会图书馆的研究室。此时还是互联网时代的早期，是只有学者才用电子邮件的时代，但是戴维·肖已经开始滔滔不绝地给他的程序员们描绘新时代的无限可能了。"我觉得人们未来会在网上购物，"戴维·肖和同事们说，"他们不但会在网上买东西，而且买完后还会在下面添加各种各样的评论。"

当时有一位程序员名叫杰夫·贝佐斯，在和戴维·肖共事多年之后，他与妻子麦肯齐一起开着拖车，载着全部家当搬到了西雅图。在路上，贝佐斯用笔记本电脑完成了亚马逊的商业计划书。贝佐斯起初选了"Cadabra"作为公司名字，但后来弃用了，因为很多人把它误认为是"Cadaver"（死尸）一词。[12]

戴维·肖的基金引擎刚一启动，就赚得盆满钵满。很快，公司管理的资产规模就达到了几千万美元。公司交易着一系列权益相关的资产，雇员也达到了100多人。对于戴维·肖等人正在取得的进展，西蒙斯并没有很清楚的认知。他只知道如果要赶上这些竞争对手，他需要一些帮助。苏斯曼对于戴维·肖的因子投资法大获成功做出了极大的贡献，于是西蒙斯打电话给苏斯曼，希望从他这边也得到类似的助力。

征服市场的策略 THE MAN WHO SOLVED THE MARKET

- 就像之前的技术分析者一样，西蒙斯也试图在市场数据中寻找规律、信号和相关性。但是他期望通过运用更加科学的方法，比之前的技术分析者走得更远。西蒙斯赞同伯勒坎普所说的，技术指标更加适用于短期交易，而非长期交易。另外，西蒙斯希望借助严格的测试和更为复杂的模型，基于统计学分析而非肉眼观察，避免那些技术分析者经历过的惨败。

第 8 章

只用单一的
交易模型

西蒙斯长久以来一直被两个现实的目标驱策着：证明自己解决问题的能力和提升赚钱的能力。朋友们从来都不理解为什么西蒙斯想赚这么多钱，但是西蒙斯的这种欲望从没停歇过。

第 8 章
只用单一的交易模型

当西蒙斯快走到第六大道的时候,他的心跳加速了。

这是一个闷热的夏日下午,但西蒙斯还是打了领带,穿了西装外套,希望能给对方留下好的印象。他提前把工作安排妥当了。到 1991 年的时候,除了戴维·肖之外,已经有另外一些人也在用计算机模型交易股票了。然而,华尔街的机构中了解这种方法的人很少,即使是这些少数人,也抱着嘲笑的心态。而像西蒙斯这样完全依赖算法投资的行为,则更令人觉得可笑而且危险。一些人称之为"黑箱投资"(Black Box Investing),因为它难以解释,而且暗藏风险。大量的资金持有者还是用传统的方法在市场中博弈,投资者把深度研究和直觉结合起来,用于对投资机会的筛选和预判。谁会需要西蒙斯和他的神奇计算机呢?

在曼哈顿中城一座高楼的办公室里等待西蒙斯的,正是唐纳德·苏斯曼,他是迈阿密人，时年 45 岁，被一些人认为是华尔街的异端。20 多年以前，当他还是哥伦比亚大学本科生的时候，他就逃课去一家小经纪公司上班。在那里，他偶然发现了一种投资可转债的方法。苏斯曼说服老板花 2 000 美元买了一台早期的电子计算器，好让他迅速确定哪只债券是最有吸引力的。计算器在手，苏斯曼为公司赚了几百万美元的利润。这笔意外之财让他看清了技术能够带来的优势。

此时的苏斯曼身高 1.9 米，肩膀宽阔，肌肉发达，他运营的帕洛马合伙公司（Paloma Partners）就是迅速扩张中的 D. E. Shaw 公司背后的支持者。他猜测，未来由数学家和科学家运营的投资公司可能会匹敌甚至超过现在最大的投资公司。市场传闻苏斯曼很乐于再投资一些做计算机交易的投资管理人，所以西蒙斯也很希望得到他的支持。

西蒙斯放弃了前景光明的学术事业，一心想要在投资界有一番作为。但是，经过 10 年努力之后，他的基金管理规模也只有 4 500 万美元，仅仅是戴维·肖的公司的 1/4。这次会面很重要。如果获得了苏斯曼的支持，文艺复兴科技公司就可以再招些人，升级设备，也成为华尔街的一股重要力量。

其实苏斯曼在很早的时候给西蒙斯投资过，但是遭受亏损之后他赎回了资金，这对于来访的西蒙斯来说不是好消息。但是西蒙斯的算法最近得到了改进，所以他自信满满。苏斯曼所在的大楼距离卡内基音乐厅约一个街区。西蒙斯踏进大门之后，径直坐电梯来到 31 楼，走进了一间可以看到中央公园全貌的宽阔会议室，墙上有一块巨大的白板，供来访的宽客们书写他们的方程式。

苏斯曼隔着一张狭窄的木制长桌打量完西蒙斯，竟忍不住笑了。眼前这位客人胡子拉碴，秃顶，须发花白，和平时来办公室争取投资的一般投资管

第 8 章
只用单一的交易模型

理人颇为不同。西蒙斯的领带系得有点儿歪,外套是花呢的,与华尔街人的风格格格不入。西蒙斯只身前来,没有像其他人那样带随行人员和助理。然而,他正是苏斯曼最喜欢的那种聪明的投资管理人。"他看起来就像一位学者。"苏斯曼回忆道。

西蒙斯开始了他的演讲,重点在于他的团队如何改进了大奖章基金的投资方法。西蒙斯花了一个多小时自信而坦然地介绍了基金的业绩、风险和波动性,并且概括介绍了新的短期交易模型。"我们取得了突破,"西蒙斯激动地说,"现在万事俱备,只欠东风。"

他请求苏斯曼给他的对冲基金投资 1 000 万美元,同时许诺他会妥善打理这笔资金,并把文艺复兴科技公司打造成为主流的投资公司。"我们已经获得了重要的启发,"西蒙斯说,"我们的规模会不断扩张。"

苏斯曼耐心地听着,印象很深刻,但是他却无法给西蒙斯投资。从心底里说,苏斯曼担心潜在的利益冲突,因为他是戴维·肖所管理的对冲基金的唯一资金来源。苏曼斯甚至会帮助戴维·肖的公司雇用学者和交易员,以扩大其相对于其他量化交易者的领先优势。即使苏斯曼有额外的资金,他也应该会投到 D. E. Shaw 公司上。再者说,戴维·肖的年化收益率达到了 40%,而文艺复兴科技公司似乎难以企及。"为什么我要把钱给一个理论上的竞争对手呢?"苏斯曼问西蒙斯,"不好意思,戴维·肖捷足先登了。"他们站起身,握手,并说好保持联络。当西蒙斯转身离开之际,苏斯曼注意到他脸上流露出一丝失望的表情。

西蒙斯在其他潜在支持者那里也无功而返。投资者当面不说,其实心里都觉得完全依赖计算机模型做交易很荒谬。此外,荒谬的还有西蒙斯的费率,每年 5% 的管理费费率远远超过同行的 2%。"我自己也是按这个费率支付管理费的，"西蒙斯告诉一位潜在投资者，暗示他自己也投资了大奖章基金，"为什么你不能呢？"西蒙斯的这个逻辑显然站不住脚，因为他付的管理费是进入他自己公司账户的。最令西蒙斯心虚的是，到目前为止，他的基金只在一两个年度取得了令人瞩目的收益率。

一位名叫安妮塔·里瓦尔（Anita Rival）的华尔街资深人士在曼哈顿的办公室会见了西蒙斯，西蒙斯询问了里瓦尔的公司投资文艺复兴科技公司的可能性。里瓦尔的态度明显很冷淡。"他从不解释这些计算机模型是怎么运作的，"里瓦尔回忆道，"你很难理解他到底在做什么。"

文艺复兴科技公司内部也有传闻说，以发起商品投资基金而闻名的、由保罗·都铎·琼斯、路易斯·贝肯（Louis Bacon）和布鲁斯·柯夫纳（Bruce Kovner）等基金经理运营的商品集团（Commodities Corporation）也拒绝投资文艺复兴科技公司。"业内的观点是，'这是一帮只会摆弄电脑的数学家，他们懂什么'？"西蒙斯的一位朋友说，"他们没有任何业绩纪录……投资他们可能会导致破产。"

虽然困难重重，但是西蒙斯依然在运营着他的交易系统。1991年，大奖章基金取得了39%的投资收益，管理规模也达到了7 000万美元。如果西蒙斯能够想办法延长他的连胜纪录，抑或提高大奖章基金的收益率，那么投资者肯定会纷至沓来。然而，伯勒坎普、埃克斯和鲍姆早就离开了。斯特劳斯虽然既主管交易又负责收集数据，但是他很难胜任寻找潜在交易信号的工作。竞争日益激烈，大奖章基金必须找到新的盈利途径。为了寻求帮助，西蒙斯想到了亨利·劳弗，一位已经展现出丰富的创造性想法的数学家。

第 8 章
只用单一的交易模型

亨利·劳弗，一个价值连城的决定

劳弗从来没有像西蒙斯和埃克斯那样获得过著名的数学奖项，也不像列尼·鲍姆和埃尔文·伯勒坎普那样拥有以自己名字命名的算法。但是，劳弗也有他自己的成就和价值，他是迄今为止西蒙斯最好的合伙人。

劳弗先在纽约城市学院读了两年本科，然后去普林斯顿大学读了两年研究生。他在艰深的复变函数领域以及数学的嵌套结构上取得的进展获得了普遍的赞誉。

劳弗1971年加入纽约州立大学石溪分校的数学系，主要研究领域是复变函数和代数几何，后来他逐渐将研究重点从经典的复变分析转移到更为现代的问题上。劳弗上课生动有趣，深受学生们的欢迎，但是他在个人生活上却显得比较怯弱。在他高中同学的印象中，他是个总是手握滑尺的内向的书呆子。来到纽约州立大学石溪分校后不久，劳弗就向同事表示他想尽快结束单身生活。有一次，他和一位名叫莱纳德·查拉普的同事一起去滑雪。到了晚上，劳弗就提议去酒吧，看看能不能有什么浪漫的邂逅。查拉普看着他的朋友，忍不住笑了。"劳弗，你不是那块料。"查拉普说，他明白劳弗这种天性羞涩的人是很难在酒吧找到女朋友的。"他是个很好的犹太男孩。"查拉普回忆道。

在纽约州立大学石溪分校，劳弗最终遇见了一位名叫玛莎·兹拉汀（Marsha Zlatin）的语言病理学教授，并与她结了婚。玛莎很认同劳弗的自由派政治观点，她天性乐观，无论挑战有多大，总能保持积极面对的心态，并经常用"膨胀"来形容自己的心态。玛莎的朋友们见识过她坚韧不拔的毅力，在经历了好几次流产之后，她最终生下了健康的孩子。后来，玛莎又成功地获得了语言病理学的博士学位。玛莎对生活的态度似乎感染到了劳弗。

在同事中间，劳弗是一位很好的合作者。同事们早就注意到劳弗对投资很感兴趣，所以当他 1992 年决定全职加入西蒙斯团队的时候，他们虽然感到失望，但并不惊讶。

学者初涉交易往往会变得紧张而急躁，会担心市场的每一次波动，就像鲍姆刚刚加入时那样，但是时年 46 岁的劳弗反应截然不同。"薪水的大幅提高减轻了他的压力，他终于可以不用为女儿的大学学费忧愁了，"朋友们说，"所以，劳弗看起来非常享受研究那些可能带来盈利的交易方程式。"

对于西蒙斯来讲，劳弗的温和随性是一服安慰剂，因为多年来他已经疲于应对鲍姆、埃克斯和伯勒坎普的复杂性格。渐渐地，西蒙斯的职责转变为把握公司大方向、应付投资者、招募人才、处理紧急情况以及制定新的策略，劳弗在石溪的新办公室主管研究，而斯特劳斯在伯克利负责交易，以进一步提升基金的业绩水平。

劳弗到公司不久后做的一个决定，后来被证明是价值连城的：大奖章基金应该只用单一的交易模型，而不是像其他量化交易公司那样在各种市场和市况下使用多个不同的模型。尽管劳弗承认，使用多个交易模型会更直观，但是他认为，单一模型可以更充分地利用斯特劳斯收集的广泛的定价数据，在多资产类别中更全面地寻找相关性和交易信号。相反，如果运行多个模型的话，单个模型可以使用的数据就少得可怜了。

同样重要的是，劳弗认识到，如果基于某些核心假设的模型是单一而稳定的，那么后期添加新的投资品种也会更容易。如果某些新的投资品种缺乏历史数据，但与大奖章基金正在交易的某些品种很类似，它们就值得借鉴。劳弗也明白把不同的投资品种结合起来很难，比如外汇期货和商品期货，但他总觉得只要把这些障碍"熨平"，单一的模型就可以产生更好的交易结果。

第 8 章
只用单一的交易模型

劳弗每天花费很长的时间伏案修改模型。午饭时分，团队的同事们会挤进劳弗的老式林肯轿车，一起去当地的一个集市觅食，但即使在那里，劳弗也会继续修改模型。过了没多久，模型就具备雏形了，而斯特劳斯等人已经为公司累积了几十种商品、债券和外汇的好几十年的数据。为了提高数据的可读性，他们把一个交易周划分成了 10 个部分，即外盘交易的 5 个夜间部分和 5 个日间部分。之所以要把一天分成两个部分，是为了便于团队在不同部分之中寻找规律。随后，他们会在早晨、中午和晚上各交易一次。

西蒙斯想知道还有没有更好的切分交易数据的方法，这也许能让团队在日内交易数据中发现新的价格规律。劳弗尝试先把一天一分为二，再一分为四，最后发现分成 5 分钟的时间段是比较理想的方式。至关重要的是，公司的计算机算力已经得到了很大的提升，可以让劳弗运算更高频次的历史数据。例如，当投资者普遍为市场走势感到紧张的时候，可可期货的价格是不是通常先在第 188 个 5 分钟内下跌，之后又在第 199 个 5 分钟内反弹？当投资者担忧通胀的时候，黄金市场会不会在第 50 个 5 分钟内看到强劲的买单，而在第 63 个 5 分钟内买单又会走弱？

劳弗的 5 分钟分段法使得团队有能力识别新的价格异常情况和潜在趋势，或者用他们的术语来说，叫作"非随机交易效应"（Nonrandom Trading Effects）。斯特劳斯等人做了很多测试，以防止过度挖掘数据而形成伪策略，但是很多新发现的策略还是站住了脚。

大奖章基金团队好像是第一次戴上了近视眼镜，整个市场都变清晰了。有一个发现是这样的：周五早上某些 5 分钟线内的走势能够稳定地预测当天收盘前的市况。劳弗的研究还指出，如果市场在收盘前走高，那么你可以抢在收盘前买入期货，然后在次日开盘后卖出，这样往往有利可图。

151

他们还发现了与波动性有关的预测效应，以及一系列的"组合效应"，比如相互配对的金价和银价、柴油和原油等交易品种的价格，在交易日内的某段时间同向运动的概率比其他时段更高。其实这些新发现的交易信号背后的逻辑尚不清楚，但是它们的 P 值[①] 低于 0.01，意味着它们是显著的，并非统计幻觉，所以这些信号也被加入了交易系统。

然而，西蒙斯认识到，仅仅拥有一系列有利可图的交易信号是远远不够的。"我们如何扣动扳机？"他问劳弗及其团队。

西蒙斯鼓励他们着手解决另一个令人苦恼的问题：大奖章基金管理的资金规模有限，应该在目前发现的这么多可供交易的信号上如何分配呢？哪个应该下重手呢？于是劳弗开始开发计算机模型来识别日内的最优交易，西蒙斯称之为"投注算法"（Betting Algorithm）。劳弗认为这个算法应该是动态调整的，即根据对未来市场变化方向的实时概率分析，对基金持仓进行调整。这种算法就是早期形式的机器学习。

与一位大奖章基金的投资人一起驾车去石溪的路上，西蒙斯激动不已。"我们的系统是活的，它一直在自我修正，"西蒙斯说，"我们应该好好栽培它。"

公司目前只有 10 位左右的雇员，要想跟上行业趋势甚至赶上 D. E. Shaw 这样的公司，西蒙斯必须先补充人手。一天，纽约州立大学石溪分校的一位名叫克雷西米尔·佩纳维奇（Kresimir Penavic）的博士生驱车前来面

---

① P 值（P-values）是用来判定假设检验结果的一个参数，也可以根据不同的分布使用分布的拒绝域进行比较。P 值是指在一个概率模型中，两组样本均值差等统计摘要与实际观测数据相同，或统计摘要比实际观测数据更大这一事件发生的概率。——编者注

第 8 章
只用单一的交易模型

试。他等着见劳弗的时候,西蒙斯穿着破旧的裤子和休闲鞋,手里夹着烟,来回踱步并打量着这位应聘者。"你在纽约州立大学石溪分校上学?"西蒙斯问。佩纳维奇点点头。"你都干过些什么?"西蒙斯接着问。佩纳维奇并不清楚面前这位发问的人是谁,于是开始讲他在读应用数学本科的时候做过的一些事情。

西蒙斯有点儿不耐烦。"那些都是琐事。"西蒙斯嘲笑道。这已经是一位数学家能说出口的最呛人的话了。执着的佩纳维奇没有就此打住,而是继续跟西蒙斯介绍他写的论文,这篇论文是关于一个尚未解决的代数问题的。"这个问题并不琐碎。"佩纳维奇坚持道。"这还是很琐碎。"西蒙斯的手臂一挥,烟灰差点飘到佩纳维奇的脸上。年轻人有点儿恼怒了,这时西蒙斯却咧嘴而笑,就像在和佩纳维奇玩恶作剧。"但我还是喜欢你。"西蒙斯说。过了不久,佩纳维奇就被录取了。

几乎同一时间,一位名叫尼克·帕特森的研究员也加入了团队,尽管他对这份工作并不十分满意。帕特森心里总是怀疑西蒙斯在进行某种诈骗活动,他很难消除这个疑虑。

劳弗的短期交易策略见效了:1992 年,大奖章基金连续 3 年取得 33% 的年化收益率,管理规模也达到了 1 亿美元,公司收取了巨额的管理费。这些都称不上是诈骗,真正称得上诈骗的是,西蒙斯他们依靠自己都不完全理解的计算机模型卷走了如此之多的利润。

连文艺复兴科技公司的办公室在帕特森眼里也不是那么合法。西蒙斯已经把公司的研究中心搬到了一栋建造于 19 世纪的居民楼的顶楼。这座房子位于石溪的居民区,在绿树成荫的北国路上。房子里挤了 9 个人,这些人分属于西蒙斯投资的各个板块,包括做风险投资和股票交易的。每个人都不知道其他人具体在做些什么，西蒙斯也并不是每天都来。空间如此狭小，帕特森甚至都没有坐的地方。最后，帕特森在西蒙斯办公室的一角放了桌椅，总算坐了下来。西蒙斯每周会花一半时间在纽约的办公室，所以他并不介意帕特森的这一举动。

帕特森对西蒙斯在数学和密码破译领域的成就心知肚明，但这些并不能减轻他的疑虑。"数学家也可能是骗子，"帕特森说，"在对冲基金里洗钱是很容易的。"整整一个月的时间里，帕特森每天都会偷偷地记下大奖章基金组合中各持仓品种的收盘结算价，然后仔细地和《华尔街日报》上登载的数据进行比对，看是否契合。[1]

确认西蒙斯没有行骗之后，帕特森才放心地把注意力转移到工作上来，他想运用自己的数学技巧来改善模型。事实上，帕特森花了好些年才弄明白自己对数学充满了热爱。在他年轻的时候，数学对他来说只是一种能起到保护作用的工具。帕特森的面部发育不良，这是一种罕见的先天性疾病，导致他的左脸扭曲，左眼也失明了。[1] 他出生在伦敦市中心的贝斯沃特区，是家里的独生子。很小的时候，他就被送到寄宿学校学习，但在那里受到了无情的欺侮。虽然每周只能和父母见上一次，但是帕特森体现了英国人特有的强硬态度，他把优异的课堂表现当成了他的优势。"我进化出了适合学术的大脑和英式的强硬性格。"帕特森回忆道，"我是一个异类，但是还有用处，所以他们留下了我。"

帕特森最初之所以最喜欢数学，一是因为他非常喜欢参与竞争，二是因为这是他觉得自己可以主宰的领域。直到 16 岁，他才发现自己是真的喜欢这

---

[1] 帕特森的怀疑是有根据的，甚至这个根据超出了他自己的认知。当时，另一位来自长岛的投资者伯纳德·麦道夫（Bernard Madoff）正在策划历史上最大的庞氏骗局。

第 8 章
只用单一的交易模型

门学科。数年之后，从剑桥大学毕业的帕特森找了一份写商业代码的工作。所以，帕特森的天然优势在于，他比其他数学家更懂得如何给计算机编程。

帕特森是一位国际象棋高手，他花了很多时间在伦敦的一家咖啡馆和其他客人下棋。这家咖啡馆提供棋具租借服务，还经常组织客人进行比赛。帕特森经常击败年龄比他大很多的棋手。后来他发现这家咖啡馆没有这么简单，有一架秘密楼梯通往一个房间，这里举行的是当地一个黑帮老大组织的非法牌局。帕特森参加了牌局，迅速地发现自己是个打牌高手，还赢了大把现金。帕特森的能力引起了黑帮老大的注意，他向帕特森提出了一个难以拒绝的邀约："如果你下楼帮我下棋，那么输钱我来承担，赢钱咱俩平分。"这对帕特森来说是没有风险的，但是他还是拒绝了这个邀约。黑帮老大告诉帕特森不要在错误的道路上越走越远。"你这个蠢货！你不可能用数学赚到钱！"黑帮老大嗤之以鼻。

这次经历让帕特森学会了不能轻信任何看起来似乎合法的赚钱途径，这也是为什么他后来总是对西蒙斯抱有怀疑。

研究生毕业之后，帕特森成了英国政府的一名密码专家。他所在的部门就是多年前艾伦·图灵所在的部门，艾伦·图灵因为在第二次世界大战时破译了德国的密码而享有盛誉。帕特森的职责是创建统计模型来加密和反加密机密信息。帕特森运用的主要是简单而深刻的贝叶斯定理[①]，即如果获知更新更客观的信息，人们就可以得出更优的概率估计。他破译了数据中被人们忽视的规律，解决了该领域中一个长久存在的问题。这个发现

[①] 贝叶斯定理（Bayes' theorem）是由英国数学家托马斯·贝叶斯（Thomas Bayes）首次提出的，是关于随机事件 A 和 B 的条件概率或边缘概率的一则定理，对于现代概率论和数理统计都有很重要的作用。——编者注

对于政府来说非常有价值，某些在同盟国内部分享的绝密文件上甚至写着"仅供美国人和尼克·帕特森参阅"。"感觉好像是给詹姆斯·邦德的绝密文件。"帕特森说。

几年之后，政府部门进行了薪酬改革，行政管理人员的薪资水平被提升到了密码专家之上，帕特森坐不住了。"这不是钱的问题，这是一种侮辱。"帕特森告诉妻子，"我宁可去开大巴也不愿意再待下去，我必须走。"

帕特森去了国防分析研究所，正是在这里，他结识了西蒙斯和鲍姆。但是当帕特森快到50岁的时候，他显得越来越焦虑。"我父亲在50多岁的时候过得还很艰难，这让我心有余悸。"帕特森回忆道，此时他的两个孩子都即将上大学，"我的积蓄不太够，我不想落入像父亲那样的处境。"

正巧，西蒙斯很快就打来电话，听起来很急。"我们得谈一谈，"西蒙斯说，"你可以为我工作吗？"

去文艺复兴科技公司工作对帕特森来讲是合适的，因为西蒙斯的团队做的就是通过分析大量杂乱而复杂的价格数据来预测未来的价格。帕特森觉得他天生多疑的性格非常有助于从市场的随机波动中察觉出真正的信号，他的编程技能也能用得上。而且，和文艺复兴科技公司其他雇员不同的是，帕特森是真正从事过投资活动的，尽管不多，但他的确懂一些金融。"我觉得我比他们懂多了，因为我持有一只指数基金。"帕特森说。

帕特森察觉到世界正在"变得越来越数学化"，计算机的算力也在呈现指数级增长。他觉得西蒙斯依靠高阶数学和统计学有机会颠覆投资界。"50年前，我们什么都做不了，但现在正当其时。"帕特森说。在排除了西蒙斯是个骗子的可能性之后，帕特森把电脑拖进西蒙斯的办公室，开始着手帮助

第 8 章
只用单一的交易模型

劳弗解决难题。识别有利可图的交易只是整个游戏的一部分，买入卖出的冲击成本也是大问题，控制不好的话，获利空间会大大缩减。比如，你认为铜价会从 3 美元涨到 3.1 美元，但是在你的买单被执行完之前，价格已经涨到 3.05 美元了。出现这种情况的原因可能是交易商从中作祟，使得潜在获利空间被吃掉了一半。

从一开始，西蒙斯的团队就对交易成本非常在意，称之为"磨损"（Slippage）。他们经常会测算在没有交易成本的情况下，获利水平会提升多少。对于模型给出的理论价格和实际操作中得到的价格之间的差额，团队给它起了个名字，称之为"魔鬼"（The Devil）。

起初，"魔鬼"的真实体量只能靠猜。但是随着计算机算力的提高和斯特劳斯收集的数据越来越多，劳弗和帕特森开始写程序跟踪实际成交价格和理想价格间的差距，以及该差距对投资业绩的影响。帕特森正式加入文艺复兴科技公司的时候，公司已经可以用一个模拟器把实际成交价格中的交易成本剥离出来，估算出有多少投资业绩被磨损了。

为了减小交易损失，劳弗和帕特森着手开发复杂的方法，希望能把交易分散到不同的期货交易所，从而降低每一笔交易的成本。如今，文艺复兴科技公司已经可以很好地选择投资品种了，而不是像一开始那样对于市场和品种的选择不知所措。他们陆续把德国、英国和意大利的债券，伦敦的利率期货，日经指数的期权和日本国债等品种都纳入了交易范畴。

大奖章基金的交易开始变得频繁。开始一天交易 5 次，后来上升到 16 次。他们会挑一天内交易量最大的时间段下单，以减小冲击成本。此时，大奖章基金的交易员还是通过电话下单，但很快他们就会有更快捷的交易方式了。

自作聪明的人太多了

直到那个时候，西蒙斯和他的同事们还不是十分明白，为什么他们不断丰富的算法对价格有这么强的预见性。他们毕竟是科学家和数学家，不是分析师或经济学家。只要某些交易信号有利可图，并且有着显著的统计学意义，那么就值得加入他们的交易模型。"我不知道为什么行星都绕着太阳旋转，"西蒙斯告诉一位同事，想要说明没必要弄清楚市场为什么是这么运行的，"但这并不代表我不能识别这种状态。"

收益累积的速度依然很快，甚至有点儿让人难以理解了。仅1994年6月这一个月，大奖章基金就取得了25%的收益率，当年年底的收益率达到了71%，连西蒙斯都称"相当杰出"。更难能可贵的是，1994年是美联储出人意料地连续加息的一年，许多投资者损失惨重。

文艺复兴科技公司的团队对他们的交易模型充满了好奇心，他们的不少基金持有人也是如此。他们也一直很想知道大奖章基金的运行逻辑到底是什么。如果大奖章基金在参与的大多数交易中都赚钱的话，那么谁是持续的输家呢？

渐渐地，西蒙斯认识到，输家并不是那些买入并长期持有的个人投资者，也不是那些根据公司需要调整外汇头寸的跨国公司的财务管理部门。西蒙斯告诉基金持有人，事实上，文艺复兴科技公司是利用其他投机者的疏忽和错误赚钱，无论其规模是大是小。"比如，某位经常预测法国债券市场的涨跌并频繁下注的国际对冲基金经理，就是一个很好的收割对象。"西蒙斯说。

劳弗对大奖章基金惊人的收益率有略微不同的理解。当帕特森对大奖章基金的收益来源表示好奇的时候，劳弗提到了那些频繁交易而又过度自信的

第 8 章
只用单一的交易模型

交易者。"自作聪明的人太多了。"劳弗说。

劳弗的解释听起来略带嘲讽,但他和西蒙斯的观点却是比较前沿的。那个时候,大多数的学术研究都认为市场是有效的,要征服市场是不可能的,而个人做出的绝大多数投资决策都是理性的。但西蒙斯和同事们总觉得这种说法有失偏颇,他们觉得投资者有很多认知偏差,正是这些认知偏差导致了恐慌、泡沫、暴涨和崩盘。

西蒙斯不知道的是,其实有一个冉冉升起的新经济学流派会证实他的直觉。20 世纪 70 年代,心理学家阿莫司·特沃斯基(Amos Tversky)和丹尼尔·卡尼曼(Daniel Kahneman)研究了人们做决定的过程,证明了大多数人都倾向于做非理性的决定。后来,经济学家理查德·泰勒(Richard Thaler)运用心理学的观点来解释投资者行为中的异常现象,催生了一门研究个人和投资者认知偏差的学科,叫作"行为经济学"。已经被识别出来的典型心理偏差包括"损失厌恶"(Loss Aversion)、"锚固偏见"(Anchoring Bias)和"禀赋效应"(Endowment Effect)。损失厌恶是指,投资者因承受损失而感受到的痛苦是因获利而感受到的满足的两倍;"锚固偏见"是指,先入为主的信息或经验会扭曲当前的判断;"禀赋效应"就是俗话说的"屁股决定脑袋"。

卡尼曼和泰勒因为这方面的研究获得了诺贝尔奖。后来的许多调查表明,投资者其实比他们认为的更加非理性,重复地犯着类似的错误。面对压力,投资者会感到慌乱,继而做出偏感性的决定。所以,大奖章基金发现其利润的最大头常常是在金融市场的极端情况下实现的,这并不是一种巧合。大奖章基金的这种盈利现象将持续几十年。

和大多数投资者一样,在基金表现黯淡的时候,西蒙斯也会紧张。极少数的几次，西蒙斯对公司的整体持仓动了手脚。但是整体来看，西蒙斯还是忠于交易模型的，因为他还清楚地记得依靠自己的直觉交易是多么困难。西蒙斯和大家有一个约定，即无论大奖章基金的表现如何，都绝不僭越模型，更不能因个人情绪波动而影响基金的操作。"我们的盈亏不是一个输入变量，"帕特森说，"我们是有七情六欲的普通交易者，但是系统可不会感情用事，正是类似的情感波动导致了市场中各种交易机会的出现。"

西蒙斯并没有使用基于行为经济学的统计模型，因为他们无法设计一种可以避免或利用投资者心理偏差的算法。然而，团队也逐渐认识到，正是这些心理偏差和过度反应为他们的利润做了一部分贡献，他们的系统似乎特别善于利用其他交易者所犯的具有普遍性的错误。"我们实际上是在对人类行为建模，"佩纳维奇解释道，"人类在高压下的行为具有很高的可预测性，他们会本能地表现出恐慌。我们建模的前提是人类会不断重复过去的行为……我们学会了利用这一点。"

又激动，又焦虑

投资者终于开始注意到大奖章基金的表现了。1993 年，伦敦的一家专门服务高净值客户的投资公司、第一批投资对冲基金的机构投资者 GAM Holding，向文艺复兴科技公司注资 2 500 万美元。此时，西蒙斯和他的团队已经不愿意再对外分享基金的运作机制了，以免给竞争对手可乘之机。但这让 GAM Holding 公司的管理层很为难，因为他们素来是要充分理解他们所投基金的运作逻辑的。GAM Holding 公司最终认为，把客户的钱放在文艺复兴科技公司至少是安全的，但他们依然不理解大奖章基金是怎么赚到这么多钱的。GAM Holding 公司的高层虽然对大奖章基金的业绩表现激动不已，但是他们也和其他持有人一样，持续地为大奖章基金而焦虑。"我总是过得战战兢兢的，担心什么地方会出问题。"戴维·麦卡锡（David McCarthy）说，他是 GAM Holding 公司负责与文艺复兴科技公司对接的人。

很快，西蒙斯的挑战将要浮出水面。

透明带来竞争，曝光得越少越好

截至 1993 年年末，大奖章基金的管理规模达到了 2.8 亿美元。西蒙斯很担心基金规模膨胀之后会带来过大的摩擦成本，从而影响基金的收益率，于是他下令把基金暂时封闭。

西蒙斯的团队变得更为神秘。客户拨打他们曼哈顿办公室的咨询电话，只能听到关于最新净值的录音；而如果客户想要知道更多的细节，则要去问文艺复兴科技公司的律师。这些举动都是为了防止竞争对手获知基金的情况。"优秀的业绩让我们变得很引人瞩目，这也许是我们最大的挑战。"西蒙斯在给客户的信中写道，"透明带来竞争，所以曝光得越少越好。"西蒙斯强烈要求持有人不要透露任何基金动作的细节。"我们唯一的防御手段就是三缄其口。"西蒙斯告诉他们。

这种神秘做派有时候也会给公司带来损失。1995 年冬天，一位在布鲁克黑文国家实验室的相对论重离子对撞机部门工作的，名叫迈克尔·波特罗（Michael Botlo）的科学家接到了来自文艺复兴科技公司高层的电话，询问他是否有意加盟。

顶着暴风雪，波特罗开着他老掉牙的马自达汽车来到了文艺复兴科技公司的新办公室。新办公室坐落在纽约州立大学石溪分校校园附近的高科技园

161

区中，位于一家医院和一家潜水吧的旁边。波特罗走进办公室，拍掉身上的积雪，立即被眼前狭小、拥挤又杂乱的办公室震惊了。当波特罗坐下与帕特森和其他雇员交谈的时候，发现他们只字不提基金运作和交易方法，而是只谈论天气，这让波特罗相当困惑。"寒暄得太多了吧。"波特罗想。

当波特罗被告知文艺复兴科技公司还在用古老的 PERL 语言编程的时候，他更加怀疑了。因为现在华尔街的大公司早就用 C++ 一类的新式编程语言了。实际上，文艺复兴科技公司只是用 PERL 来记账而已，并不是用来交易，但是没人愿意和一个外人说清楚。"看起来就像 4 个家伙挤在车库里，而且他们看不起，也并不太懂计算机。他们只是坐着，很少有人去碰电脑，"波特罗说，"这看起来对我并不十分具有吸引力。"几天之后，波特罗写了一个纸条给帕特森："我已经决定加入摩根士丹利，以便更好地了解这个行业。"这无异于给了帕特森当头一棒。

1995 年，西蒙斯接到了普惠集团（PaineWebber）的高层打来的电话，这是一家大型证券公司，他们表达了想要收购文艺复兴科技公司的意愿。西蒙斯多年的打拼结果和文艺复兴科技公司惊人的收益率，让华尔街的大佬们终于注意到了他们那具有开创性的投资方法。收获的季节即将来临。

西蒙斯指定帕特森去见普惠集团的高层，但是他很快就认识到这家公司并不是对他的革命性交易策略或者模型感兴趣。他们只是在翻阅对冲基金的客户名单时，吃惊地发现客户们付给文艺复兴科技公司的费率竟然如此之高。普惠集团收购文艺复兴科技公司的真正目的在于接触其客户，他们想把自己的产品通过文艺复兴科技公司卖给其忠实的拥趸。显然，会谈无法再进行下去了，文艺复兴科技公司的部分成员觉得很失望。华尔街的主流还是不信任计算机投资，觉得风险很大。"他们觉得算法这东西毫无意义。"帕特森说。

第 8 章
只用单一的交易模型

"皇帝们总想开疆拓土"

大奖章基金依然气势如虹,在期货市场获利巨大,管理规模也达到了 6 亿美元。但西蒙斯确信,大奖章基金已经陷入了困境。劳弗的模型精确地测算出了摩擦成本,劳弗明确指出,如果大奖章基金的管理规模进一步上升,收益率将显著回落。比如谷物类期货市场,它的容量不够,如果再有新增资金进入,势必增大摩擦成本。而在容量更大的债券和外汇市场,大奖章基金也很难更进一步。

坊间传闻说,大奖章基金有某种赚钱的秘诀,于是有人就开始想钻空子。文艺复兴科技公司的一位同事出差去芝加哥的时候,竟然发现有人在偷窥大奖章基金的欧元美元交易。当大奖章基金有交易操作时,这位"间谍"会做出各种手势,让同伙抢先行动。这种举动毫无疑问会降低大奖章基金的收益率。有人甚至还做了大奖章基金日内交易时段的索引表。场内交易员们还给西蒙斯的团队起了个外号,叫"酋长"(the Sheiks),这足以说明大奖章基金在某些期货品种上的影响力。文艺复兴科技公司不得不调整自己的交易行为,使之更为隐秘和无法预测。但这些信号也表明,文艺复兴科技公司的成长速度的确有些过快了。

西蒙斯还担心,随着越来越多竞争对手采取相似的策略,他赖以生存的交易信号会逐渐减弱。"系统一直存在漏洞,"西蒙斯首次接受采访时坦言,"所以我们必须确保领先优势。"[2]

文艺复兴科技公司里的一些人并不认为这是什么大问题。的确,限制申购会妨碍文艺复兴科技公司成为全球最大的对冲基金,可是那又如何?即使基金的规模仅维持现状,他们也都会变得非常富有。"我们为什么不把规模保持在 6 亿美元?"斯特劳斯问西蒙斯。这样的话,大奖章基金每年还能赚

2亿美元利润，这已经足够让大家满意了。"不，"西蒙斯说，"我们可以做得更好。"西蒙斯坚持要寻找容纳更大基金规模的方法，这让一些同事很困惑。"皇帝们总想开疆拓土。"一位同事抱怨道。

罗伯特·弗雷曾是摩根士丹利的一位量化交易员，后来供职于西蒙斯投资的股票投资公司开普勒资产管理公司，他对于西蒙斯推动扩张的决心深表理解。"西蒙斯一直决心要做一些大事，"弗雷说，"甚至可能会开创一个新的投资流派。他想要拥有一个非凡的人生……如果是做基金，他就要做到最好。"

弗雷还认为，西蒙斯长久以来一直被两个现实的目标驱策着：证明自己解决问题的能力和提升赚钱的能力。朋友们从来都不理解为什么西蒙斯想赚这么多钱，但是西蒙斯的这种欲望从没停歇过。

想要扩张基金规模又不影响收益率，西蒙斯只有一条路可走：踏入股票市场之门。因为股票市场的容量和深度足够大，再大的交易规模都对收益率影响甚微。但问题是，西蒙斯和他的团队一直没有摸到在股票市场赚钱的门道。弗雷一直在开普勒资产管理公司运行着他的交易策略，但是业绩平平，这也增加了西蒙斯的压力。

为了保持大奖章基金的业绩并提高运营效率，西蒙斯决定把团队迁往长岛。这会影响到在北加州工作的10位雇员的生活。斯特劳斯正在上高中的儿子特别反对这次迁徙，斯特劳斯也表示不愿意千里迢迢去长岛，他对于西蒙斯迫使北加州的同事们改变生活轨道的做法很不满。斯特劳斯主管交易，又是初创成员中仅存的一位，而且他对公司的成功起到了至关重要的作用，同时，斯特劳斯还持有一部分公司股权，所以他要求就迁址合并一事发起股东投票。结果斯特劳斯输了，他非常沮丧。

第 8 章
只用单一的交易模型

1996 年，斯特劳斯决定出让文艺复兴科技公司的股权并离开公司，这是对西蒙斯的又一次打击。后来，西蒙斯还迫使斯特劳斯和其他非公司雇员的投资者从大奖章基金中撤资。斯特劳斯本来是可以争取特殊待遇，以无限期持有大奖章基金的，但是他觉得也许投资其他类似的基金也是一样的。"我觉得我们其实没什么特别的，"斯特劳斯说，"如果我当时觉得大奖章基金有什么秘密武器的话，那我一定会确保自己能持续投资大奖章基金的。"

保罗·西蒙斯的去世

西蒙斯和他的团队夜以继日地致力于寻找新的投资路径，同时也疲于应对斯特劳斯离去造成的影响，但是西蒙斯并没有从他的数学家朋友那里得到多少帮助。他们依然不理解为什么西蒙斯要在金融市场上花这么多的时间，他们看到的只是一个天才把天赋浪费在了琐事上。当年西蒙斯离开纽约州立大学石溪分校之后的一个周末下午，学校一位名叫丹尼斯·沙利文（Dennis Sullivan）的知名拓扑学家曾经造访过西蒙斯，当时西蒙斯正在给他和芭芭拉的儿子内森尼尔准备生日派对。西蒙斯给大家都发了水枪，并参与了各种嬉戏打闹。沙利文十分不理解西蒙斯的选择。"说实在的，我很恼火。"沙利文说，"数学是神圣的，而西蒙斯是一位能够攻克最难问题的数学家……他怎么能这样？我对他的选择很是失望。"

西蒙斯还经常和尼古拉斯开各种玩笑，尼古拉斯是他和玛丽莲的第一个儿子，性格和他父亲一样外向，富有幽默感。

但是随着与西蒙斯的接触日渐深入，沙利文对他的看法也在改变。沙利文到西蒙斯家做客的时候，经常看到西蒙斯悉心照顾年迈的父母。沙利文很欣赏西蒙斯对于家人的关爱，特别是对受到先天疾病困扰的保罗的关爱。17岁的时候，保罗癫痫发作，后续只能靠持续服药来压制病情。但是这些病痛并没有击垮保罗，反而激发了他的信心。终其一生，保罗都在坚持锻炼身体，几乎每天都要做多组引体向上和俯卧撑，并且成了一名优秀的滑雪爱好者和自行车手。保罗生性热爱自由，对数学或交易都不感兴趣。长大以后，保罗坚持徒步、滑雪、遛狗，并和本地一位年轻的姑娘保持着亲密的关系，他特别喜欢石溪磨坊池塘周围的安静平和，经常在那里骑行。

1996年9月，刚过34岁的生日，保罗就穿上骑行装，骑上他那品质一流的自行车，去进行一场快速骑行。过程中，一位老妇人倒车的时候没有看到正飞驰而来的保罗，把车倒出了行车道。老妇人撞上了保罗，导致保罗当场死亡，这是一场悲惨的事故。几天之后，也许是不堪对于事故的愧疚，这位老妇人死于心脏病突发。

西蒙斯和芭芭拉极其伤心。之后的几周，西蒙斯几乎成了行尸走肉。他整天躲在家里，依赖家人的支撑，工作也被搁置了。同事们都不知道西蒙斯会怎么抚平自己的伤痛，需要多久才能走出伤痛的阴影。"你不可能忘得掉这个伤痛，"芭芭拉说，"你只能学着去压制它。"

当西蒙斯终于回到工作岗位之后，他的朋友们意识到他需要用一些事情来转移注意力。最终西蒙斯重新把注意力放到了股票交易上，这是他把公司做大的最后希望了。

不久之后，事实证明，西蒙斯似乎只是在浪费时间。

第 8 章
只用单一的交易模型

征服市场的策略 THE MAN WHO SOLVED THE MARKET

- 劳弗做了一个价值连城的决定：大奖章基金应该只用单一的交易模型，而不是像其他量化交易公司那样在各种市场和市况下使用多个不同的模型。尽管使用多个交易模型会更直观，但单一模型可以更充分地利用斯特劳斯收集的广泛的定价数据，在多资产类别中更全面地寻找相关性和交易信号。

- 为了解决"大奖章基金管理的资金规模有限，应该在目前发现的这么多可供交易的信号上如何分配"这个问题，劳弗开始开发计算机模型来识别日内的最优交易。劳弗认为这个算法应该是动态调整的，即根据对未来市场变化方向的实时概率分析，对基金持仓进行调整。这种算法就是早期形式的机器学习。

- 从一开始，西蒙斯的团队就对交易成本非常在意，称之为"磨损"。他们经常会测算在没有交易成本的情况下，获利水平会提升多少。对于模型给出的理论价格和实际操作中得到的价格之间的差额，团队给它起了个名字，称之为"魔鬼"。

第 9 章

挖角 IBM，
招揽最优秀的人才

很明显，在市场上赚钱最稳妥的方法就是不断挖掘上市公司的动向和分析经济的趋势。让这些经验丰富的专业人士相信计算机的力量几乎是不可能的。但是西蒙斯不信邪，他依然在努力尝试从股市中赚钱。

第 9 章
挖角 IBM，招揽最优秀的人才

> 没有人仅根据一个数字就能做出决定，他们需要的是一个故事。
>
> ——丹尼尔·卡尼曼

詹姆斯·西蒙斯似乎找到了交易商品、外汇和债券的完美方法：依赖具有预测性的数学模型。然而，西蒙斯知道，如果想要文艺复兴科技公司真正变得强大，他们必须能够从股市中赚钱。

西蒙斯不知道从哪里来的自信。20 世纪 90 年代初期还是基本面投资者的黄金时代，他们采用的主要方式是调研公司，即研究各种年报和财务报表，沃伦·巴菲特是此类投资方式的拥趸。这类投资者主要依赖直觉和经验，用到的都是脑力，而非计算机。对于西蒙斯来说，跨入股市就是驶入一片未知的海域。

彼得·林奇就是基本面投资者的典范。1977 到 1990 年，彼得·林奇凭借优秀的选股能力帮助富达公司麦哲伦基金（Magellan Mutual Fund）的管理规模从 1 亿美元增长到了 160 亿美元，平均年化收益率达到 29%，14 年中有 11 年都跑赢了基金指数。彼得·林奇从不关注所谓的隐藏价格规律，而这正是西蒙斯他们做出投资决策的根本依据。林奇认为，普通投资者只要持有他们最了解的公司的股票，就能跑赢市场。"懂你所投资的"是林奇的投资秘诀。

林奇的投资逻辑主要是寻找有较大盈利空间的"有故事的股票"，他用这个方法找到了诸如唐恩都乐（Dunkin' Donuts）那样的公司。这是一家在富达公司所在地马萨诸塞州广受欢迎的甜甜圈制作公司，林奇买它的股票部分是因为"它不受低价韩国进口品的竞争影响"。还有一次，林奇的妻子卡罗琳带回家一双蛋牌（L'eggs）丝袜，这是一种被塞进独特的蛋形塑料容器里的连裤袜，一般放在超市或药店的结账柜台旁边销售。卡罗琳很喜欢蛋牌丝袜，所以她的丈夫当然也喜欢它。于是林奇买了很多蛋牌丝袜制造商恒适公司（Hanes）的股票，尽管当时大多数丝袜类产品都是在百货商店或女式服装店销售的，而不是在药店。"我的确也做了一些研究，"彼得·林奇说，"我发现一般的女性每周都会去一次超市或药店，但她们每 6 周才会去一次服装店或百货商场。并且，所有质量比较好的丝袜或者连裤袜都是在百货商场出售的，在超市卖的质量都很差。"当另一个丝袜的新品牌出现的时候，为了测试其质量，林奇还买了 48 双让他的同事们试穿，得到的结果是不如蛋牌好。后来，恒适公司的股票成了林奇投资组合中的一只 10 倍股。

林奇最重要的工具是他的电话，而不是电脑。他会定期致电或者拜访一些他熟识的管理层，询问关于他们在业务、竞争对手、供应商和客户等方面的最新情况。这种做法在当时是合法的，尽管投资规模小一些的投资者是无从得知这些信息的。"计算机不会告诉你某种商业趋势会持续一个月还是一年。"林奇说。[1]

第 9 章
挖角 IBM，招揽最优秀的人才

到 1990 年的时候，每 100 个美国人中就有 1 个投资了麦哲伦基金，而林奇的著作《战胜华尔街》(*One Up on Wall Street*) 销量也超过 100 万册。在书中，林奇鼓励投资者们寻找无处不在的投资机会。随着富达公司制霸公募基金业，它开始安排年轻分析师们每年给几百家公司打电话。林奇的继任者们，包括杰弗瑞·威尼克（Jeffrey Vinik）在内，都是用调研的方式获取相对于竞争对手的信息优势的。

"威尼克让我们在来回机场的路上和大巴司机攀谈，以期了解当地经济或者某家我们正要拜访的公司的情况。"丹尼斯·让－雅克（Dennis Jean-Jacques）回忆道，当时他还是富达公司的分析师，"我们也会在这家公司的食堂吃饭……或者找一家附近的餐厅，这样我们就能在吃饭时向服务员打听这家公司的真实情况。"

当林奇和威尼克在波士顿赚大钱的时候，比尔·格罗斯正在美国国土的另一端，加州的纽波特海滩，构建着他的债券帝国。格罗斯的公司叫太平洋投资管理公司。格罗斯在读完爱德华·索普关于赌博的书之后，用玩 21 点赢的钱付了商学院的学费。格罗斯非常善于预测全球利率的走势，他以视角独特又丰富多彩的观点而著称于金融界。每天格罗斯来办公室的时候，几乎都穿着定制的高级衬衫，领带松松垮垮地挂在领子上，因为经过早间剧烈的健身和瑜伽运动，他的身体还处于兴奋状态。

像西蒙斯一样，格罗斯用数学方法分析他的投资，但是他的公式中掺进了大量的直觉因素。格罗斯在 1995 年成了投资大赢家，他做空的利率大幅下跌，使得他的债券基金获得了 20% 的收益率，这是债券基金史上的最高收益率。投资者给格罗斯冠以"债券之王"的美誉，格罗斯开始了他制霸债市的旅程。

与此同时，所谓的宏观投资者登上了历史舞台，使全球的政治领袖心中一惊。与西蒙斯等人的频繁短期交易不同，宏观投资者的套路是预测全球政治和经济的变化，主要的利润来自次数有限的大规模下注。

斯坦利·德鲁肯米勒正是他们当中一颗冉冉升起的新星。德鲁肯米勒是匹兹堡人，时年35岁，有着一头蓬松的头发，因为某些情况而与经济学博士学位失之交臂。在加入乔治·索罗斯的量子基金（Quantum Fund）之前，他是一位业绩领先的共同基金经理。德鲁肯米勒的投资方法主要是深入分析经济数据和各种新闻，力求在全球政治经济发生大的变化之前埋伏进去。

但是仅仅6个月之后，索罗斯就后悔雇了德鲁肯米勒。由于担心亏损，索罗斯趁德鲁肯米勒飞去匹兹堡的时候，把他的债券持仓全部清掉了，甚至一声招呼都没打。一下飞机，德鲁肯米勒得知这个情况后，立即找了个公用电话，打给索罗斯请辞。[2]

几天之后，索罗斯冷静了下来，给德鲁肯米勒道了歉，并且说要去欧洲出差6个月。索罗斯也想趁这段时间看看德鲁肯米勒之前的一连串亏损"是因为干扰因素太多了，还是因为他确实无能"。

几个月之后，竖立在东德与西德之间的柏林墙倒塌，投资者担心西德的经济和货币会受到东德的影响。德鲁肯米勒不这么认为，他觉得这会提振德国经济，而不会抑制经济的发展，德国央行也会谨慎对待货币政策以抑制通货膨胀。"我笃信德国人非常惧怕通货膨胀，"德鲁肯米勒说道，"他们不可能让货币大幅贬值。"

索罗斯不在的这段时间，德鲁肯米勒对德国马克下了重注，为量子基金在1990年斩获了接近30%的收益率。2年之后的一天，德鲁肯米勒走进索

第 9 章
挖角 IBM，招揽最优秀的人才

罗斯在曼哈顿中城的宽敞办公室，与索罗斯沟通了他即将要做的大动作：逐步提升做空英镑的仓位。德鲁肯米勒告诉索罗斯，英国政府一定会试图从欧洲汇率机制中脱离，然后让英镑贬值，以帮助英国走出衰退的困境。德鲁肯米勒的这个观点并不主流，但是他很有自信。

一阵沉默之后，随后索罗斯露出了困惑的表情。"索罗斯的表情像是在说'你这个白痴'。"德鲁肯米勒回忆道。

"这听起来有点儿匪夷所思。"索罗斯回答他。在德鲁肯米勒开口想申辩之前，索罗斯打断了他："你说的没错，这种级别的机会 20 年才会出现一次。"索罗斯要求德鲁肯米勒尽可能提升做空英镑的仓位。量子基金最终持有了 100 亿美元左右的英镑空头头寸。

很快，其他投资者也意识到这个机会，加入了做空英镑的行列，压低英镑币值，并向英国当局施压。1992 年 9 月 16 日，英国政府放弃了努力，英镑大幅贬值 20%，德鲁肯米勒和索罗斯在 20 个小时之内就赚了 10 亿美元。量子基金在 1993 年取得了 60% 的收益率，基金管理规模也膨胀到了 80 亿美元，远远超过了索罗斯当初的想象。之后的十几年内，这次交易都被认为是史上最伟大的交易，它强有力地展示了智慧和勇气的价值。很明显，在市场上赚钱最稳妥的方法就是不断挖掘上市公司的动向和分析经济的趋势。让这些经验丰富的专业人士相信计算机的力量几乎是不可能的。但是西蒙斯不信邪，他依然在努力尝试从股市中赚钱。

由西蒙斯投资的、罗伯特·弗雷创办的开普勒资产管理公司也在努力之中。该公司正在努力改善其统计套利策略的表现。这个策略是弗雷等人在摩根士丹利开发的，通过识别少量的全市场因子来解释个股的变化。比如，美国联合航空公司（United Airlines）的股价走势，取决于其对于股市整体走势、油价和利率等因素的敏感性。而其他股票的走势，比如沃尔玛公司股票，也是受这些因素影响的，只是敏感性不同而已。

开普勒资产管理公司将这种方法用于统计套利，基于这些因素的变化情况，根据不同股票的敏感性测算出其理论上的价格趋势，然后做多低于趋势线的股票，同时做空高于趋势线的股票。比如在某个市场周期，苹果公司和星巴克的股价都涨了10%，但是从历史行情来看，苹果的股价弹性应该远大于星巴克，所以开普勒资产管理公司会买入苹果，卖出星巴克。运用时间序列分析等统计手段，弗雷等人不断地搜寻偏离历史趋势的交易机会，他们称之为"交易谬误"（Trading Errors）。这种手段背后的假设是，这些偏离随着时间推移大概率会被抹平。

弗雷的方法是利用不同股票之间的价格差异赚钱，而不在意股价的涨跌以及股市的走向，其难度明显低于预测股价走势的难度。所以，开普勒资产管理公司的投资组合可以被称为是"市场中性"（Market Neutral）的，即不受股市整体涨跌的影响。弗雷的模型专注于跟踪不同股票之间的价差是否符合历史趋势，这是一种均值回归策略。这样构建出来的投资组合非常有利于平抑净值的波动，夏普比率很高。夏普比率是以经济学家威廉·F. 夏普（William F. Sharpe）的名字命名的，主要被用来衡量投资组合将风险纳入考量范围之后的回报率。高的夏普比率表示既好又平稳的业绩表现。

开普勒运营的对冲基金叫"Nova"，业绩平平，所以不少客户纷纷赎回资金。后来，这只基金被合并进了大奖章，但其表现仍然低迷。

问题其实并不在于弗雷的系统发现不了有利可图的投资机会。相反，它在识别投资机会和预测股价走势方面表现良好。关键在于，基金最终能实现的回报经常大幅低于其模型的理论值。弗雷就像一个能干的大厨，做了许多

第 9 章
挖角 IBM，招揽最优秀的人才

珍馐美味，但是在被送到餐桌前，它们却不翼而飞了。

对于弗雷等人的平庸表现，文艺复兴科技公司的一些人失去了耐心。劳弗、帕特森等人创建的模型可以运用投注算法，根据市场未来走势的概率分布，买卖商品等各类投资品种，并适时调整持仓，但弗雷却没有建立类似的股市模型。有人抱怨说弗雷的模型对于股市的微小波动太过敏感，持仓很容易受到股价突然变动的影响，在股价还没有显著变化之前就急于买入卖出。弗雷的系统似乎在辨别噪声和真正的信号方面效果不显著。

要解决这个问题，西蒙斯需要求助于两位奇人。一位"静如处子"，一位"动如脱兔"。

处在低谷状态中的聪明人

20 世纪 90 年代初，当尼克·帕特森和亨利·劳弗一起致力于改进大奖章基金的交易模型时，西蒙斯逐渐发展了一个自己热衷的副业：为文艺复兴科技公司招揽人才。比如，为了升级公司的计算机系统，西蒙斯招募了杰奎琳·罗欣斯基（Jacqueline Rosinsky），这是公司的第一位系统管理员，后来成为公司信息技术等部门的负责人。后来又有其他女性员工进入了公司的法务部门等，当时，很少有女性参与研究、数据整理和交易等领域的工作[1]。帕特森对于招聘员工有着一系列要求。他们要非常聪明，而且最好在与文艺复兴科技公司业务相关的领域取得过一些成就，比如发表过著名的论文或者获得过相关奖项。他对华尔街的人才并不感兴趣，帕特森不是对他们有偏

---

[1] 这并不表明文艺复兴科技公司存在女性歧视。就像其他交易公司一样，文艺复兴科技公司收不到女性科学家或数学家的简历。不过，西蒙斯等人也确实没有特意招募女性员工或少数民族员工。

见，而是觉得在别处可以找到更好的人才。"我们可以教你金融市场的运作规律，"帕特森解释说，"但不能让你变得聪明。"

此外，帕特森还告诉同事，那些从某个银行或对冲基金跳槽来文艺复兴科技公司的人，与那些没有金融领域工作经验的人相比，在关键时候更有可能表现不忠。这是至关重要的，因为西蒙斯非常强调公司内部的信息和观点共享，他要确保不会有人把这些信息告诉竞争对手。

如果候选人在其目前工作中感到痛苦不堪，那么这会让帕特森很兴奋。"我喜欢处在低谷状态中的聪明人。"帕特森说。

一天，帕特森在早报上看到了IBM裁员的新闻，他变得兴奋起来。他了解IBM杰出的语音识别团队取得的成就，也一直认为他们的研究和文艺复兴科技公司的业务有很多相似性。1993年年初，帕特森给该团队的两位负责人彼得·布朗和罗伯特·默瑟分别写信，邀请他们到文艺复兴科技公司的办公室探讨一下加盟的可能性。

布朗和默瑟的反应如出一辙，他们把帕特森的信随手扔进了身边的一个垃圾桶。不过，在经历了家庭剧变之后，他们都重新考虑了帕特森的邀请，准备为文艺复兴科技公司乃至世界的改变奠定基础。

罗伯特·默瑟，计算机的信徒

伴随罗伯特·默瑟一生的对计算机的热情是被他父亲点燃的。

托马斯·默瑟（Thomas Mercer）出生在加拿大不列颠哥伦比亚省的维

第 9 章
挖角 IBM，招揽最优秀的人才

多利亚市，他是一位才华横溢的科学家，后来成为气溶胶领域的世界级专家。气溶胶是大气中的一种悬浮物，会造成空气污染，也会遮挡阳光导致地球变冷。托马斯早先在罗切斯特大学担任放射生物学和生物物理学教授长达 10 年之久，后来在新墨西哥州阿尔伯克基的一个专门治疗呼吸系统疾病的基地担任部门负责人。1946 年，默瑟就出生在那里，是 3 个孩子中的老大。

默瑟的妈妈弗吉尼娅·默瑟（Virginia Mercer）对于戏剧和艺术非常着迷，但是默瑟却喜欢计算机。托马斯给默瑟看了最早批量生产的计算机之一 IBM650 的磁鼓和打孔卡，还给他解释了计算机的内部工作原理，这个 10 岁男孩儿自此着了迷，开始自己写各种程序，甚至写满了一个大号的笔记本。默瑟在拥有一台真正的计算机之前一直带着这个笔记本。

在桑迪亚高中和新墨西哥大学的各种俱乐部里，默瑟一直都以戴着眼镜、瘦削而低调的形象出现。然而，他好像天生擅长数学。他与两位同班同学在 1964 年的全国数学竞赛中获得了最高奖项，《阿尔伯克基日报》（*Albuquerque Journal*）还刊出了他的照片，照片上的他俊朗而自信。[3]

高中毕业以后，默瑟花了几周时间参加了位于西弗吉尼亚州山区的国家青年科学夏令营。他在营地找到了一台别人捐赠的电脑，这是一台 IBM1620，每秒可以做 50 次 10 位数的运算。很明显，在夏天整日坐在室内对于夏令营成员们来讲简直无聊透顶，所以默瑟有了充分的时间来摆弄这台计算机。默瑟自学了 FORTRAN 语言，这是一种主要为科学家开发的语言。那年夏天，尼尔·阿姆斯特朗也造访了营地，5 年之后他就成了登月第一人。他告诉夏令营成员们宇航员用的都是最先进的计算机，有些只有火柴盒那么大。默瑟张着嘴巴，专注地听着。"我当时很难想象这是真的。"默瑟后来回忆道。

在新墨西哥大学学习物理、化学和数学的时候，默瑟在约 13 千米外的柯特兰空军基地（Kirtland Airforce Base）的武器实验室找了一份兼职，在那儿他可以在基地的超级计算机上进行编程。就像棒球手闻到新鲜草皮的味道一样，默瑟在柯特兰空军基地的机房里兴奋得不能自已。"我爱关于计算机的一切，"默瑟后来解释道，"我爱深夜机房里的孤独感，爱这里空气的味道、磁盘的嗡嗡声和打印机的咔嗒声。"

一个年轻人对机房如此着迷，确实有些不寻常甚至荒谬，但是在 20 世纪 60 年代晚期，计算机确实代表了未来世界无限的可能性。一种亚文化正在年轻的计算机专家和爱好者中产生，他们会坐在计算机前直到深夜，编写代码或指令让计算机自动执行各种任务。指令的背后是算法，也就是分步骤执行的逻辑过程。

程序员是反文化的叛逆者，勇敢地探索着未来。在同辈们还在享受生活的时候，这些聪明的年轻姑娘和小伙子就在铸就将在未来数十年改变世界的精神和能量了。"我们苦于难以在社会和心理上找到正确的位置。"阿隆·布朗（Aaron Brown）说道，他后来成为量化交易界的一位资深管理者。

作为计算机爱好者，默瑟花了一整个夏天重新编写一个可以计算核聚变产生的电磁场的程序，并且找到了可以使程序加速 100 倍的方法，这是质的飞跃。默瑟兴致勃勃，但是他的老板似乎不太在意他的成果。他们宁可要多占用 100 倍算力的程序，也不希望把原程序提速 100 倍，速度和效率对他们来说好像没有什么吸引力。这件事情改变了默瑟的世界观。"我认识到，政府出资的这些研究项目的目的并非解决问题，而是把预算花完。"默瑟后来说。

默瑟开始变得愤世嫉俗，认为政府都是傲慢且低效的。多年以后，他更加坚信这样的观点：个人应该自给自足，不能依靠国家。"这个夏天的经历让我对于政府资助的研究项目留下了永久性偏见。"默瑟解释道。[4]

在伊利诺伊大学获得计算机科学博士学位之后，默瑟于 1972 年加入了 IBM。他对 IBM 制造的计算机质量不屑一顾，反而是公司的另一块业务给他留下了深刻的印象。默瑟去参观了位于纽约市郊约克镇的托马斯·J·沃森研究中心（Thomas J. Warson Research Center），那些奋力寻求创新以推动公司发展的员工给他留下了非常深刻的印象。默瑟加入了这个团队，并在新成立的语音识别团队工作。最终，默瑟与后来匆匆加入的一位年轻外向的数学家一起，真的做成了一些大事。

彼得·布朗，给"深蓝"命名的人

彼得·布朗还在少年时期就目睹过他父亲亨利·布朗（Henry Brown）处理一系列复杂的商业问题。1972 年，当布朗 17 岁的时候，亨利和一位合伙人决定设立一种投资产品，把个人的钱集中起来去投资一些既安全又有一定利息的债券，这可以说是世界上首只货币市场基金。亨利的基金收益率要高于银行利率，但还是无人问津。布朗帮助父亲寄信给数百位潜在投资者，希望能引起他们对这一基金的兴趣。那一年，亨利除了圣诞节之外每天都在忙，经常吃花生酱三明治，为了生意资金的周转，还做了第二笔抵押贷款。他的妻子贝齐则是一名家庭医生。"纯粹的饥饿和贪婪驱策着我们。"亨利对《华尔街日报》解释道。[5]

第二年，《纽约时报》报道了这只刚刚成立的基金，亨利的好日子来了。客户开始打电话要求投资，很快，这只货币基金的规模就达到了 1 亿美元。到 1985 年，基金的规模已经达到了几十亿美元，但亨利辞职了，他和妻子把家搬到了布朗家族的牧场。这座牧场占地 200 多万平方米，位于弗吉尼亚州的一个小村庄里，亨利在这里养牛。他还参加投石机比赛，用一台机器把 3.5 千克的南瓜弹射到 300 米开外，并赢得了比赛。在新社区，贝齐成了一名推动民权和民主的社会活动家。

然而，生意上的事依然占据着亨利的头脑。10 多年来，他一直与他的前合伙人布鲁斯·本特（Bruce Bent）纠缠，他斥责本特违反了协议中关于回购公司一半股权的条款。亨利最后诉诸法律，控告本特在管理基金期间获得了过度激励，这个官司直到 1999 年才了结，最后亨利把持有的一半股权卖给了本特。2008 年，这只基金因为持有雷曼兄弟公司债券而损失惨重，而雷曼兄弟公司的倒闭也成了引爆金融危机的导火索。

尽管布朗家里很有钱，但朋友们说布朗有时会表现出对财务状况的焦虑，也许是因为他目睹了父亲早年遇到的困境，以及与合伙人之间经久不息的争斗。布朗想在数学和物理领域有一番作为。从哈佛大学数学系本科毕业之后，布朗加入了埃克森美孚公司，参与开发把语音转换为文本的程序，这是一种早期的语音识别技术。后来，他在位于匹兹堡的卡内基梅隆大学获得了计算机科学的博士学位。

1984 年，时年 29 岁的布朗加入了 IBM 的语音识别团队，默瑟等人正在这里开发可以进行语音识别的计算机软件。拥有数十年研究历史的语音识别领域的一贯思维是，要想让计算机听得懂语言，就必须让语言学家教会计算机语法规则。

然而，布朗、默瑟和其他科学家，以及团队的领导弗雷德·杰利内克（Fred Jelinek），对这个问题有着截然不同的看法。他们认为，语言可以被视为一种概率游戏。在一个句子的任意单词之后出现的单词服从某种概

第 9 章
挖角 IBM，招揽最优秀的人才

率分布，这种概率分布是由通行的用法或者上下文决定的。比如，在单词"apple"后面出现"pie"的概率要大于"him"或者"the"。IBM 的团队认为，这种类似的概率分布也适用于语音识别领域。他们的目标是给计算机"喂"足够多的语音和文本，通过计算机自身的学习，开发出一个统计意义上的概率模型，可以根据语音的序列猜测文本的序列。计算机无须"理解"这些文本到底在说什么，只要能按照概率猜测并记录下来就可以了。

从数学意义上说，布朗、默瑟和杰利内克的团队把语音序列视为一个随机过程，每一个当前出现的语音都是随机的，但同时依赖上一步出现的那个语音，这个过程遵循隐马尔可夫模型。语音识别系统的任务就是基于已知的一串语音序列，通过概率计算，对产生这些语音的"隐藏"文本序列做一个最佳估计。为了实现这个目标，IBM 的研究者们运用了鲍姆-韦尔奇算法来获得各种语言的概率分布。他们的程序与传统做法截然不同，不是靠手工编程去学习复杂的语法，而是让计算机自己从数据中抓取有用的信息。

布朗和默瑟等人依赖的贝叶斯定理是由托马斯·贝叶斯提出的一种统计学定理。贝叶斯基于当前的信息给每个估值赋予一定的概率权重，然后根据新增的信息来调整这些权重，以得出最佳估值。贝叶斯定理的绝妙之处在于，它可以不停地缩小目标范围。比如，邮件过滤系统一开始并不知道哪封是垃圾邮件，但它可以给每封邮件赋权，然后在邮箱操作过程中不断地学习新增信息，并调整这些权重，使得辨识垃圾邮件的有效性越来越高。这种方法对人类来讲其实并不陌生。有语言学家认为，人类在谈话中会不断地猜测对方说的下一个词可能是什么，并且在谈话过程中不断调整他们的猜测。

IBM 的团队成员无论在做事方法上还是在性格上都很特别，尤其是默瑟。默瑟又高又瘦，平时通过跳绳来保持体形。他外形酷似演员瑞安·雷诺兹（Ryan Reynolds），这是他和好莱坞的唯一交集。默瑟惜字如金，如非必要，不会多说一个字，这种沟通方式受到不少同事的欣赏。在解决某个程序问题之后，默瑟有时会说一声"我搞定了！"但大多数时候，他整天就是一个人低声地哼唱古典音乐或轻轻地吹着口哨。默瑟不沾咖啡、茶和酒，最常喝的是可乐。极少数感觉沮丧的时候，默瑟会大喊一声作为发泄。

默瑟的手臂很长，妻子给他置办的衬衫袖子都是加长版的，衬衫的颜色和图案也很奇怪。有一年的万圣节派对，杰利内克学默瑟的样子穿了一件长袖衬衫，引得默瑟和同事们哈哈大笑。

默瑟每天早上6:00就到办公室，11:15会准时和布朗及其他同事一起享用午餐。默瑟的午餐千篇一律：一个装在可重复使用的特百惠容器或用过的棕色纸袋中的花生酱布丁或者金枪鱼三明治。同事们都认为默瑟很节俭。吃完三明治，默瑟会拿出一盒薯条，全部倒在桌子上，按照大小顺序排列好，从最小的那根开始吃，直到吃完最大的那根为止。周五下午，团队会在一起喝下午茶。同事们闲聊的时候，有时会抱怨IBM的工资太低。默瑟间或跟大家分享他最近读到的他认为特别有趣的内容。

布朗则要外向得多，他有一头浓密的棕色头发，和蔼可亲又充满活力，笑容充满了感染力。与默瑟不同的是，布朗与团队里的许多人结下了深厚的友谊，大家都很欣赏他的幽默感。

然而，在团队努力攻克语言识别方面的难题时，布朗有时会显得很不耐烦，他经常把怒火发泄到一位名叫菲尔·雷斯尼克（Phil Resnik）的实习生身上。雷斯尼克是宾夕法尼亚大学的一名研究生，之前在哈佛大学取得了计算机学士学位。雷斯尼克后来成了一名非常受人尊敬的学者。雷斯尼克想要把数学和语言学原理结合起来，但布朗不以为然，经常嘲笑这位年轻的同事。

● 学生时代的西蒙斯

● 西蒙斯（左一）和他的朋友们出发前往布宜诺斯艾利斯

● 西蒙斯（左）与国际开发协会（IDA）的李·纽沃思（Lee Neuwirth）和杰克·弗格森（Jack Ferguson）站在一起

● 西蒙斯的朋友们都知道他很幽默，而且他和亨弗莱·鲍嘉（Humphrey Bogart）长得很像

● 文艺复兴科技公司的办公室旧址，附近有一家精品女装店、一家比萨餐厅和石溪火车站

● 尽管列尼·鲍姆的视力每况愈下，但他还是成了一名优秀的围棋手

● 詹姆斯·埃克斯才华横溢，英俊潇洒，但经常发怒

● 搬到了圣迭戈后的詹姆斯·埃克斯

● 埃尔文·伯勒坎普曾在关键时期帮助了西蒙斯

● 罗伯特·默瑟（左）和彼得·布朗（右）带领文艺复兴科技公司取得关键性突破

资料来源：Courtesy of Wall Street Journal and Jenny Strasburg

● 罗伯特·默瑟和他的女儿

● 西蒙斯和他的妻子玛丽莲，以及著名学者陈省身（坐位）和杨振宁

● 西蒙斯在讲数学

● 西蒙斯带着他最喜欢的狐猴在石溪参加活动

● 西蒙斯和玛丽莲

第 9 章
挖角 IBM，招揽最优秀的人才

一天，团队的十几位同事正观看雷斯尼克在白板上的推演，布朗忽然跑了上去，抢过雷斯尼克手里的马克笔，嘲笑他说："这是幼儿园级别的计算机科学！"雷斯尼克非常尴尬，悻悻地回到了工位。还有一次，布朗说雷斯尼克"一点儿用都没有"。

"布朗给团队的许多年轻同事都取了绰号。"一位同事回忆道。比如，他给唯一一位女性同事梅雷迪斯·戈德史密斯（Meredith Goldsmith）取的绰号是"Merry Death"①，或者叫她"珍妮弗"，这是一位前团队成员的名字。不过布朗最常用的绰号是"梅雷迪斯小姐"，这位刚从耶鲁大学毕业的女孩子觉得这个称呼特别轻蔑。

默瑟和布朗给了戈德史密斯很多的引导和帮助，这让她很感激。但是默瑟也会跟她表达自己关于女性的观点，他认为女性就应该待在家里相夫教子，而不是出来工作。

后来，布朗的妻子被提名为纽约市的公共卫生主管，布朗便认为自己是一个进步主义者。紧接着，布朗表示认可戈德史密斯的贡献，还说他把她看作自己的女儿。但是，这并不妨碍布朗在办公室里开各种各样不恰当的玩笑。"他们很爱开一些不合时宜的玩笑，简直像在进行某种竞赛。"戈德史密斯回忆道。她最终离开了这个团队，部分原因是难以适应这样的环境。"他们虽然都对我很好，但是都有点儿歧视我的性别，"戈德史密斯说，"我丝毫没有被尊重的感觉。"

布朗本意上没有任何侮辱他人的意思，至少大家都这么觉得，而且他并不是唯一一个喜欢嘲笑别人的人。团队内部的文化比较残酷无情，这也是受

---

① 取自"Meredith"的谐音，字面翻译是"死亡快乐"。——编者注

到了杰利内克性格的影响。一旦有人抛出一个观点，其他人就会竭尽全力地攻击这个观点。他们会不停地争论，直到达成共识。团队里的双胞胎斯蒂芬和文森特·德拉·皮埃特拉（Stephen and Vincent Della Pietra）双双毕业于普林斯顿大学物理系，并且都取得了哈佛大学的物理学博士学位，属于攻击力最强的那批成员，他们会争先恐后地冲到白板前面去证明对方的观点有多么愚蠢。这是一种毫无顾忌的智力竞赛。在实验室之外，这种行为会被认为是粗鲁且具有攻击性的，但是团队的成员们实际上对事不对人。"我们可以在工作中把对方撕成碎片，也可以在下班后一起打网球。"戴维·马杰曼回忆道。当时他是 IBM 语音识别团队的实习生。

除了善于给别人起外号之外，布朗还非常具有商业嗅觉，这也许是因为继承了他父亲的优点。布朗敦促 IBM 使用他们团队的成果为客户提供新型服务，比如信用评估服务。他甚至还想用团队开发的统计学方法来管理 IBM 的几十亿美元规模的养老金，但是最终没有得到高层的支持。"你有投资经验吗？"一位 IBM 的高层问布朗。"没有。"布朗回答道。

有一次，布朗听说他在卡内基梅隆大学的老同学正带领一支由计算机科学家组成的团队，开发下棋的程序。他试图说服 IBM 收购这支团队。冬季的一天，布朗碰巧在洗手间内遇到了 IBM 的高级研究主管阿贝·佩雷德（Abe Peled），他们谈论起"超级碗"（Super Bowl）的昂贵的电视广告。布朗说他有办法让 IBM 以很低的成本投放巨大的广告。如果 IBM 买下卡内基梅隆大学的这支团队，那么当他们的程序战胜国际象棋世界冠军的时候，IBM 也就沾光了。况且，这支团队的研究员们还能辅助 IBM 自身的研究。

IBM 的高层管理者采纳了这个建议，并且买下了这个团队，将其命名为"深思"（Deep Thought）。但是随着这支团队的计算机赢得越来越多的棋局，针对名字的分歧意见也开始出现了，因为"深思"这个名字酷似 1972

第 9 章
挖角 IBM，招揽最优秀的人才

年的电影《深喉》(*Deep Throat*)。IBM 广泛征集计算机的命名，最后采纳了布朗的建议——"深蓝"，这也是对 IBM 自己的昵称"蓝色巨人"的致敬。数年之后的 1997 年，千百万人会通过电视见证"深蓝"战胜国际象棋世界冠军加里·卡斯帕罗夫（Garry Kasparov）的过程，标志着计算机时代的正式来临。[6]

布朗、默瑟和团队一起在语音识别上取得了不小的进展。后来，布朗意识到概率模型也可以用于翻译。利用长达数千页的加拿大议会的英法双语文件，IBM 在文本语言的翻译上也取得了进展。他们的成果为计算机语言学和语音处理领域的革命铺平了道路，在未来语音识别产品的研发中，包括亚马逊的 Alexa、苹果的 Siri、谷歌翻译和语音文本合成器等，扮演了重要的角色。

尽管取得了许多研究成果，但是 IBM 在将其成果商业化方面的缓慢进展却令团队感到很沮丧。就在把帕特森的信扔进垃圾桶几周之后，布朗和默瑟都不得不重新考虑自己未来的方向。

1993 年冬的一天，在宾夕法尼亚州南部，一辆因在冰面上打滑而失控的车撞上了默瑟母亲的车子，造成他母亲当场死亡，同车的妹妹也受伤了。20 天后的复活节，默瑟的父亲死于一场疾病。几个月后，当帕特森打来电话询问邀请信的反馈意见时，默瑟有点儿动摇了。默瑟的三女儿已经上大学了，而他们家还住在一间靠近变电站的简陋平房里。默瑟也吃够了装在棕色纸袋里的午饭。"来找我聊聊吧，"帕特森说，"你不会有什么损失的。"

默瑟告诉一位同事，他觉得对冲基金对社会没有什么贡献。而另一位同事则认为通过交易赚钱是不可能的，因为市场是"有效"的。但是在拜访过帕特森之后，默瑟的观念大为改观。文艺复兴科技公司的办公室位于纽约州立大学石溪分校校园旁的高科技园区中，看上去很安静。另外，办公室是由化学实验室改造的，几扇窗户居高临下，这里的科学氛围要远大于金融氛围，符合文艺复兴科技公司的核心理念。这一切都吸引着默瑟。

对于布朗来说，他听说过西蒙斯，但是对他的成就不以为然。毕竟西蒙斯是一位几何学家，与他的领域相去甚远。但是当他听说西蒙斯最初的搭档是列尼·鲍姆，IBM语音识别团队所依赖的鲍姆-韦尔奇算法的创立人之一时，布朗明显变得更为热情了。此时，布朗的妻子玛格丽特刚刚生下他们的第一个孩子，他的财务压力也随之而来。"我看着我们刚出生的女儿，又联想到自己支付大学账单时的压力，我想，也许去投资公司干几年也是个不错的主意。"布朗后来告诉一群科学家。

西蒙斯给默瑟和布朗开了双倍的工资，1993年，他们两人终于正式加盟了文艺复兴科技公司。当时，公司内部在关于是否继续股票交易方面的争论正在升级。一些人建议西蒙斯放弃股票市场，他们已经给了罗伯特·弗雷的团队足够长的时间，但是该团队似乎并没有取得什么进展。"我们是在浪费时间，"一天，有人在文艺复兴科技公司的食堂这样对弗雷说，"我们真的还要坚持下去吗？""我们正在进步。"弗雷坚持道。

期货团队的一些人觉得弗雷应该放弃股票方面的努力，加入他们的研究团队。然而，不管是公开地还是私下里，西蒙斯都在捍卫弗雷。西蒙斯说，他相信弗雷的团队肯定能找到股市盈利之道，就像劳弗和帕特森等人在期货市场做到的一样。"我们得再多点儿耐心。"西蒙斯告诉一位质疑者。他还经常鼓励弗雷："干得不错，不要放弃。"

布朗和默瑟饶有兴致地看着股票团队的挣扎。来文艺复兴科技公司后不久，他俩就被分开了。默瑟去了期货团队，而布朗则去帮助弗雷挑选股票。

第 9 章
挖角 IBM，招揽最优秀的人才

西蒙斯此举是有意让他们更好地融入公司，以防止他们像幼儿园新来的小朋友那样，只跟最熟悉的人讲话。然而私下里，布朗和默瑟还是会经常见面讨论，试图解决文艺复兴科技公司面临的窘境。他们觉得自己可能找到了某种方法，但是要取得真正的突破，他们还需要另一位同样来自 IBM 的同事的帮助。

征服市场的策略 THE MAN WHO SOLVED THE MARKET

- 罗伯特·弗雷等人在摩根士丹利开发了一套统计套利策略，通过识别少量的全市场因子来解释个股的变化。西蒙斯投资的开普勒资产管理公司将这种方法用于统计套利，基于这些因素的变化情况，根据不同股票的敏感性测算出其理论上的价格趋势，然后做多低于趋势线的股票，同时做空高于趋势线的股票。运用时间序列分析等统计手段，弗雷等人不断地搜寻偏离历史趋势的交易机会，他们称之为"交易谬误"。这种手段背后的假设是，这些偏离随着时间推移大概率会被抹平。

第 10 章

拯救 Nova 基金

事实证明,西蒙斯的步子迈得太大了。人们很快发现,新的股票交易系统在处理大量资金方面不太给力,这不符合西蒙斯进军股市的初衷。起初,文艺复兴科技公司仅仅在股票市场投入了 3 500 万美元。后来,当更多的资金注入时,收益反而消失了。

第 10 章
拯救 Nova 基金

1994年秋天一个凉爽的早晨，天还没亮，戴维·马杰曼关上了他位于波士顿的公寓的门，启动一辆银色的丰田花冠，然后向南行驶。26岁的马杰曼在95号州际公路上行驶了3个多小时，然后搭上一艘渡轮来到长岛的最南端，在早上10：00前到达了文艺复兴科技公司在石溪小城的办公室参与面试。

马杰曼似乎就是这个职位的完美人选。詹姆斯·西蒙斯、亨利·劳弗、尼克·帕特森和其他员工都是广受赞誉的数学家和理论家，但文艺复兴科技公司计划开发更复杂的计算机交易模型，却缺少具有良好编程技术的员工，而这是马杰曼的特长。马杰曼在IBM完成了一段富有成效的工作，结识了彼得·布朗和罗伯特·默瑟，而邀请他早上过来面试的正是布朗，这让马杰曼有理由相信面试会进展得很顺利。

但事情进展得并没有预想中顺利。马杰曼舟车劳顿，筋疲力尽，他后悔自己为了省钱，没有从波士顿坐飞机去面试，而是选择了自驾。在马杰曼到达之后，文艺复兴科技公司的工作人员几乎立刻就对他进行了盘问，提出了一系列技术难题和任务来测试他的数学和其他技能。西蒙斯很低调地坐了下来，但他的一名研究员就一篇晦涩的学术论文拷问马杰曼，让马杰曼在一块挂得高高的白板上解决一个棘手的问题。这似乎并不公平，这篇论文是这位研究员自己写过的博士论文，但他希望马杰曼能在某种程度上驾驭这个主题。

马杰曼把挑战看得过于针对他个人了，他不明白为什么要他证明自己，于是他通过表现得比实际更自负来掩饰自己的过度紧张。当天面试结束时，西蒙斯的团队已经认定，马杰曼太不成熟，不适合这项工作。马杰曼的形象很像青少年，他长着棕色的头发，拥有强壮的体格，长着一张娃娃脸和粉红色的脸颊，看上去很像一个大男孩。

布朗站在马杰曼这边，为他的编程技能做辩护，而默瑟也支持布朗。他们都看到了大奖章基金的计算机代码在规模和复杂度上的增长需求，并得出结论，这家对冲基金迫切需要补充火力。"你对他有把握吗？你确定他能行？"有人问布朗。"相信我们。"布朗回应道。

后来，当马杰曼表示对这份工作感兴趣时，布朗和他开了个玩笑，假装文艺复兴科技公司对他已经失去了兴趣，这个恶作剧让马杰曼焦虑了好几天。最后，布朗给出了正式的工作邀请。马杰曼在 1995 年夏天加入了公司，决心尽一切可能来说服质疑者。

在成长的过程中，马杰曼与父亲梅尔文的关系一直很紧张。梅尔文是纽约市布鲁克林区的一名时运不济的出租车司机。由于在纽约买不起出租车牌

第 10 章
拯救 Nova 基金

照，梅尔文不顾马杰曼的强烈抗议，举家迁往迈阿密西南 20 多千米外的佛罗里达州肯德尔。在他们离开的前夕，8 岁的马杰曼一气之下离家出走，跑到街对面邻居家待了一个下午，直到父母找到他并把他领回。

几年来，梅尔文开着一辆出租车，把私房钱都藏在房间角落里的麦斯威尔咖啡罐里。他和妹夫在一位富有赞助人的帮助下，制订了一项收购当地出租车公司的计划。在交易前夕，这位赞助人心脏病发作，使梅尔文的收购计划泡汤。终其一生，梅尔文都饱受抑郁症的折磨，他的情绪越来越低落，后来连出租车都开不了了。因为他的精神状况进一步恶化，梅尔文只得在他妹夫的拖车公园[1]收房租。梅尔文对马杰曼和他的妹妹越来越疏远，这兄妹俩的母亲希拉却和他们关系密切，希拉是一家会计公司的办公室经理。

马杰曼一家生活在中下层社区，那里住着罪犯和一些异类。马杰曼年轻时的大部分时间都在努力摆脱贫穷。为了赚生活费，他在路边摆摊卖花，在学校里卖糖果。他和父亲在当地的一家杂货店买来棒棒糖和其他商品，然后装在一个行李袋里，再以稍高的价格把它们卖给同班同学。他这个略带风险的生意做得风生水起，直到被其竞争对手，一个肌肉发达的俄罗斯孩子抓了个正着。这个俄罗斯孩子指认马杰曼是这桩生意的发起人。二话没说，学校校长就给马杰曼贴上了"麻烦制造者"的标签，并勒令他停学。和《早餐俱乐部》[2]里的剧情一样，当马杰曼和其他伙伴一起被安置在图书馆将功补过时，一个魅力十足的女同学邀请马杰曼加入她在迈阿密的非法生意。马杰曼

---

[1] 拖车公园里的居民以拖车、活动房屋或房车为家，因为他们的生活低于社会经济标准，而拖车型活动房屋的住宅费用远远低于建筑型房屋住宅的造价，有些活动房屋几乎没有任何舒适度可言。——编者注

[2]《早餐俱乐部》(The Breakfast Club) 是环球影业公司于 1985 年出品的一部剧情电影，影片描述了 5 个成长环境各异且性格不同的青春期学生，他们因为叛逆被罚假期留校。在相处中，他们逐渐建立了友好的关系。——编者注

婉言谢绝了。

之后，马杰曼把大部分精力都放在了学习上，享受着老师、父母和其他人对他由衷的赞美，尤其是在他赢得了学术竞赛之后。他参加过一个当地的天才学生训练营，还在一所社区大学学习电脑编程，七年级后赢得了一笔支撑他去私立中学就读的奖学金。在那里，马杰曼学习了拉丁语，数学连跳了两级。

走出课堂后，马杰曼显得不太合群。他对家庭的经济状况感到不安，尤其是与新同学相比。他发誓有一天要实现财务自由。马杰曼后来把一天中的大部分时间都花在了学校的计算机实验室里。马杰曼说："那是我们这群书呆子躲避橄榄球运动员的绝佳场所。"

他的父亲梅尔文从来没有机会充分发挥自己的才能，他把挫败感发泄在儿子身上。在梅尔文批评马杰曼超重后，马杰曼决定通过长跑来保持体形。有一年夏天，马杰曼刻意节食，甚至出现厌食症的迹象，只为得到父亲的表扬。后来，马杰曼向他的田径教练学习，参加了长跑比赛，尽管他在跑完2万米以后就累垮了。"教练给了我很多激励。"马杰曼回忆说。

马杰曼继续寻求那些权威人士的认可，极力打消父亲的不满，这已经成了马杰曼的一种莫名的需求，有时他会故意挑起争端，甚至是不必要的争端。"我需要纠正错误，为正义而战，即使别人认为我是在钻牛角尖，或吹毛求疵。"马杰曼承认，"我有一种弥赛亚情结[①]。"

[①] 弥赛亚情结（Messiah Complex），是指无法消除自卑感的人们常常会陷入的一种情结，他们想要通过扮演救世主的角色来体现自己的价值。——编者注

第 10 章
拯救 Nova 基金

在高中的最后一年，马杰曼和几个朋友决定在以色列的一所学校度过最后一个学期，部分原因是高中校长警告过他不要这样做。马杰曼似乎在寻找自我。在耶路撒冷，这个年轻人开始背诵宗教书籍，学习历史，虔诚地参与宗教仪式，沉浸在周围人的赞美中。

在去以色列之前，马杰曼把他的大学论文和申请书交给了他在佛罗里达的母亲，这样他的母亲就可以把它们寄给不同的学校。那年春天，马杰曼被宾夕法尼亚大学录取，但被其他所有常春藤盟校拒绝，这让他既惊讶又失望。几年后，在清理母亲的房子时，马杰曼偶然发现了一份哈佛大学的申请表。他发现母亲修改了他的论文，就像她修改所有学校的论文一样，删除了所有提到宗教的内容，因为她担心那可能不利于他的大学申请。

在宾夕法尼亚大学，马杰曼表现极为优异，部分原因是他想努力证明其他学校拒绝他是个错误。他的专业是计算机科学和数学。他被选为计算机语言学课程的助教，受到了同学们，尤其是女生的关注和欣赏。他的毕业论文也收获了某种程度上的认可。马杰曼，一个可爱但不沉稳的孩子，终于在他擅长的领域得心应手。

在斯坦福大学，马杰曼的博士论文解决了布朗、默瑟和其他 IBM 的研究人员一直在努力解决的问题：如何根据统计数据和概率利用计算机来分析和翻译语言。1992 年，IBM 为马杰曼提供了一个实习机会。那时，马杰曼变得更加外向，并在该组织尖锐的竞争文化中蓬勃发展。马杰曼最终在 IBM 收获了一份全职工作。但是，他生活的其他方面没那么顺利。在公司里，马杰曼喜欢上了一个名叫珍妮弗的年轻女生，于是开始追求她，但几乎立刻遭到了拒绝。"她不想和我有任何瓜葛。"马杰曼说。这可能是最好的结果。这个叫作珍妮弗的女孩儿，就是罗伯特·默瑟的大女儿。

征服市场的人
THE MAN WHO SOLVED THE MARKET

"一瘸一拐"的 Nova 基金

当马杰曼在 1995 年加入文艺复兴科技公司时，西蒙斯的公司在投资领域尚未显山露水。文艺复兴科技公司的总部位于医院旁边，相比较一个初创公司，这个沉闷空间似乎对一个日渐衰落的保险公司来说更合适。文艺复兴科技公司约 30 名员工坐在单调乏味、毫无特色的办公室小隔间里。墙壁被刷成丑陋的灰白色，家具就像是从旧货市场淘来的古董。在暖和的日子里，西蒙斯穿着百慕大短裤[①]和露趾凉鞋四处闲逛。这家对冲基金公司看起来还没有准备好迎接黄金时代。

然而，这个地方隐约有一种令人生畏的东西，至少对马杰曼来说是这样的。部分原因仅仅是他的新同事们身材高大、体格魁梧。每个人的身高几乎都在 1.9 米以上，比身高不到 1.7 米的马杰曼高得多，让单身汉马杰曼产生了新的不安全感。马杰曼在这个地区也没有朋友或家人。一次，默瑟的妻子戴安娜邀请他去看家庭电影，并在 Friendly's 餐厅[②]吃了甜点，这让他兴奋不已。马杰曼在随后的几个晚上也加入了默瑟家族的家庭活动，这让他感激不已，并促进了他的转变。

没过多久，马杰曼就意识到文艺复兴科技公司面临着一个严重的问题。事实证明，弗雷的股票交易系统存在漏洞，其损益率于 1994 年甚至达到 -5%。弗雷的交易模型同样有着某种优势，它的统计套利交易在书面上看起来很不错，应该能赚很多钱。然而，他们从来没有实现过模型显示的那

[①] 百慕大短裤是一种长至膝上两三厘米的短裤，款式一般比较简单。据说百慕大当地的居民忍受不了长裤的束缚，于是纷纷把长裤裤管剪掉，只留下膝盖以上的部分。第二次世界大战以后，有位裁缝路经百慕大，发现了这种装束，觉得很新鲜，于是将它取名为"百慕大短裤"并带到欧洲，沿用至今。——编者注

[②] Friendly's 餐厅曾经是一家全美连锁餐厅，以汉堡和甜品出名，最终倒闭。——译者注

第 10 章
拯救 Nova 基金

么多收益。这就像在没有可靠的办法开采金子的情况下，发现埋在深山里的金矿一样。

在会议上，西蒙斯有时会摇头，似乎对 Nova 基金越来越失望。"Nova 基金在一瘸一拐地运转着。"西蒙斯有一天说。

默瑟继续与布朗合作，调整他们的股票交易模型，并发现了关键问题。默瑟面露喜色，在大厅里踱来踱去，引用了一句谚语："人孰无过。"在这寥寥四个字中，默瑟承认弗雷的交易系统正在催生许多绝妙的交易点子。但该交易系统在执行交易时，出现了一些问题，使其无法持续盈利。最后，西蒙斯和弗雷一致认为，专注于公司的其他项目应该是弗雷的理想选择。"我不是让火车准时运行的最佳人选。"弗雷承认。

大约在同时，默瑟获得了西蒙斯的批准，加入了布朗的股票研究领域。这是西蒙斯推进公司发展的最后一次机会。"伙计们，就让我们赚点钱吧！"西蒙斯在每周例会上都这样说，他似乎等得越来越不耐烦了。

布朗与默瑟的重新组合意味着两位性格迥异的科学家建立了不同寻常的合作关系，他们在一起工作得非常好。布朗直言不讳，好争辩，坚持不懈，声音洪亮，精力充沛。默瑟沉默寡言，很少流露情感，工作时就像在玩一场没完没了的扑克游戏。不过，他们的配合十分成功。

几年前，当布朗正在完成他的博士论文时，透露了一些关于他如何依赖其神秘同事的信息。"一次又一次，当我想到了一些主意时，会恍然意识到这恰恰是默瑟几个月前敦促我尝试的东西，"布朗在论文摘要中写道，"我逐渐有所顿悟。"

在 IBM 任职期间的行业会议上，布朗和默瑟有时坐在一起，远离舞台，全神贯注地下棋，却对正在进行的讲座充耳不闻，直到轮到他们自己发表演讲。他们形成了一种特定的写作风格：布朗会在第一时间写作研究初稿，然后把它们交给默瑟，一个更好的作家，默瑟则针对初稿进行润色和补充。

布朗和默瑟全身心地投入他们的新任务之中，去改进弗雷的模型。他们经常工作到深夜，然后一起回家；平时，他们住在当地一位老妇人家的阁楼里，周末回家。随着时间的推移，布朗和默瑟发现了改善股票交易模型的方法。事实证明，弗雷的模型提出的建议很不靠谱，甚至是不切实际的。例如，Nova 基金面临经纪机构对其杠杆率或借款施加的限制。因此，当 Nova 基金的杠杆率超过某个阈值时，弗雷和他的同事们就不得不手动缩小投资组合的规模，使其保持在必要的范围内，而忽略了股票交易模型给出的建议。在其他情况下，弗雷的股票交易模型选择的交易看起来颇具吸引力，但实际上无法操作。例如，该模型建议 Nova 基金做空或对赌一些实际上无法出售的股票，所以弗雷不得不无视这些建议。

没有完成预期的交易，业绩自然非常糟糕。不仅如此，因子交易系统产生了一系列复杂而又相互交织的交易，每一笔交易都是利润与风险共存的。相比之下，期货交易很简单，如果交易没有发生，几乎不会产生什么后果。在弗雷的股票交易模型中，几次交易失败就有可能使整个投资组合对市场变化更加敏感，从而危及整体健康。而错过的交易有时会引发更大的系统性问题，损害整个模型的准确性。即使是一点点错误也会引发一系列大问题，弗雷和他的团队使用 20 世纪 90 年代中期的技术和他们自己的软件工程技术，均无法解决这些问题。"这就像同时找到了数百个方程的共同解，千篇一律，毫无新意。"弗雷说。

布朗和默瑟采用了一种不同的方法。他们决定将必要的限制和要求设置

第 10 章
拯救 Nova 基金

为一个单一的交易系统，这个系统可以自动处理所有潜在的复杂情况。由于布朗和默瑟是计算机科学家，而且他们已经在 IBM 和其他领域花费了数年时间开发大型软件项目，所以他们有能力构建一个独立的股票交易自动化系统。相比之下，弗雷之前的系统编码是零散的，很难整合整个投资组合并使其满足所有的交易要求。"在此之前，文艺复兴科技公司……真的不知道如何制造大型系统。"默瑟后来解释道。[1]

布朗和默瑟把他们面临的挑战看作一个数学问题，就像他们在 IBM 遇到的语音识别问题一样。他们的输入包括基金的交易成本、各种杠杆、风险参数和其他限制及要求。考虑到所有这些因素，他们设计了一个系统来构建理想的投资组合，做出最优决策，创造最大回报。这种方法的美妙之处在于，通过将所有的交易信号和投资组合需求组合成一个单一的模型，文艺复兴科技公司可以很容易地测试和添加新的信号，瞬间得知一个新型投资策略是否能够盈利。

布朗和默瑟还使自己的系统具有自我适应性，即能够自主学习和调整，这与亨利·劳弗的期货交易系统非常相似。如果该系统的推荐交易没有被执行，不管出于什么原因，它都会自我修正，自动搜索买入或卖出指令，驱使投资组合回到正轨，这是解决弗雷模型弊端的一种有效方式。该系统每小时循环几次，在发出电子交易指令之前，会对数千笔潜在交易进行权衡和优化。相较而言，竞争对手的系统则没有自我改进的模式。文艺复兴科技公司终于有了一个秘密武器，这个武器对 Nova 基金未来的成功至关重要。

最终，布朗和默瑟开发了一个复杂的股票交易系统，它包含 50 万行代码，而弗雷的旧模型只有数万行代码。新系统包括所有必要的限制和要求，这正是西蒙斯多年前梦寐以求的那种自动交易系统。由于新的股票交易系统的加持，Nova 基金的股票交易对市场波动的敏感度降低了，所以它开始延长持股时间，平均两天左右。

至关重要的是，布朗和默瑟保留了弗雷从摩根士丹利的经验中提炼出的预测模型。它能继续识别出足够多的盈利模式，通常是在股市出现问题后，通过押注股市的回调来获取盈利。文艺复兴科技公司实施这一基本战略的过程中也会遭遇一些波折，但10多年来，这些波折只是对该公司核心的"均值回归"预测信号的二级补充。一位员工简洁地总结道："我们从人们对价格波动的反应中赚钱。"

1995年，布朗和默瑟的经过改进的新交易系统上线了，这让西蒙斯和其他人松了一口气。不久，在西蒙斯的提议下，布朗和默瑟成了文艺复兴科技公司的合伙人，他们被提升为管理层，和团队的其他高级管理成员一样持有公司一定比例的股份。

事实证明，西蒙斯的步子迈得太大了。人们很快发现，新的股票交易系统在处理大量资金方面不太给力，这不符合西蒙斯进军股市的初衷。起初，文艺复兴科技公司仅仅在股票市场投入了3 500万美元。后来，当更多的资金注入时，收益反而消失了，就像几年前弗雷的系统一样。更糟糕的是，布朗和默瑟不明白为什么他们的系统会遇到这么多问题。

为了寻求帮助，他们重新在IBM团队中招募新的人才，包括德拉·皮埃特拉双胞胎兄弟，然后是马杰曼，他们有望成为拯救这个系统的人。

戴维·马杰曼，成为公司最不可或缺的人

马杰曼一加入文艺复兴科技公司，就专注于解决问题并获得新同事的赏

第 10 章
拯救 Nova 基金

识。马杰曼一度说服其他员工学习 C++，这是一种通用的计算机语言。马杰曼坚持认为 C++ 语言比 C 语言和其他对冲基金使用的语言要好得多。

"C 语言是过时的 20 世纪 80 年代的程序语言。"马杰曼这样告诉他的同事。

的确，C++ 是一种更好的语言，但由 C 语言向 C++ 语言的转变并不像他说的那样必要，尤其是在当时。马杰曼是 C++ 语言方面的专家，他有一个不可告人的动机，他想成为团队不可或缺的一分子，而他的策略奏效了。公司转向使用 C++ 语言，没过多久，数学家和其他人就不停地向马杰曼求援。"我成了'团宠'。"马杰曼回忆道，他把所有的空闲时间都花在学习公司的股票交易策略上，贪婪地获取信息。

布朗天生就具有体察下属需要的能力，他觉得自己可以给予马杰曼一些荣誉来激励他更加努力地工作。有一天，当马杰曼沉浸在自我陶醉之中时，布朗对他说："我相信你有能力学习更深奥的股票交易系统知识。"

马杰曼明白布朗在操纵他，尽管如此，他还是沉浸在赞美之中，渴望找到其他方法来帮助布朗。在 IBM，马杰曼开发了一个脚本，或者说是一个简短的指令列表，用来监视公司计算机的内存和资源，这样他和其他人就可以征用那些功能强大且未被充分利用的机器来进行外部编码，并从事其他未经 IBM 授权的活动。马杰曼发现了一种巧妙的方法来消除他的活动痕迹，并把他的程序以 1983 年上映的黑客电影《战争游戏》[①] 中那台人工智能电脑命名，即"Joshua"。

[①]《战争游戏》(*War Games*) 是 1983 年于美国上映的一部科幻片。在影片中，一个自恃聪明过人的男孩想方设法地要证明自己的智商高过任何一个成年人，结果却险些将整个世界毁于一旦。——编者注

最终，马杰曼的黑客行为被一位 IBM 高管察觉到了，高管怒不可遏。这名高管说他的机器是根据政府的一项绝密合同购买的，可能包含机密材料。这名高管甚至威胁要控告马杰曼犯了美国联邦罪。"这我怎么知道？"马杰曼回应道，他指的是该公司与政府的秘密关系。

当然，马杰曼的黑客行为还在继续，但是他和他的同事们还是避开了这位愤怒高管的电脑，在其他人需要额外的计算能力时，他们会直接征用其他 IBM 员工的电脑。

在文艺复兴科技公司，马杰曼重写了监控系统。对冲基金里没有像 IBM 那样没用过的电脑，但马杰曼认为他的程序可能有用，至少在不久的将来会派上用场。大多数时候，马杰曼只是无法控制自己的渴望。"我想成为公司里最不可或缺的人。"马杰曼解释道。

马杰曼欺骗了文艺复兴科技公司的系统管理员，创建了一个后门来启动他的监控系统。马杰曼坐在椅子上，得意地往后一靠，等着荣誉滚滚而来，但这种得意只持续了一两分钟。突然，他听到了同事们惊恐的喊声。当马杰曼看到他们的电脑屏幕时，惊得下巴都快掉下来了，他未经授权的监控程序释放了一种电脑病毒，感染了文艺复兴科技公司的电脑。就在员工们忙着处理危机的时候，羞愧的马杰曼承认他应对这种混乱情形负责。员工们都暴跳如雷。股票团队一分钱都没赚到，现在这个愚蠢的成员又搞垮了网络！布朗气得满脸通红，冲到马杰曼面前。"这里不是 IBM！"布朗喊道，"我们在这交易的是真金白银！如果你用你愚蠢的小技巧妨碍我们，你会毁了我们的！"

任职几周后，马杰曼突然遭到了冷落。他为自己的工作前景发愁，不知道自己在文艺复兴科技公司还有没有前途。马杰曼说："从社会角度来看，我犯了一个巨大的错误。"

第 10 章
拯救 Nova 基金

马杰曼的焦虑终将得到释放。布朗和默瑟的新型股票交易系统正在莫名其妙的连败中痛苦挣扎。事情有些不对劲儿，但没人知道是怎么回事。期货团队的成员们继续赚取利润，他们私下里说，问题来自新招的员工，他们"只懂电脑，不懂交易"。即使在文艺复兴科技公司，这种偏见也屡见不鲜。

在公开场合，西蒙斯表现得很自信，鼓励股票团队坚持下去。他在 1995 年夏天的一次小组会议上说："我们必须继续努力。"尽管他那时穿着短裤和凉鞋，但其话语仍然令人生畏。可是私下里，西蒙斯怀疑自己是在浪费时间。也许这个团队永远也驾驭不了股票市场，文艺复兴科技公司注定只能是一家规模相对较小的期货交易公司。这是劳弗、帕特森和期货团队的其他人已经得出的结论。"我们已经在股票市场摸爬滚打了很多年，"帕特森说，"如果是我在领导公司，很可能已经放弃股票市场了。"

西蒙斯虽然是一个顽固的乐观主义者，但就连他也觉得受够了。西蒙斯给布朗和默瑟下了最后通牒：让系统在未来 6 个月内运行起来，否则他就要将其关闭。布朗彻夜不眠地寻找解决方案，甚至将卧室搬至办公室。默瑟的工作时间没有那么长，但他同样神经紧绷。他们仍然找不到问题。当系统管理少量资金时，交易系统能获得可观的收益，但当西蒙斯为其提供杠杆，交易规模变大时，利润反而蒸发了。系统模拟一直显示需要注入更多资金，但一旦注入更多资金，在实践中他们反而会承受损失，就像弗雷几年前的交易系统一样。

默瑟看上去很平静，泰然自若，但布朗的神经却很紧张，周围同事都焦虑不安。"在两三天内连输的感觉太差了，就像游戏还没开始就已经结束了。"一名团队成员说。

马杰曼看着同事们越来越沮丧，他渴望能帮助他们。如果他能扭转乾坤，也许就能赢得老板的信任，尽管他之前犯下了不可饶恕的错误。对于公司面临的困境，马杰曼知道得足够多了，但他也提供不了太多帮助。他仍然我行我素，日夜钻研代码。当时，马杰曼住在一间十分简陋的公寓里，连一个可以正常使用的电炉都没有，冰箱里也几乎什么都没有，所以他大多数时候住在办公室里，寻找一种自我救赎的方法。

一天傍晚，马杰曼的视线因为连续数小时盯着电脑屏幕而变得模糊，他发现了一些奇怪的事情：布朗和默瑟交易系统的一行模拟代码显示，标准普尔500指数处于异常低的水平。这个测试代码似乎使用了1991年的数据，大约是当时数据的一半。默瑟把它写成了一个静态的数字，而不是一个随着市场的变化而变化的变量。

当马杰曼修复了错误并更新了数字时，代码的其他地方又出现了一个代数偏差。马杰曼花了一晚上的时间，自认为解决了这个问题。现在，模拟器的算法终于可以为Nova基金推荐一个理想的投资组合了，包括应该用多少借来的钱来扩大其股票持有量。根据马杰曼的计算，由此产生的投资组合似乎能产生巨大的利润。

马杰曼激动万分，跑去告诉布朗他的发现。布朗向马杰曼投去怀疑的目光，但还是耐心地听他说完。之后，布朗仍然没有表现出什么热情，毕竟这套系统是由默瑟亲手编写的，大家都知道默瑟很少出错，尤其是在数学方面。垂头丧气的马杰曼偷偷溜走了。他觉得过去的失败给他打上了被人讨厌的烙印。

马杰曼已经没有什么可输的，他把自己的作品拿给默瑟看，默瑟也同意看一看。默瑟坐在办公桌前，躬着背，耐心地逐行检查旧代码，并将其与马杰曼的新代码进行比较。慢慢地，默瑟的脸上露出了笑容，他从桌子上拿了一些纸和一支铅笔，开始研究一个公式。默瑟检查着马杰曼的作品，大约经过15分

第 10 章
拯救 Nova 基金

钟的演算之后，默瑟放下铅笔，抬起头。"你是对的。"默瑟对马杰曼说。

后来，默瑟说服了布朗，让他相信马杰曼的发现意义重大。但当布朗和默瑟告诉其他员工他们发现的问题和解决方案时，他们遭到了质疑，甚至是嘲笑。一个初级程序员解决了这个问题？还是那个在被雇用后几周就让系统崩溃了的家伙？

布朗和默瑟无视这些质疑，在西蒙斯的支持下重新启动了这个系统，将改进和修正结合起来，结果立竿见影，有力地回击了质疑者，长时间的连败结束了。马杰曼终于得到了他所渴望的赞赏，得到了布朗的鼓励。"这太棒了，"西蒙斯在每周例会上大声说道，"我们将继续扬帆起航。"

对于马杰曼和文艺复兴科技公司而言，一个新的时代似乎触手可及。

征服市场的策略 THE MAN WHO SOLVED THE MARKET

- 布朗和默瑟的输入包括基金的交易成本、各种杠杆、风险参数和各种其他限制和要求。考虑到所有这些因素，他们设计了一个系统来构建理想的投资组合，做出最优决策，创造最大回报。这种方法的美妙之处在于，通过将所有的交易信号和投资组合需求组合成一个单一的模型，文艺复兴科技公司可以很容易地测试和添加新的信号，瞬间得知一个新型投资策略是否能够盈利。

- 布朗和默瑟还使自己的系统具有自我适应性，即能够自主学习和调整。如果该系统的推荐交易没有被执行，不管出于什么原因，它都会自我修正，自动搜索买入或卖出指令，驱使投资组合回到正轨。

- 布朗和默瑟保留了弗雷从摩根士丹利的经验中提炼出的预测模型。它能继续识别出足够多的盈利模式，通常是在股市出现问题后，通过押注股市的回调来获取盈利。

第 11 章

永远不要完全相信一个模型

西蒙斯经常强调相信交易系统的重要性,但是在市场危机中,他倾向于减少对某些信号的依赖性,这使那些始终认为应该交由计算机程序来发出交易指令的研究人员感到懊恼。

第 11 章
永远不要完全相信一个模型

带着紧张的情绪,西蒙斯走过大厅。

那是 1997 年的夏天,西蒙斯感到距离某个非同寻常的时间点很接近了。西蒙斯的大奖章基金目前管理着超过 9 亿美元的资金,其中大部分是追踪商品、货币、债券和股票指数的期货合约。亨利·劳弗的小组进行所有这些交易,而且势不可当。劳弗主要的策略是,在一周中最有利可图的一天以及一天中最理想的时刻进行交易,这个策略让他的小组一直是赢家。西蒙斯的团队还完善了绘制价格走势图的技巧,持续追踪各项投资在两天中的走势。

西蒙斯开始相信彼得·布朗和罗伯特·默瑟提出的统计套利策略[①] 帮助

[①] 统计套利策略帮助投资人通过获取两个标的间的差价(Spread)来盈利,具有这种关系的两个标的在统计上被认为具有协整性(Cointegration),两个标的的价格会在过程中有所偏离,但最终会趋于一致。统计套利策略利用有强协整性的标的间价格偏离的时机交易获利。——编者注

其 10 人团队实现了突破。这对于一直沉浸在儿子去世的悲痛中的西蒙斯来说，是难得的好消息。尽管股票交易每月的利润只有区区数百万美元，但它足以支持西蒙斯将 Nova 基金合并至大奖章基金，从而创建一个可以交易几乎所有可投资类别的对冲基金。

然而，西蒙斯和他的团队尚未真正地征服市场。大奖章基金在 1997 年的年收益率为 21%，低于 1996 年 32% 和 1995 年超过 38% 的年收益率，大大低于 1994 年高达 71% 的年收益率。大奖章基金的交易系统仍然会产生严重的问题。一天，一个数据输入错误导致该基金购买了 5 倍于预期交易量的小麦期货合约，从而推高了相应的价格。第二天，有些难为情的交易员在《华尔街日报》读到，分析师将价格上涨归因于投资者对小麦收成不佳的担忧，而不是文艺复兴科技公司的错误。

一段时间后，尼克·帕特森好不容易推出了一种交易股票期权的新模型，但新模型仅仅产生了微薄的利润，这使西蒙斯感到沮丧。"帕特森，你的期权系统需要改进，"西蒙斯在一次会议上对他说，"期权系统需要提升性能。"西蒙斯指向了另一位通过交易股权期权，取得稳定而巨大收益的投资管理人，那就是茁壮成长中的伯纳德·L.麦道夫投资证券公司（Bernard L. Madoff Investment Securities）的操盘手。"看看麦道夫在做什么。"西蒙斯对帕特森说。西蒙斯的话刺激到了帕特森，后者酸溜溜地反驳道："也许你应该雇用麦道夫。"几年后，西蒙斯对麦道夫的非凡业绩产生怀疑，并撤回了他投资给麦道夫基金的资金。2008 年，麦道夫承认它运作了历史上最大规模的庞氏骗局。

西蒙斯对于回报率的下降感到紧张，并提出了一个新想法。每年，成千上万篇经过同行评审的研究论文被发表在包括经济学、金融学和心理学在内的众多学科领域的期刊上。许多论文深入研究了金融市场的内部运作方式，

第 11 章
永远不要完全相信一个模型

并指出了获得超额收益的方法，但却被遗忘在历史的尘埃中。西蒙斯决定，每周都会为布朗、默瑟和其他高级管理人员分配 3 篇论文，大家需要阅读、消化并向其他人分享。这是一个热衷于阅读金钱题材，而不是爱情或谋杀题材的量化交易员读书俱乐部。

阅读过几百篇论文后，西蒙斯和他的同事们放弃了。论文中的策略听起来很诱人，但当大奖章基金的研究人员测试策略的效果时，交易通常无法有效执行。阅读了如此多令人失望的论文让公司内部不再相信学者预测金融市场走势的能力。布朗之后总结道："任何时候，当你听到金融专家谈论市场因何上涨时，记住，那些完全是胡说八道。"

不同寻常的开放文化

在每周例会上与员工聊天时，以及和劳弗、布朗和默瑟挤在石溪高科技园区的狭窄办公室里办公时，西蒙斯总是会强调几个他始终恪守的原则。其中的许多原则是西蒙斯从之前多年的工作经历总结而来的，包括他在国防分析研究所从事的密码破解工作，以及之后在纽约州立大学石溪分校与杰出的数学家合作完成的工作。现在，他想让文艺复兴科技公司的员工充分地应用这些原则。

西蒙斯主张的一个关键原则是，科学家和数学家需要辩论、相互分享想法，这样才能产生理想的结果。这一原则看似不言而喻，但就当时的情况来说，可以称得上是激进的。文艺复兴科技公司里许多智商超群的员工在职业生涯早期就获得了成就和认可，他们致力于个人研究而不是与他人合作。事实上，才华横溢的量化分析人员可能是最不愿意与他人合作的人。一个经典的行业笑话：内向的科学家会在与你谈话时盯着自己的鞋子，而外向的数学家会盯着你的鞋子。

对手交易公司通常允许研究人员和其他员工在一个个"孤岛"中工作，有时甚至鼓励员工相互竞争。但西蒙斯坚持采用不同的方法：大奖章基金拥有一个单一的、整体的交易系统，所有员工都可以接触到赚钱的算法背后的每一行源代码，所有这些代码都可以在公司内部网络中以明文形式阅读，不存在藏于某个角落的只有高层管理人员才能访问的代码。任何人都可以尝试着修改代码以改善交易系统。西蒙斯希望他的研究人员能够交换想法，而不是只限于其私人项目。有一段时间，即使公司的秘书也可以访问源代码，尽管最终证明没有这个必要。

西蒙斯创造了一种不同寻常的开放文化。员工们可以出入同事的办公室，提出建议并发起合作。当遇到挫折时，他们倾向于向他人分享自己的工作并寻求帮助，而不是转而开启新的项目，以确保像西蒙斯所说的那样：不要浪费任何有前景的想法。小组定期开会，讨论进展中的各个细节，并回答西蒙斯提出的问题。大多数员工一起从当地餐馆订购午餐，然后挤进一个很小的午餐室共进午餐。西蒙斯每年支付一笔费用，将员工及其配偶带到有异国风情的度假胜地，以加深同事间的情谊。

同辈压力成为至关重要的激励工具。研究人员、程序员和其他员工将大量时间用于演示成果。员工们尽全力为彼此留下深刻的印象，或至少不会在同事面前丢脸。同辈压力刺激员工尽全力解决具有挑战性的问题，并提出具有独创性的解决方案。"如果你没有取得太大进步，你会感到压力，"弗雷说，"解决具有挑战性的问题是体现自我价值的方式。"

西蒙斯使用的薪酬设计让员工专注于为公司整体成功而努力。每6个月，员工可以获得奖金，但前提是大奖章基金的利润水平要超过一定的标准。文艺复兴科技公司会把奖金递延到几年时间内发放，以留下人才。无论员工是发现了新的交易信号、完成了数据处理工作，还是在执行其他更加低

第 11 章
永远不要完全相信一个模型

调的任务，只要这些员工能够脱颖而出，而且大奖章基金发展良好，他们就会获得奖励积分，每个奖励积分代表着文艺复兴科技公司利润池的百分比，是基于清晰易懂的公式计算出来的。

"员工从年初就知道自己的奖金公式。除了取决于级别的几个系数外，每个人的公式几乎一样。"曾经是文艺复兴科技公司核心管理层成员的格伦·惠特尼（Glen Whitney）说，"你想要更多的奖金吗？那就尽一切可能帮助基金获得更高的回报，发现有预测效果的数据来源，修复漏洞使代码运行得更快，和楼下那个有好想法的女人喝杯咖啡……奖金取决于基金的表现，而不取决于你的老板是否喜欢你。"

西蒙斯刚开始分配股份的时候，将 10% 的股份授予了劳弗，后来又将相当一部分股份给到布朗、默瑟、马克·西尔伯和其他人，这些做法使得西蒙斯的所有权减少至 50% 多一点。其他表现优异的员工可以购买代表公司股份的股票。员工也可以投资大奖章基金，这也许是他们最大的福利。

西蒙斯正在承受巨大的风险。颇有成就的研究人员和其他员工可能会因为在一个扁平组织中工作而感到沮丧，组织奖励相对分散，员工也很难做到与众不同。完全开放的系统源代码访问权限使得员工可以随时走出大门，加入竞争对手公司并窃取文艺复兴科技公司的秘密。但是，因为有非常多的研究人员是来自学术界的博士，对华尔街了解有限，所以西蒙斯认为员工背叛的概率相对较小。异常繁复的终生保密协议以及同业竞争合同也减少了风险。后来，西蒙斯和他的团队知道了协议不能消除员工背叛公司并窃取知识产权的风险。

除了一些执行交易的老派交易员，文艺复兴科技公司的许多员工似乎都没有将财富放在优先位置。当著名的计算机科学家彼得·温伯格（Peter Weinberger）在 1996 年接受工作面试时，他站在停车场，对即将结识的研究人员进行了评估，忍不住咯咯地笑起来。他回忆说："停车场里停着很多破旧的汽车，汽车品牌通常是通用旗下的土星、丰田旗下的花冠和凯美瑞等。"

一些员工不知道大奖章基金每天是在赚钱还是亏钱。一些员工甚至不知道如何在公司的网页上找到每月的基金表现数据。在大奖章基金持续亏损的时间，这些毫不知情的员工无忧无虑地四处走动，惹恼了那些已经意识到麻烦的员工。也有一些员工似乎为自己不断膨胀的财富感到很不适应。1997年，一群研究人员在午餐室聊天时，有人问他的同事们是否坐过头等舱。整张桌子的人陷入了沉默，似乎没有一个人坐过。最后，一个数学家尴尬地开口了。这个数学家承认："我坐过，不过是我的妻子坚持要坐的。"

尽管大奖章基金有着可观的收益，招聘仍然是一个难题。很少有应聘者听说过文艺复兴科技公司，而加入这家公司意味着牺牲个人声誉，并从事无法获得公众认可或赞誉的项目，这对大多数学者来说都很陌生。为了吸引人才，西蒙斯、尼克·帕特森和其他高管都强调着工作的积极面，例如，许多科学家和数学家都是天生的难题解决者，因此文艺复兴科技公司的高管们会谈到解决棘手的交易问题所带来的回报，一些学者则被公司同事间友好的氛围和对冲基金的节奏吸引。学者们在学术论文上要奋斗多年；相比之下，文艺复兴科技公司在数周甚至数天之内就能推动结果产生，这一紧迫感迎合了一些学者的喜好。文艺复兴科技公司的整体气氛是非正式和学术性的，同时充满了紧迫感，一位访客将其比作"永久的考试周"。[1]

在 IBM，默瑟对流行用语言包装工作成果的公司文化感到沮丧。在那里，科学家可以依靠默瑟所谓的"小把戏"假装取得进展，而在文艺复兴科技公司，默瑟和他的同事无法愚弄任何人。默瑟对科学作家莎伦·麦格雷尼（Sharon McGrayne）表示："一天结束时，你的银行账户里要么有钱要

第 11 章
永远不要完全相信一个模型

么没钱。你不必怀疑自己今天是否做得成功……这样明确的结果非常令人满意。"[2]

文艺复兴科技公司的面试过程通常是按部就班的：讨论你过往的成就，解决一些涉及概率论和其他领域的挑战性问题，然后看公司是否有合适的岗位。通常，应聘者会被 6 名工作人员轮流刁难，每次面试时间为 45 分钟，然后应聘者会被要求向整个公司以讲座形式介绍其科学研究。西蒙斯和帕特森通常着重于招聘经验丰富的学者，这些学者往往拥有诸多学术成就，此外，那些能够写出让他们觉得非常出色的学术论文的应届博士生也受到青睐。即使是大名鼎鼎的人物来应聘也必须通过编程测试，这一要求展现了一种态度，即每个人都应该掌握计算机编程技术，并愿意执行一些其他公司可能认为不重要的任务，他们还必须能够彼此和谐相处。一位现任高管说："人与人之间的化学反应很重要，这就像加入一个家庭。"

赚钱策略的三个步骤

到 1997 年，大奖章基金的员工们发现了被数据证明有效的赚钱策略，或者说总结出了发现交易信号的三个步骤：识别历史价格数据中的异常模式；确保异常在统计上显著，随着时间的推移表现一致且并非随机；查看是否可以合理解释与之相关的价格表现。

有一阵子，员工们押注的主要是他们可以理解的模式。大多数异常情况是由于价格、交易量和其他市场数据之间的关联所致，或是由投资者行为及其他一些因素导致的。持久有效的一种策略是对价格回归进行下注。事实证明，大约 60% 突然大幅上涨或下跌的产品价格会回归，至少部分回归。这种回归策略使得大奖章基金在波动尤其剧烈的市场中，在价格陡然变化时却还未回归的情况下获利丰厚。

到了1997年，超过一半的由西蒙斯和他的团队发现的交易信号是不直观的，或者是那些他们不能完全理解的。对于那些无法通过建立合理的假设来解释的信号，大多数量化交易公司会忽略掉，但西蒙斯和他的团队从来不喜欢花费太多时间寻找市场现象产生的原因。如果信号满足各种统计强度的度量标准，西蒙斯和他的团队就愿意去押注它们，但西蒙斯和他的团队不会相信那些荒谬的规律。"用前三天的交易量除以价格变化，这个信号可以参考，我们会将这个数据包括在内，"文艺复兴科技公司的一位高管说，"但是我们不相信那些荒谬的规律，例如，股票代码开头字母是A的股票表现一定更加优异。"

西蒙斯和他的团队并不会主动寻找那些没有明确解释的交易，只相信在统计上有意义的策略。没有明显逻辑可以解释但重复发生的价格特征有一个额外的好处：这些特征不太可能被竞争对手发现和采用，大多数竞争对手不会接触这类交易。布朗解释说："如果是意义非常明显的信号，早就被用于交易了。有些信号你不理解，但它们就在那里，而且可能相对较强。"[3]

采用只依赖数据判断和解释的交易策略会带来显而易见的风险，现象的背后可能是毫无意义的巧合。如果人们花足够的时间对数据进行排序，就不难发现一些看似可以产生出色回报但实则是偶然发生的交易。量化投资人将这种有缺陷的方法称为"数据的过度拟合"。为了凸显依赖信号的愚蠢性，量化投资人戴维·雷恩韦伯（David Leinweber）结合孟加拉国黄油年产量、美国奶酪产量以及孟加拉国和美国的绵羊交易量对美国的股票回报率进行拟合预测，其预测成功率达到了99%。[4]

通常，文艺复兴科技公司的解决方案是在交易系统中加入这种令人头疼

第11章
永远不要完全相信一个模型

的信号，但是会在刚开始的时候限制分配给它们的资金。之后研究人员开始努力了解异常现象出现的原因。随着时间的流逝，他们经常会发现合理的解释，从而让大奖章基金相对那些忽视这些现象的公司拥有更大的优势。文艺复兴科技公司最终选择寻找一些合理的信号、一些有强有力的统计结果支持的交易信号，以及一些看起来离奇但实际上非常可靠，以至于不能被忽视的信号。"我们会问，这背后是否有某种合理的行为方式作为解释？"几年后西蒙斯解释道。[5]

就像天文学家使用强大的设备来持续观测银河系中是否存在异常现象一样，文艺复兴科技公司的科学家们对计算机进行编程以监视金融市场，持续地努力直到发现被忽视的模式和市场的异常行为为止。一旦确定这些模式和信号是有效的，而且公司确定了要在交易中投入多少资金，就将信号放置到系统中，并在没有任何干扰的情况下执行。大奖章基金也越来越依赖其系统自主学习的策略。这是一种机器学习方式，输入足够多数据的计算机经过训练可以输出自己的答案。例如，能够持续产生盈利的策略可能会自动获得更多资金，而无须得到任何人的批准甚至注意。

全新的自信

尽管大奖章基金的规模仍旧不大，但西蒙斯对统计套利团队的前景越来越有自信，也对文艺复兴科技公司的前途越来越抱有信心，这促使他将公司搬迁到附近的一栋主体由木质和玻璃组成的复合建筑中。每个办公室都可以欣赏到附近让人心旷神怡和略带田园气息的森林景观。公司总部设有宽敞明亮的体育馆、温暖舒适的图书馆和庄严华丽的大礼堂。在这里，西蒙斯每两周举办一次学者研讨会，通常与金融无关。交易厅只能容纳20名左右的交易员，不超过会议室的大小。但是员工餐厅和公共区域很宽敞，给员工们提供了开会和争论的空间。

随着统计套利结果的不断向好，布朗和默瑟在办公室里表现出了全新的自信，他们开始招揽 IBM 的前同事。"有没有打算离开 IBM，加入我们文艺复兴科技公司？"布朗在给一位 IBM 员工的电子邮件中写道。很快，有 6 名 IBM 员工加入文艺复兴科技公司并开始崭露头角，包括德拉·皮埃特拉双胞胎兄弟。德拉·皮埃特拉兄弟以收集大量胡桃夹子雕像而著称。兄弟俩设法加速这个依赖多个程序、多个计算机网络和数十万行代码的股票交易系统。

精力充沛而富有激情的布朗经常骑着单车匆匆忙忙地从一个会议赶到另一个会议，甚至会撞到同事。布朗整夜都在办公室的电脑前工作，累了就在旁边的折叠床上小睡一下儿。有一次深夜，当布朗在电脑上进行一个复杂项目演算时，尽管时间已晚，但他仍然充满能量，他拿起电话准备向一名助理询问一个紧急的问题。一个同事在布朗拨通电话前阻止了他。"布朗，你不能打电话给他，"这个同事说，"现在是深夜两点。"布朗看上去很困惑，非要让同事对此给出解释。同事答道："他的薪水不足以让他在深夜两点回答你的问题。""好吧，那我们给他加薪，"布朗回答，"但是我必须给他打电话！"

那时布朗的妻子玛格丽特在纽约市担任卫生协会委员长已有 6 年之久，她推出了一项针具交换项目[①]来对抗艾滋病毒的传播，她还发出了其他诸多行动倡议。1997 年，玛格丽特及其子女搬到华盛顿特区，在美国卫生与公共服务部担任高级职务，并最终升任美国食品药品监督管理局局长。布朗平

[①] 针具交换项目是一项针对静脉吸毒者共用注射器静脉吸毒的行为而开展的，以预防艾滋病及其他血液传染病为主要目的的疾病预防项目。——编者注

第 11 章
永远不要完全相信一个模型

常会在周末飞到华盛顿与家人团聚,在工作日则把大把的时间用在工作上,布朗的工作专注程度给他团队里的其他成员施加了很大的压力。"当我不在家人身边时,我只喜欢工作。"在对朋友一次又一次的邀约爽约后,布朗向其解释道。

默瑟是一个善于分析且脾气温和的人,他对脾气暴躁的布朗来说是天然的镇静剂。默瑟工作勤勤恳恳,喜欢在下午 6:00 左右回家。几年前,默瑟的小女儿希瑟·苏说服她的父亲陪着她到住所附近的橄榄球场玩儿,并让默瑟举着一只玩具橄榄球,以便她练习踢定位球。默瑟告诉记者:"我认为希瑟·苏会逐渐对橄榄球失去兴趣的。"[6]

然而,希瑟·苏的球技却使她的父亲大吃一惊。她之后成为高中橄榄球队的首发球手,后来在杜克大学参加了一系列校队比赛,同时也是一级联盟橄榄球名单上的第一位女性。后来,希瑟·苏被她的教练逐出了校队。她的教练事后承认,竞争对手教练嘲笑他拥有一名女性球手让他感到尴尬。1998 年毕业后,希瑟·苏起诉杜克大学存在性别歧视,并获得了 200 万美元的惩罚性赔偿。

在办公室,默瑟开始逐渐展现出性格的另一面。当员工们共进午餐时,他们大多对争议话题避而不谈。默瑟则不同,在许多工作会议上,他几乎从不讲话,但对于争议话题却有着莫名的兴趣。默瑟的一些想法,例如,他对金本位的支持,以及他对小约翰·洛特(John R. Lot Jr.)在《更多枪支,更少犯罪》(*More Gun, Less Crime*)一书中对于枪支拥有率与犯罪下降率成正比的论证的拥护,都反映了他保守主义的观念。

默瑟乐于游说他的那些具有自由主义倾向的同事,他的观点越来越极端,这使同事们感到震惊。有一天午餐时,默瑟对同事们说道:"克林顿应该入狱。"默瑟指的是比尔·克林顿总统。克林顿在 1998 年因与白宫实习生莫妮卡·莱温斯基的关系而被指控做伪证和妨碍司法公正。默瑟称克林顿为"强奸犯"和"谋杀犯"。每当这时，默瑟的大多数同事都会从饭桌上溜走，不愿意与他进行激烈的辩论。其他同事，比如同为政治迷的帕特森则留在饭桌上与默瑟辩论。帕特森为一个如此聪明的科学家用站不住脚的证据来支持自己的观点而感到震惊。随着时间的流逝，默瑟的同事们感到震惊的日子越来越多。

1998 年陨落的两个量化巨头

20 世纪 90 年代中期，互联网发展得如火如荼，硅谷也日渐热闹起来。华尔街的投资银行和交易公司也终于相信量化策略可以帮助他们获得巨大收益，于是想方设法招揽计算机人才、科学家和数学家。不过，西蒙斯和他的团队在业界的监控雷达上还未被发现。其中部分原因是文艺复兴科技公司有意为之。西蒙斯指示他的团队保护他们的策略，他们对于竞争对手有可能发现他们最为成功的策略而感到焦虑。"在国家安全局，泄露秘密的惩罚是 25 年监禁。"西蒙斯喜欢略显严肃地警告员工，"不幸的是，我们所能做的只是解雇你们。"

布朗在使工作人员和投资者保持沉默的问题上几乎变成了狂热分子。有一次，一家大型日本保险公司的代表来访，对方的翻译人员将录音机放在会议室的桌子上，这样他稍后就可以重新播放对话，并确保在翻译过程中没有遗漏任何内容。走进会议室，布朗看到了录音机，差点儿因此而精神崩溃。"桌子上有一台录音机！"布朗惊叫，将客户和文艺复兴科技公司的客户代表吓了一跳。布朗几乎惊呆了，把他的同事从会议室拉了出来。"我不希望任何人给我们录音！"布朗喊道，气氛显得异常紧张。对方的翻译人员不得不尴尬地撤走了录音机。

第 11 章
永远不要完全相信一个模型

西蒙斯和他的团队在保密方面做得有点儿过头了。那时候，没有人真正关心西蒙斯和他的团队在做什么，他们真正关心的是文艺复兴科技公司的两大竞争对手——长期资本管理公司和量化对冲基金巨头 D. E. Shaw。

长期资本管理公司由约翰·梅里韦瑟（John Meriwether）创立，梅里韦瑟曾是一名数学讲师。长期资本管理公司的管理层中有诸多知名教授，其中包括麻省理工学院的金融博士和计算机专家埃里克·罗森菲尔德（Eric Rosenfeld），以及哈佛大学的罗伯特·默顿（Robert Merton）和诺贝尔奖获得者迈伦·斯科尔斯（Myron Scholes）。长期资本管理公司的团队成员大多是性格内向的知识分子，他们下载了债券的历史价格数据，提取出那些被忽视的联系，并建立了预测未来价格行为的计算机模型。

像文艺复兴科技公司一样，梅里韦瑟的团队对整个市场和个人投资的走向都不太关注。长期资本管理公司的模型会关注相似的投资之间的价格异常，并且这家位于康涅狄格州格林尼治的对冲基金认为异常行为会收敛并消散。长期资本管理公司最喜欢的一类交易便是买入跌破历史水平的债券，同时卖空或押注看似被高估了的类似债券，然后等待债券价格趋同，并从中获利。长期资本管理公司通过大量使用杠杆或借入资金来扩大自己的头寸，以扩大收益。银行也急于放贷，部分原因是，长期资本管理公司的对冲基金避开了那些大额的高风险交易，而押注了约千余个看似安全的小额赌注。

投资者被长期资本管理公司全明星级别的聪明大脑吸引，将资金投入了该基金。自 1994 年成立以来，长期资本管理公司在最初的 3 年中获得的平均收益率接近 50%，在 1997 年夏季它管理了近 70 亿美元，这使西蒙斯的大奖章基金看上去相形见绌。在竞争对手扩大自己的套利交易之后，梅里韦瑟的团队转向了更新的策略，甚至是竞争对手闻所未闻的策略，例如，合并套利和丹麦抵押贷款。1997 年夏季进行了年度高尔夫远足活动之后，长期资本管理公司的合伙人们宣布，由于管理层认为市场机会减少，投资者必须撤回大约一半的现金。客户们一下子迷失了方向，希望梅里韦瑟和他的团队能够继续帮他们做投资。

长期资本管理公司的模型并没有为1998年夏天发生的几起令人恐慌的事件做好准备，其中包括俄罗斯的债务违约以及由此引起的全球市场恐慌。当投资者开始撤离风险资产时，各种资产的价格以人们意想不到的方式剧烈波动。长期资本管理公司，在当年8月的一个星期五以某种方式损失了5.53亿美元，并且其资产在数周之内蒸发了数十亿美元。

梅里韦瑟和他的团队不停地给投资者打电话，试图重新筹集现金，根据他们的投资模型，市场价格将恢复到历史常态。当梅里韦瑟拜访朋友维尼·马托尼（Vinny Mattone）时，他回到了现实之中。马托尼是一名资深交易员，体重约136千克，身材魁梧，喜欢穿黑色丝绸衬衫，经常戴着金链和小指环。"你们现在是什么境况？"马托尼直截了当地问。"我们损失了一半。"梅里韦瑟说。"你们完了。"马托尼回答道，这震惊到了梅里韦瑟。"当你们损失一半的资金时，人们会认为你们有可能一直亏损。"马托尼解释道，"他们将促使整个市场的力量与你们为敌……你们真的完了。"[7]

就在此时，由于长期资本管理公司的权益价值跌至10亿美元以下，并且杠杆率飙升，美联储介入了。美联储担心长期资本管理公司的崩溃会破坏金融体系。在美联储的推动下，一个银行财团控制了该基金。在短短几个月的时间里，梅里韦瑟和他的团队损失了近20亿美元，这是他们在职业生涯中永远无法抹去的伤疤。

这次惨败使投资者对使用计算机模型进行交易的做法敬而远之。"量化投资本身的声誉已受到长期损害，"《商业周刊》杂志一个月后评价道，"即

第 11 章
永远不要完全相信一个模型

使这些量化基金在今年秋天反弹,它们中的很多也不敢再声称自己能够可靠地产生低波动性的收益了。"[8]

D. E. Shaw 公司似乎没有受到此次事件的太多干扰。到 1998 年,由哥伦比亚大学前计算机科学教授戴维·肖在投资者唐纳德·苏斯曼的支持下创立的对冲基金已拥有了数百名员工。借助戴维·肖在摩根士丹利研制的统计套利股票策略,自成立以来,D. E. Shaw 公司声称其年平均回报率达到了 18%。有时,D. E. Shaw 的交易量甚至能占到纽约证券交易所所有交易的 5%。D. E. Shaw 基金的投资组合是市场中性的,不受整个股市波动的影响。

D. E. Shaw 公司聘用人才的风格与文艺复兴科技公司不同。除了询问有关申请人专业领域的具体技术问题之外,D. E. Shaw 公司还用脑筋急转弯、应用数学问题和概率难题测试应聘者,其中包括著名的蒙提霍尔悖论(Monty Hall Problem),这是出自美国电视游戏节目《让我们成交》(Let's Make a Deal)的一个概率问题。D. E. Shaw 公司的许多员工是英国科幻电视剧《神秘博士》(Doctor Who)的粉丝,他们穿着随意,打破了华尔街人给他人留下的刻板印象。

《财富》杂志 1996 年的封面故事宣称,D. E. Shaw 公司是"华尔街最迷人和最神秘的力量……是登峰造极的量化交易公司,数学家、计算机学家和其他量化交易分析大师的大本营"。随着 D. E. Shaw 公司和其他量化公司的扩张,纽约证券交易所被迫实现自动化。电子证券交易的发展,使得股票交易费用大幅缩水,降低了所有投资者的交易成本。

在办公室之外,戴维·肖曾担任时任副总统阿尔·戈尔和时任总统比尔·克林顿的科技政策咨询顾问。D. E. Shaw 公司也进行了新的尝试,推出了第一款免费电子邮件服务 Juno,并与美国银行公司成立合资公司,借入

14亿美元。D. E. Shaw 公司的对冲基金将其中一部分资金投入价值 200 亿美元的债券投资组合，同时推动了互联网银行等更多新型业务的发展。[9] D. E. Shaw 公司现金充裕，雇用了 600 多名员工，将他们安置在位于纽约、东京、伦敦、旧金山和波士顿的高级办公室里，以及印度海得拉巴的一个以雕塑而闻名的地方。

1998 年秋天，市场动荡。在短短几个月内，D. E. Shaw 公司的债券投资组合蒙受了超过 2 亿美元的损失，迫使其解雇了 25% 的员工并缩减了业务。D. E. Shaw 公司之后得以恢复并重新恢复为一股交易力量，但是它遭遇的打击以及长期资本管理公司的巨额亏损为西蒙斯和文艺复兴科技公司提供了影响持久的教训。

模型不能反映全部事实，只反映事实的一部分

帕特森和其他同事剖析了竞争对手们遭遇的突如其来的挫败。大奖章基金的投资收益率于 1998 年上涨 42%。当年秋天，其他投资公司陷入恐慌，而大奖章基金却获益颇丰，但帕特森必须确保文艺复兴科技公司没有犯与长期资本管理公司相同的错误。帕特森知道，文艺复兴科技公司没有像梅里韦瑟的公司那样债台高筑，长期资本管理公司的交易需要在一定的时间范围内执行，这与西蒙斯所青睐的交易不同。文艺复兴科技公司聘请的是数学家和计算机科学家，而不是经济学家，这是他们另一个与长期资本管理公司的区别。

尽管如此，文艺复兴科技公司与长期资本管理公司之间仍然有足够的相似性，值得继续深挖。对于帕特森和他的同事来说，长期资本管理公司的倒闭增强了文艺复兴科技公司的现有信念：永远不要对交易模型过于信

第 11 章
永远不要完全相信一个模型

任。的确,文艺复兴科技公司的系统似乎有效,但是所有公式都不可靠。这一结论加强了文艺复兴科技公司管理风险的方法。如果交易策略不起作用,或者市场波动加剧,那么文艺复兴科技公司的系统往往会自动减少头寸和风险。例如,大奖章基金在1998年秋季将期货交易减少了25%。相比之下,当长期资本管理公司的策略陷入困境时,该公司通常会扩大投资规模,而不是缩减规模。"长期资本管理公司的基本错误是认为其模型就是事实真相,"帕特森说,"我们从未相信我们的模型能够反映全部事实,它只反映事实的一部分。"

D. E. Shaw公司和长期资本管理公司都涉足了公司缺乏了解的市场,比如丹麦抵押贷款和网上银行业务。这些教训都提醒西蒙斯的团队需要磨炼他们的既有策略,而不是从事新业务。

机器失控了?

虽然布朗、默瑟和其他人都投入股票交易系统的研发之中,但是股票交易在1998年仅贡献了文艺复兴科技公司利润的10%左右。即使西蒙斯一再敦促股票团队,最终也是亨利·劳弗领导的期货交易在驱动着文艺复兴科技公司发展。之后,像过往一样,戴维·马杰曼再一次力挽狂澜。

马杰曼曾经设法找到并修复导致布朗和默瑟的股票交易系统无法盈利的计算机故障。随后,马杰曼被赋予了更多的责任,成为大奖章基金用于实际股票交易的软件系统的架构师。彼时,马杰曼是系统所有变更的监督者,是系统所有改进的关键参与者,并且是十几位博士的领导者。

马杰曼在公司顺风顺水:他的薪水很高,更重要的是,他的成果获得了布朗、默瑟和西蒙斯的赏识。马杰曼用部分薪水升级了他的衣橱,甚至开始穿吊带裤，他的一举一动越来越像默瑟。长期以来，对获得公司主要领导者认可的期望一直激励着马杰曼，而他正在获得的肯定使他感到振奋。

尽管马杰曼越来越成功，但他还是受到了默瑟家族的冷淡对待，尤其是默瑟的二女儿丽贝卡，她加入了文艺复兴科技公司并成了马杰曼的下属。马杰曼感到困惑，为什么自己很久没有收到默瑟家族的外出就餐邀请或者去家里做客的邀请。有一次，马杰曼给默瑟写了一封长达 5 页的信，希望打破僵局，但他没有得到任何答复。马杰曼不知道发生了什么，他分析了种种可能性，或许是那次他在公开场合谴责了丽贝卡。要知道，在交易小组中工作的可是老板默瑟的女儿，这让丽贝卡在新同事面前感到难堪。"我认为丽贝卡那次完全是咎由自取。"马杰曼说。

马杰曼与默瑟家族之间的裂痕也可能是由于文艺复兴科技公司组织的一次夏季郊游所致。当时，马杰曼与希瑟·苏两人共度了一场浪漫的独木舟之旅，他肯定此举让丽贝卡产生了嫉妒心理。无论出于何种原因，马杰曼越来越不受默瑟家族的欢迎。马杰曼说："在默瑟的家庭聚会上，我是不受欢迎的人。"

为了继续受到默瑟的赏识，马杰曼决定专注于他的工作。1999 年，马杰曼开发了一种可以控制公司股票交易的代码，从而使交易效率更高。然而，几乎在同一时间，大奖章基金的期货交易就出现了巨额亏损。员工们都不知道发生了什么，但马杰曼知道原因。他犯了一个错误，代码中存在一个致命的漏洞，再次延缓了文艺复兴科技公司前进的步伐。"这是我造成的！"之后数周，马杰曼一直不能原谅自己，他想知道自己怎么可能犯这样一个低级错误。虽然马杰曼的股票交易小组没有向亨利·劳弗的期货职员透露过相关代码，但马杰曼确信他一定是罪魁祸首。为了尽快弥补自

第 11 章
永远不要完全相信一个模型

己的过失,马杰曼夜以继日地工作着,但他始终没有找到漏洞所在。

在进行季度总结时,大奖章基金告诉客户,其遭受了轻微且意外的亏损,这是 10 年来的首次季度亏损。马杰曼满怀忧虑,等待着被解雇,他的睡眠质量变得格外地差。马杰曼说:"我快失去理智了。"他去看了心理医生,并被诊断为广泛性焦虑症,医生叮嘱他每周要做一次心理疏导训练以安抚神经。慢慢地,大奖章基金的回报反弹了,马杰曼这才松了一口气,也许他根本不用为亏损负责了。

2000 年 1 月,大奖章基金上涨了 10.5%,那是其多年来最好的单月回报。到 3 月初,由于投资者对科技股,尤其是与互联网相关的公司热情高涨,纳斯达克综合指数创下了纪录,大奖章基金的利润已超过 7 亿美元。

随后,马杰曼和他的同事们陷入了真正的困局。3 月 10 日,科技股泡沫破裂,导致股价暴跌,这次暴跌几乎没有什么先兆。一个月后,纳斯达克下跌 25%,最终从最高点下跌了 78%。大奖章基金损失惨重,它在 3 月的一天里损失了大约 9 000 万美元,第二天又亏损了 8 000 万美元。情况变得异常严峻,之前大奖章基金一天之内的损失从未超过 500 万美元。

每个人担心的不仅是越来越多的亏损,更多的是关于市场为什么如此糟糕的不确定性。大奖章基金的投资组合持有商品、货币和债券期货,其股票投资组合主要用于抵销头寸,旨在避开市场的大走势,损失本就不应该发生。但是,由于许多系统的交易信号都是通过某种形式的机器学习自行产生的,因此很难查明问题的确切原因或者何时问题会消散。换句话说,机器似乎失控了。

在市场暴跌中,一名应聘者来到文艺复兴科技公司的长岛办公室参加面试，帕特森等公司领导者参与了面试过程。当他们第二天早上见面讨论候选人的情况时，甚至没有一个人记得与这个新人的会面。亏损使得研究人员彻底迷失。

默瑟一如既往地保持着平静，似乎任何异常情况都与他无关。布朗则不同，他从未经历过如此严重且突然的账面亏损。布朗高度紧张、激动，无法掩饰其与日俱增的恐惧。布朗无法入睡，整夜都在检查系统，以获取有关交易系统出现故障的蛛丝马迹。在办公室里，布朗脸色苍白，显然是缺乏睡眠所致，同事们为他的身体状况感到担忧。布朗的朋友说，布朗认为自己对亏损负有不可推卸的责任，毕竟这些亏损来自他的股票交易系统。

股灾发生的第三天，马杰曼开车来到公司，在他的计算机上检查了股票期货的价格，然后猛地一震，发现这又是糟糕透顶的一天。马杰曼欲哭无泪。布朗和默瑟正在与西蒙斯和其他高层管理人员举行紧急会议，但马杰曼认为有必要提醒他们这一严峻的问题。马杰曼慢慢地打开了会议室的门，来到一个挤满了十几位高管的小型会议室，视频会议屏幕显示了位于全球各地的其他参会人的面孔。西蒙斯坐在一张长桌子的头部，神情呆滞而专注。马杰曼弯下腰，低声对布朗说："我们又损失了9 000万美元。"布朗僵住了。大奖章基金的损失现在已经接近3亿美元。布朗心烦意乱，甚至感到恐慌，他向西蒙斯投去了求助的目光。"西蒙斯，我们该怎么办？"

西蒙斯试图让布朗和其他高管放心，他有信心他们会绝处逢生。"相信模型，"西蒙斯告诉他们，"我们必须让模型主导交易，我们自己不能惊慌。"后来，西蒙斯提醒员工，他们的交易系统已经为艰难时期做好了准备。除此之外，他们几乎无能为力。大奖章基金当时交易着约8 000只股票，他们无法快速修改产品组合。

第 11 章
永远不要完全相信一个模型

经过了几个通宵的研究分析，一些研究人员针对此次亏损事件提出了一个结论：曾经屡试不爽的策略已经行不通了。曾经的策略相当简单：如果某些股票在前几周上涨，那么大奖章基金的交易系统会发出购买更多类似股票的指令，但前提是这种增长将持续下去。多年来，这种策略屡建奇功，但现在熊市已经开始，增长不可持续，而该系统的算法仍在指示大奖章基金购买更多的股票。

西蒙斯经常强调相信交易系统的重要性，但是在市场危机中，他倾向于减少对某些信号的依赖性，这使那些始终认为应该交由计算机程序来发出交易指令的研究人员感到懊恼。现在，这些研究人员也认识到了他们的错误，特别是因为他们的系统在预测市场的短期行为上表现更好，而专注预测长期行为的错误信号令整个投资结果亏损严重。这些研究人员果断地放弃了动量策略，制止了损失。很快，收益再次恢复。

布朗仍然感到恐慌，他主动提出辞职，认为自己要为巨大的亏损负责。西蒙斯拒绝了这一提议，并告诉布朗，既然他已经领会"永远不要完全相信一个模型"的真谛，他就会变得更有价值。[10]

"我们发现的原则始终有效"

到 2000 年秋天，大奖章基金的成功赢得了业界的广泛关注。那年，即使在向客户收取高达 20% 的收益和 5% 的管理费后，大奖章基金飙升了 99%，文艺复兴科技公司管理着近 40 亿美元。在过去 10 年中，大奖章基金及其 140 名员工的表现要好于乔治·索罗斯、朱利安·罗伯逊[①]、保罗·都

[①] 朱利安·罗伯逊（Julian Robertson）是老虎基金的创办人，是华尔街风云人物以及避险基金界的教父级人物。——编辑注

铎·琼斯和其他投资巨头管理的基金。同样令人印象深刻的是，大奖章之前5年的夏普比率为2.5，这表明与许多竞争对手相比，该基金的收益具有较低的波动性和风险。

西蒙斯放下了他的思想包袱，同意接受《机构投资者》(Institutional Investor)杂志作家哈尔·勒克斯（Hal Lux）的采访。在纽约办公室的咖啡厅喝咖啡时，以及后来在文艺复兴科技公司的长岛总部品尝杜松子酒和滋补品时，西蒙斯都自信地表示大奖章基金将越发强大。"我们的事业不会就此止步。"西蒙斯告诉勒克斯，"某段时间，业绩可能会有所下滑，甚至很糟糕，但是我们发现的原则始终有效。"

布朗、默瑟和劳弗都对即将到来的、难得的，甚至是历史性的机会充满信心，他们一致同意公司雇用新员工以加固壁垒。一位资深员工对同事说："虽然市场效率低下，但是我们有信心让钱生钱。"新员工将以西蒙斯和他的同事无法预料的方式改变公司。

征服市场的策略

- 大奖章基金拥有一个单一的、整体的交易系统，所有员工都可以接触到赚钱的算法背后的每一行源代码，所有这些代码都可以在公司内部网络中以明文形式阅读，不存在藏于某个角落的只有高层管理人员才能访问的代码。任何人都可以尝试着修改代码以改善交易系统。西蒙斯希望他的研究人员能够交换想法，而不是只限于其私人项目。
- 大奖章基金的员工们发现了被数据证明有效的赚钱策略，或者说总结出了发现交易信号的三个步骤：识别历史价格数据中的

第 11 章
永远不要完全相信一个模型

异常模式；确保异常在统计上显著，随着时间的推移表现一致且并非随机；查看是否可以合理解释与之相关的价格表现。

- 文艺复兴科技公司的系统似乎有效，但是所有公式都不可靠。这一结论加强了文艺复兴科技公司管理风险的方法。如果交易策略不起作用，或者市场波动加剧，那么文艺复兴科技公司的系统往往会自动减少头寸和风险。

THE MAN WHO SOLVED THE MARKET

第二部分

金钱改变一切

第 12 章

大奖章基金清退外部持有人

西蒙斯的团队貌似找到了投资中的"圣杯":在实现了高回报率的同时,还能将投资组合进行有效分散,从而取得较低的波动率和与主要金融市场表现的关联度。过去,也有一些人发展出相关类型的投资工具,但是他们的问题是规模容量太小。没有人像西蒙斯和他的团队那样,以 50 亿美元的规模获得如此卓越的表现。

第 12 章
大奖章基金清退外部持有人

2001年，西蒙斯的对冲基金变得不同寻常。随着文艺复兴科技公司不断吸收新的信息种类，公司的盈利节节攀升。公司收集每一笔交易数据，包括那些从来没有成交过的交易，以及相关年度和季度盈利财报、公司高管交易记录、政府报告、经济预测报告和文献等。西蒙斯还不满足。"我们还能玩出新花样吗？"他在一次团队会议中问道。

很快，研发人员开始追逐更多来自报纸、新闻、互联网论坛以及其他源头的晦涩数据，比如境外保险索赔金额数据等。研发人员挖掘几乎所有能被量化的数据，并且检测这些数据预测市场的价值。大奖章基金变成了一块数据海绵，每年吸收着几万亿字节的信息，并不断购买昂贵的存储器来消化、存储和分析这些数据，从中寻找可靠的规律。"数据多多益善。"默瑟告诉他的同事。这句话后来成了公司员工的座右铭。

征服市场的人
THE MAN WHO SOLVED THE MARKET

　　文艺复兴科技公司的目标是预测股票价格或其他投资的"未来走势"。默瑟之后解释说："我们希望知道3秒、3天、3周和3个月中的价格走势情况。假设有一篇关于塞尔维亚面包短缺的报道，文艺复兴科技公司的计算机数据库就会筛查历史上面包短缺后，不同投资品种对于小麦价格上涨的反应。"[1]

　　有些新增的信息，比如公司季度财报，并不会带来额外的竞争优势，但是关于分析师盈利预测以及观点调整的数据都会有所助益。观察股价在财报公布后如何表现，跟踪公司的现金流数据、研发支出、新股增发以及其他因素，也都非常有价值。文艺复兴科技公司的团队甚至通过加入一个公司被新闻报道的次数这种简单数据来优化其算法模型，无论这个新闻报道是正面的、负面的，还是谣言。

　　默瑟和其团队非常清楚，语音识别和股票交易之间有着很高的相似度，这也是为什么文艺复兴科技公司一直在招募IBM的电脑语言学团队成员。文艺复兴科技公司和IBM都致力于通过建立模型，消化不确定的、混乱的信息，从而构建可靠的预测，并且无视没有足够数据支撑的传统分析结论。

　　当越来越多的交易变得电子化后，人为的做市商[①]和中间人逐渐被挤出这个业务。大奖章基金把越来越多的交易放到了电子化网络平台，使得买进和卖出更加方便有效。终于，西蒙斯开始接近他最初的目标，即构建一个极少受到人为干预的全自动化交易系统。

---

① 做市商是指，在证券市场上，由具备一定实力和信誉的独立证券经营法人作为特许交易商，不断向公众投资者报出某些特定证券的买卖价格（双向报价），并在该价位上接受公众投资者的买卖要求，以其自有资金和证券与投资者进行证券交易。买卖双方无须等待交易对手出现，只要有做市商出面作为交易对手方，即可达成交易。——编者注

第 12 章
大奖章基金清退外部持有人

员工们对于研发基于几秒甚至更短的超级短线指标的交易模式越来越兴奋，这种交易模式后来成为我们今天熟知的高频交易①。尽管文艺复兴科技公司的计算机运转速度还不足以战胜其他对手，但大奖章基金每天依然能成交 15 万～30 万笔交易。绝大部分交易被拆分成很小的单子，以避免造成冲击成本，他们并不依靠买进或卖出这样的方式来赚取利差。西蒙斯和团队所做的不太像投资，他们也不是纯粹的高频交易者②。

不管你如何定义，大奖章基金的收益表现都让人叹为观止。在 2000 年收益暴涨 99% 之后，大奖章基金的业绩在 2001 年继续上涨了 33%。相比之下，用来作为比较基准的标普 500 指数在两年中仅取得了 0.2% 的收益率，其他对冲基金的平均收益率也只有 7.3%。

此时，西蒙斯的团队依然在投资界不为大多数人所知。《机构投资者》杂志于 2000 年发表的一篇文章写道："很有可能，你至今都没有听说过詹姆斯·西蒙斯，那么在这点上你和大部分人是一样的。当然这对西蒙斯本人来说无关痛痒。"2

布朗和默瑟的系统运转得非常出色，研发者能不断测试和研发新的算法机制，优化现有的单一交易系统。新加入的员工开始挖掘在其他市场的预测指标，包括加拿大、日本、英国、法国和德国的预测指标，以及其他一些小国家的股市，比如芬兰、荷兰和瑞士的预测指标。海外股市通常跟随美国行情，但并非完全一致。通过将这些市场的数据整合到大奖章基金的现有算法

---

① 高频交易是指从那些人们无法利用的极为短暂的市场变化中寻求获利的计算机化交易。比如，某种证券买入和卖出价差的微小变化，或者某只股票在不同交易所之间的微小价差。——编者注

② 原文中的 "Flash Boys" 一词来自迈克尔·刘易斯（Michael Lewis）在 2014 年出版的《闪击者：华尔街的反抗》（*Flash Boys*），这本书介绍了美国高频交易时代的崛起。——译者注

模型中，一个让人惊叹的事情发生了：大奖章基金优化了收益率，其收益表现和主要金融市场表现的关联度有所下降。

专业投资者通过用夏普比率，即回报率和波动率的比例来评价投资组合的风险，夏普比率越高，代表组合的风险收益越好。20世纪90年代的大部分时期，大奖章基金的夏普比率都高达 2.0 以上，是同期标普 500 指数的 2 倍。但是通过加入境外市场的算法，大奖章基金的夏普比率在 2003 年年初提高到 6.0，是大型量化基金的 2 倍。这个数字意味着，这只基金在一年以上的时间维度，几乎没有亏钱的可能。

西蒙斯的团队貌似找到了投资中的"圣杯"：在实现了高回报率的同时，还能将投资组合进行有效分散，从而取得较低的波动率和与主要金融市场表现的关联度[①]。过去，也有一些人研发出相关类型的投资工具，但是他们的问题是规模容量太小。没有人像西蒙斯和他的团队那样，以 50 亿美元的规模获得如此卓越的表现。

这个成就为新的可能性打开了大门。

一篮子期权，大幅提升收益率的妙招

彼得·布朗在他的办公室来回踱步，他努力寻找更多能让其对冲基金下注的领域。布朗依然生活在 2000 年年初亏损惨重的阴影之中，并为其当时的一系列慌乱反应而懊恼。他希望在下一个更大的市场灾难来临时，能够保护他的公司。

---

① 这打破了基金投资中的不可能三角理论，即同时实现稳定的汇率、货币政策的独立性、资本的自由流动。——译者注

第 12 章
大奖章基金清退外部持有人

布朗很幸运。银行嗅到了机会，向文艺复兴科技公司敞开大门。从许多角度来看，西蒙斯的公司都是一个理想的借款人，它的投资回报丰厚，而且和整体市场表现并不相关。西蒙斯允许布朗运用更高的杠杆来扩大他们的利润，文艺复兴科技公司变成了一个积极的借款人。就像购房者通过房屋贷款来购买价值超过银行存款的房子一样，类似于文艺复兴科技公司这样的对冲基金，也可以通过借款来扩大投资组合的资本，从而增加盈利。

银行开始放松贷款标准和限制。在全球互联网泡沫崩塌、房地产市场开始复苏、贷款者大规模放贷的情形下，即使有些没有信用历史的人也能贷到款。相比较而言，文艺复兴科技公司看上去是一个安全的借款者，它布局了同样数量的多单和空单，降低了市场暴跌时面临的潜在风险。这也是为什么德意志银行和巴克莱银行开始向这家对冲基金销售一种叫作一篮子期权的新产品。这个产品对令布朗头疼的问题提出了近似完美的解决方案，能够在风险可控的同时，大幅提高公司的杠杆水平。

一篮子期权是一种和一篮子股票表现挂钩的金融工具。大部分期权的价值是基于某一种股票或者金融工具而定义的，而一篮子期权的价值是和一篮子股票关联的。如果这些股票价格上升，那么期权价值也会上涨。虽然这些投资银行是一篮子股票的合法拥有者，但实际上是大奖章基金在持有背后的股票。大奖章基金的计算机会将交易指令自动下单给银行，买入哪些股票，以及以什么样的形式进行交易。布朗本人也参与了这套模型的研发。每一天，大奖章基金的计算机将自动交易指令发送给银行，有时候每分钟发送一笔交易需求，有时候甚至每一秒就发送一笔交易需求。一年多之后，大奖章基金执行期权，获得剔除成本后的所有收益。[3]

交易一篮子期权是大幅提升大奖章基金收益率的妙招。券商一般会限制一只对冲基金的借款比例，但是一篮子期权令大奖章基金能够撬动更高的资

243

金杠杆。其竞争对手通常只能用1美元现金撬动价值7美元的金融资产，相比而言，大奖章基金的期权策略允许其用1美元现金撬动价值12.5美元的金融资产。只要大奖章基金能持续找到赚钱的交易机会，它的业绩就能碾压竞争对手。当大奖章基金看到特别诱人的机会，比如遇到类似于2002年市场触底的情况时，它可以将其杠杆比例提高到用1美元现金撬动价值20美元的资产。2002年，大奖章基金的资金管理规模超过50亿美元，但是它实际上控制了超过600亿美元的金融资产，就是得益于其一篮子期权。2002年标普500指数下跌22.1%，大量互联网企业破产，安然和世界通信公司倒闭而一篮子期权帮助大奖章基金在市场低迷的2002年，获得了25.8%的年化收益率。

　　一篮子期权提供了一种途径，让文艺复兴科技公司将投资背后的风险转嫁给银行。因为理论上讲，借款人才真正拥有一篮子期权交易中的证券，这也导致大奖章基金面临的最大理论亏损仅仅是其为这些期权支付的期权费。相反，银行持有着这些股票的全部抵押物。也就是说，一旦市场崩盘，大奖章基金最多损失几亿美元；相比之下，银行面临的潜在亏损高达几十亿美元。换句话说，参与借款协议的银行，通过给大奖章基金提供期权产品，帮助大奖章基金对其股票组合实施"围栏策略"[①]，以保护公司的其他部分，包括亨利·劳弗依然努力改进的期货交易部分，确保文艺复兴科技公司能够在突发事件中存活下来。一名员工对这个条款感到非常震惊，他将大部分的个人储蓄都投入了大奖章基金，因为他明白最大亏损比例也不过20%。

　　即使存在值得担忧的诸多原因，这些银行依然愿意承担风险。一方面，它们对于大奖章基金的投资策略如此有效的原因一无所知。这家基金只在近10年表现良好。另一方面，几年前美国长期资本管理公司的崩盘事件，也

---

① 围栏策略是指，投资者分离若干金额的资金，使之无须面对外部风险的策略，一般是离岸投资采用的策略。——编者注

第 12 章
大奖章基金清退外部持有人

为基于历史数据模型的投资策略提供了血淋淋的教训。

布朗意识到一篮子期权带来了另一个巨大好处：它将帮助大奖章基金获得更好的长期资本利得税条件，虽然它的大部分交易只持续几天，甚至只有几个小时。这是因为，期权要一年以后才被执行，文艺复兴科技公司因此将获得更优惠的长期投资税收政策。当时，投资人需要为持有股票一年内的短期盈利缴纳 39.5% 的利得税，而只需为持股超过一年的长期盈利缴纳 20% 的利得税。

一些员工认为这种做法不太妥当，声称这样做"虽然合法但并不正确"，但是布朗和其他人获得了公司法律顾问的支持。几年之后，美国国家税务局（IRS）认定，大奖章基金将来自一篮子期权的利润作为长期收益是不合理的。美国国家税务局认为，西蒙斯和他的团队通过这个操作，规避了高达 68 亿美元的税收。2014 年，一个参议院小组委员会认定文艺复兴科技公司通过"滥用"交易结构，偷税漏税的额度高达数十亿美元。文艺复兴科技公司对美国国家税务局的证据进行了申诉，它们之间的争端到 2019 年夏天依然在继续。

虽然其他对冲基金也会通过一篮子期权协议来减免税收，但它们都没有像文艺复兴科技公司那样对一篮子期权形成高度依赖。2000 年年初，一篮子期权成了文艺复兴科技公司的秘密武器，文艺复兴科技公司甚至专门委派了几名程序员以及 50 余名员工来确保和银行之间的无缝对接。

我真的应得那么多钱吗

即使对于科学家和数学家来说，金钱也让人着迷。渐渐地，文艺复兴科技公司的员工们，即使那些曾经对赚钱手段嗤之以鼻的人，也开始享受盈利的刺激。有一名员工研发了一套小装置，放在公司电脑屏幕的一边，能让大家时刻看到盈利的滚动，偶尔也会看到亏损。当数字跳动的时候，公司的气氛也会随之变化。"这些数字节节攀升，"一名员工说，"但是这也会分散人们的注意力。"

他们的开支也伴随着收益率而节节攀升。许多科学家在公司附近的旧城区买了豪宅，后来这个地方被称为文艺复兴科技公司的蔚蓝海岸。西蒙斯本人在东锡托基特（East Setauket）购买了一栋占地约 5.7 万平方米的别墅，能够俯瞰长岛海岸线和整个海湾的壮丽景观。亨利·劳弗花了将近 200 万美元购置了一个有 5 间卧室、6 个卫生间、占地约 4 万平方米，拥有 152.4 米独家海岸线的地中海式别墅。劳弗还花 80 万美元购买了一个占地约 1.05 万平方米的相邻别墅，将它们与地中海别墅整合成一个巨大的宅邸。西蒙斯的表兄罗伯特·劳里（Robert Lourie）早年便离开学校，以高层职位加入文艺复兴科技公司，也在这个时期在同一个区域为女儿购置了一块练习马术的场所。他在这个马场门口建造了一个巨大无比的拱门，大到相邻的一座从长岛通往纽约市的大桥要被迫关闭。[4]

默瑟的庄园有着一条很长的道路通向外部，两边铺满了细沙，从庄园可以俯瞰整个石溪小镇的港口。他和戴安娜将在客厅里悬挂他们的女儿，希瑟·苏、丽贝卡和珍妮弗的画像。[5] 当他们一家为希瑟·苏举办婚礼时，来宾们为其巨大的喷水池和艳丽的玫瑰花园而震惊得目瞪口呆。那个夜晚，来宾们在花园里来回踱步时，有数千只昆虫被踩死于脚下。默瑟和希瑟·苏的影像让人头晕目眩，有些客人甚至开玩笑说都搞不清谁是新郎了。

保时捷、奔驰以及其他高档汽车占满了文艺复兴科技公司的停车场，只在偶尔才可见低级别的金牛座和凯美瑞，一些高管甚至坐直升机去纽约吃晚餐。[6] 在食堂，一个人在公司的冰箱上贴了一个数字：他最近一年的年化收益率。他告诉朋友，这个数字一旦下滑，他就会辞职。

有一天，当一些研发人员坐在一起抱怨他们交了那么多税时，西蒙斯正好经过，他马上皱起眉头："如果你们不赚那么多钱，你们就不用交那么多的税了。"文艺复兴科技公司的员工变得非常富有，研发人员以及其他一些职员的年收入高达数百万甚至上千万美元。在大奖章基金获得如此高的投资收益率的同时，他们也在思考自己是否配得上这些财富。文艺复兴科技公司的大部分员工之前是学校教授，他们禁不住要问问自己，如此巨额的收入到底是不是他们应得的。

我真的应得那么多钱吗？

关于这个问题，大部分员工的结论是，文艺复兴科技公司频繁的交易为市场提供了流动性，或者说投资者能轻易地买进卖出，促进了金融系统的进一步优化，但是这个解释有些牵强，毕竟人们无法真正量化文艺复兴科技公司对于市场的影响。其他员工承诺，在填满财宝箱之后，他们会把多余的钱捐了，他们并不去想，文艺复兴科技公司正在交易中赚钱，可能意味着医生以及其他类型的投资者正在交易中亏钱。"我们的内心会挣扎。"公司高管格伦·惠特尼说。

布朗对于自己变得越来越有钱有一种复杂的感受。布朗的同事说，很长一段时间以来，布朗都在为经济状况而焦虑，他渴望获得更多的财富。但是布朗会尝试在孩子们面前将其财富程度隐藏起来，他开着一部普锐斯混合动力汽车，有时候还会穿有破洞的衣服。他的妻子也很少在自己身上花钱。然而，隐藏财富并不是一件容易的事。布朗的同事曾经分享过一个故事。有一次，布朗一家去参观默瑟的庄园。布朗在读研究生的儿子，看了一眼默瑟房子的大小,然后用一种疑惑的眼神看着他父亲:"爸爸,你和默瑟不是在做同样的事情吗?"

劳弗代表过去,布朗和默瑟代表未来

在股票交易业务蓬勃发展时,布朗和默瑟在公司的影响力越来越大,而劳弗的权力被削减。布朗和默瑟团队与劳弗团队在公司运作层面扮演了重要角色,如同他们的领导者西蒙斯一样。劳弗依然维持冷静严谨,无论市场的情况如何,劳弗的团队成员早晨上班时,都会先喝上一两杯咖啡,读一读《金融时报》,再开始工作。他们研发的软件在当时略显落后,无法快速测试和执行交易理念,无法建立新的贸易关系和揭示新的投资规律,但他们给公司带来的回报率却非常可观。劳弗的团队从来不理解为什么西蒙斯要扩大基金规模。他们每年都赚几百万美元,这还有什么大问题呢?

布朗和默瑟的团队经常晚上加班进行电脑编程,比赛谁在公司待的时间更长,然后一早回到办公室观察程序优化后的效果。连布朗都通宵达旦地坐在电脑前,他的下属也就自然觉得有必要这么做。布朗藐视他的开发人员,除了默瑟以外,他给团队里的每个人都起了绰号,意在督促每个人加倍努力。员工们为能够应对布朗的加压而自豪,他们认为布朗将这种压力化作了一种激励工具。布朗经常看上去面色苍白,似乎肩负着所有的重担,他对于工作的在乎程度超过了公司其他任何一个人。布朗有时候也会兴高采烈和富有娱乐精神。作为《老实人》[①]的超级粉丝,布朗喜欢在做演示时用上一些

[①]《老实人》(Candide)是法国作家伏尔泰的哲理性讽刺小说代表作,是其在66岁高龄创作的。作者凭借第三人称观望性的叙述手法,将读者的视角和思绪带入老实人的各种经历中,在此过程中道出小说的主题。作者巧用隐喻的手法,让该消亡的一切最终消亡,同时展示了启蒙运动思想家理想国度的样子。——编者注

第 12 章
大奖章基金清退外部持有人

法式的讽刺，导致员工们经常在私底下暗暗发笑。

在不知不觉中，布朗的团队构建出了一个效率更高的交易模型，能够用来代替期货团队使用的模型。当他们向西蒙斯展示新研发的交易模型时，西蒙斯对于他们偷偷摸摸建了一套模型很不开心，但西蒙斯承认这套模型应该可以用来代替劳弗期货团队的模型。

到了 2003 年，布朗和默瑟的股票交易团队赚取的利润已经是劳弗期货团队的两倍，仅仅在几年中就带来了巨大变化。作为对于公司明星员工的奖励，西蒙斯宣布将布朗和默瑟提拔为文艺复兴科技公司的执行副总裁，联合管理公司所有的交易、研发和技术分析工作。劳弗曾经一度被认为是西蒙斯的准接班人，彼时，他却被任命为公司的首席科学家，负责处理内部的各种技术问题。布朗和梅瑟代表着公司的未来，而劳弗代表着过去。

在杰弗逊港湾旁的小酒吧比利 1890 餐厅享用了芝士汉堡午餐后，西蒙斯告诉布朗和默瑟，他正在考虑退休。"你们会接替我。"西蒙斯告诉他们，希望两人成为公司的联席 CEO。[7]

当消息传出后，一些员工坐不住了。布朗的团队能忍受布朗的咒骂，但其他人无法忍受布朗。有一次，在和纽约办公室负责财务和投资关系维护工作的一名员工打电话时，布朗发泄了他的愤怒："你就是一个傻瓜！"

而默瑟虽然和布朗沟通顺畅，但是在团队会议中他几乎一言不发。他就算说话，通常也是在情绪激动的时候。默瑟一直以来都很喜欢和下属辩论，更是经常在午餐室直截了当地挑衅下属。通常，默瑟的挑衅集中发生在尼克·帕特森身上。员工因此给帕特森冠以绰号"诱饵尼克"。

帕特森通常也很享受与人辩论，虽然有些时候会过头。有一天，默瑟再次向帕特森发起辩论，坚持说人们对气候变暖的担忧过头了，还递给帕特森一份由生物化学家亚瑟·罗宾逊（Arthur Robinson）和其他人写的研究报告。帕特森把这份报告带回家研究，他发现罗宾逊曾是一个牧羊人，曾与人联合创办了一家研发生物碱的公司，"以提升我们的健康、幸福感和富足感，甚至提升孩子的学习成绩"。[8]在阅读了这份研究报告后，帕特森给默瑟发了一条短信："这份报告很可能是错误的，而且肯定存在政治导向问题。"默瑟再也没有对此回应。

默瑟特别喜欢把事情量化，似乎这是衡量成绩、成本的唯一方式。甚至对于社会价值，他也是通过数字来衡量的，通常是基于金钱数量。"为什么我们除了罚款还需要别的惩罚手段？"默瑟询问惠特尼，惠特尼是除帕特森之外默瑟喜欢发起辩论的另一个对象。"你到底在说什么？"惠特尼反问道。

默瑟的一些言论只能用可恶来评价。布朗的妻子玛格丽特记得，有一次默瑟尝试量化政府在非洲裔人口上花费的金钱，包括协助管理刑事犯罪、创建学校、财政补助等。默瑟经常提出"这些钱是否更应该用以鼓励非洲裔人口回到非洲"这样荒谬的问题。当然，默瑟之后否认自己发表过这样的言论。

奇怪的是，当默瑟在办公室和人辩论工作问题时，他是一个讲求明确证据的科学家，但涉及他自己的观点时，他却总是基于脆弱的数据得出结论。有一天，默瑟带来一份研究报告。这份报告显示，当美国在日本广岛和长崎扔下原子弹后，核辐射反而延长了当地居民的寿命，说明核战争没有大家想象的那么让人担忧。研发人员对于这种伪科学报告感到震惊。

默瑟是午餐室内级别最高的人，于是一些员工在用餐时谨言慎行，不愿

第 12 章
大奖章基金清退外部持有人

意去挑战他们的老板。有一次，默瑟向一个年轻的研究人员，同时也是公开的无神论者宣称自己并不相信进化论，并给了他一本神创论的书，虽然默瑟本人也根本不相信神。"这本书里面没有充分地论证进化论的谬误。"默瑟对这名员工说。

对于当时的大多数员工，甚至那些与他辩论的对象来说，默瑟只是一个煽动者，有时候有些搞笑，让人厌烦，但总体来说无伤大雅。但接下来他们的观点将发生改变。

新员工与老员工的冲突

西蒙斯还没有准备好把接力棒交给布朗和默瑟，但他给这两人分配了更大的职责，有时候会强行把他们从每天的交易中抽离出来。而一批新的员工开始坚持自己的主张，这种冲突从本质上逐渐改变了这家公司。

基于对业务扩张的渴望，20 世纪 90 年代末斯和 21 世纪初期，文艺复兴科技公司的大奖章基金有时也会从竞争对手处挖人，其中许多是来自俄罗斯和东欧的科学家，曾经供职于量化基金公司 D. E. SHAW 的亚历山大·比洛浦尔斯基就是其中一位。帕特森曾强烈反对录用他，帕特森认为比洛浦尔斯基解决面试中那些难题时显得过于轻松了，就像被提前训练过一样。

其他国外出生的科学家在解决面试中的难题时也展现出了异乎寻常的能力。每次惠特尼向一位面试者抛出他的拿手难题之后，他观察到的反应都是一样的：一阵戏剧化的停顿和夸张的思索，然后会忽然给出一个非常漂亮的答案。"我知道了！"后来，惠特尼逐渐认识到肯定是有人提前把答案泄露给了这些面试者。"他们是很好的演员，而我像一个小丑。"惠特尼说。

大奖章基金的员工们赚了很多钱，但是因为2003年基金规模没有超过50亿美元，所以员工们的奖金很难增长，这导致了内部气氛紧张。在华尔街，交易员之间气氛最紧张的时候并不是在亏损年，而是在盈利年，经常有人抱怨："我的确拿了很多奖金，但那个什么都没干的家伙比我拿的还要多！"

在文艺复兴科技公司，一些新来的员工经常会在背后议论那些高收入的老员工，比如彼得·温伯格。西蒙斯在1996年雇用了温伯格，让他和劳弗一起进行期权交易。温伯格是来自贝尔实验室的首席计算机科学家，曾经参与开发了AWK编程语言①。新员工在背后议论他的技术已经过时了，对公司没有任何贡献。"他曾经的确很有名，但他现在做了些什么呢？"人们嘲笑道。温伯格最终在2003年离开了文艺复兴科技公司。

新员工们锋芒毕露，但也有一些老员工理解他们。有时候，新员工们会跟老员工分享他们过去受过的苦难，并不是所有的新员工都在鄙夷老员工。

公司的基调逐渐在改变，组织内的紧张氛围在加剧。

初心变了

戴维·马杰曼也不高兴了，并且不想保持沉默。

---

① AWK 是一种优良的文本处理工具，是现有的功能最强大的数据处理引擎之一。它可以进行样式装入、流控制、数学运算符、进程控制语句等。——编者注

第 12 章
大奖章基金清退外部持有人

马杰曼对于西蒙斯的抽烟行为提出了控诉。的确，西蒙斯是量化投资的先驱、亿万富翁，也是公司的创立者和大股东。但是，这不代表他可以在任意场合抽烟。马杰曼觉得烟味加重了他的哮喘，每次会议结束后，他都要在会议室咳个不停。"够了！"他下定决心要做些什么。"西蒙斯，我已经让人力部起草文件，向美国职业安全与健康管理局投诉。"马杰曼某天告诉西蒙斯，"你的行为属于职场侵犯，是非法的。"马杰曼声明，如果西蒙斯继续在会上抽烟，他就不参加任何会议。西蒙斯不得不买了一个能从空气中收集烟味的机器来减少抽烟对他人的影响。自此，马杰曼这场小小的抵制行动才算收场。

另一个令马杰曼恼火的事情是西蒙斯雇用了一些传统的交易员，西蒙斯虽然相信量化交易，但不完全信任自动交易系统。马杰曼发火的时候会乱扔东西，比如可乐罐，甚至显示器。最后，还是布朗使马杰曼确信无须过度担心这个问题。

公司经常组织一些团建活动。比如，在距离文艺复兴科技公司东锡托基特总部几千米，靠近西草地海滩的地方，是北佛罗里达州最长的公共海滩，这里矗立着大约 90 栋小木屋。文艺复兴科技公司员工拥有其中一部分小木屋，可以在此观赏石溪湾的美景，而且公司名下也拥有一栋。然而，这些地是公共用地，占用是非法的。市政府准备推平这些木屋，有一些民间团体站出来反对政府的行为，其中就有文艺复兴科技公司员工。但惠特尼被激怒了，他曾是一位数学教授，于 1997 年加入公司。他设立了一个网站公开支持市政府，马杰曼还打印了海报到处分发，上面用大字写着"推平木屋！"。

"占用公共用地的行为绝对是错误的，"惠特尼在公司午餐室说道，"这是公共用地！"默瑟当然是持反对意见的。"有什么大不了的？"他和惠特尼针锋相对。紧张气氛逐步升温，甚至一些员工一度禁止他们的孩子和惠特尼的孩子一起玩耍。惠特尼也感觉到文艺复兴科技公司的氛围在新员工的影响下开始发生变化，员工之间的交往不再那么亲切与赤诚。木屋虽然被推倒了，但怒气并未消散。

2002年，西蒙斯把大奖章基金的业绩提成比例提升到了36%，并且清退了部分客户；后来，他又把提成比例提升到44%。最后，在2003年年初，西蒙斯把所有外部持有人都清退了。他总是担心如果大奖章基金的规模变得太大会影响业绩表现，他也更希望所有的资本利得都归自己人所有，尽管许多基金持有人曾经在他们最困难的时候力挺过大奖章。惠特尼、马杰曼和一些其他员工反对这个做法，对他们而言，这意味着公司的初心发生了变化。

"他什么都没做"

最有野心的新员工之一是一位来自乌克兰的数学家亚历克谢·科诺能科（Alexey Kononenko）。他16岁就被著名的莫斯科罗蒙诺索夫国立大学理论数学系录取，他们一家于1991年移民到了美国。

1996年，他在宾夕法尼亚大学获得了博士学位，当时他师从著名的几何学家阿纳托尔·卡托克（Anatole Katok）。科诺能科后来在宾夕法尼亚大学继续他的博士后研究，并且发表了几十篇有影响力的论文，其中一篇解决了台球轨迹问题。

科诺能科最终获得了加州大学伯克利分校数学科学研究所的博士后职位，但当同事恭喜他的时候，他却显得有点儿失望。"科诺能科原本希望能获得普林斯顿大学、哈佛大学或者芝加哥大学的终身教职，但这在那个时候

第 12 章
大奖章基金清退外部持有人

是不可能的。"他的同事回忆说,"他确实取得了不少成就,但他需要更多的远见和耐心。"

科诺能科比他的同僚们更加在乎钱,这可能是因为他想尽快实现财务自由。所以当科诺能科放弃科研工作而加入文艺复兴科技公司时,同僚们并不感到惊讶。科诺能科在文艺复兴科技公司如鱼得水,迅速爬升到了境外股票交易部门的核心岗位。到了 2002 年,外表瘦弱、秀气的科诺能科每年已经能赚 4 000 万美元了,一半来自工资,一半来自大奖章基金的投资收益。他用这些钱收集了不少令人印象深刻的艺术品。

尽管财富增长很快,但是科诺能科和其他一些新同事却并不痛快,因为他们对于很多尸位素餐的老员工意见很大。"他们做了什么贡献?"某些新员工会直接这样质问管理层。

一些人甚至认为布朗和默瑟是可以被开除的。由于经年累月地敲击键盘,此时布朗已经患上了腕管综合征,并经常显得情绪很低落。默瑟则患有关节炎,有时候不来上班。科诺能科经常在背后非议布朗和默瑟,甚至有一次在发现了投资组合中的错误之后,直接质疑是否应该让他们俩继续管理公司。西蒙斯捍卫了管理层,但科诺能科的耿直性格也由此被大家熟知。

甚至还有员工抱怨西蒙斯:"他很少来办公室,却拿走公司一半以上的利润。""他什么都没做!"有一次,一位员工在大厅抓住马杰曼说,"他在压榨我们!"马杰曼几乎不相信他所听到的话。"这是他赚来的!"马杰曼回答道。

不久以后,科诺能科就推动了一项内部计划,希望西蒙斯和老员工拿出更多的股份分享给优秀的新员工。这个计划使得公司内部产生了分裂,西蒙斯最终同意进行一定程度上的重新分配。然而，这并没有平息公司内与日俱增的怨气。公司在发生变化，部分是因为老员工们在纷纷离职。在挖掘了近10年的市场数据之后，帕特森决定去马萨诸塞州剑桥市的一家研究所工作，去挖掘另一项同样非常复杂的数据——人类基因组，以期对生命科学做出贡献。

不久，公司内部出现了类似《蝇王》[1]里的桥段。老员工们非常担忧新员工们触动他们的"奶酪"，而来自东欧的新员工们则喜欢在办公室待到很晚，蹭一顿公司的晚餐，然后再一起谈论为什么西蒙斯和老员工们会享受那么好的待遇。第二天，他们会聚集起来嘲笑那些工作进度慢的同事。

于是，比洛浦尔斯基和另一名资深科学家帕维尔·沃尔夫贝恩暗中谋划跳槽。此前，文艺复兴科技公司的人力资源部门犯了一个严重的错误。在这两人入职的时候，他们本应该签署保密协议和竞业协议，但是他们没有签竞业协议，也没人注意到。这给了他俩一个机会。

2003年7月，比洛浦尔斯基和沃尔夫贝恩终于抛出了重磅炸弹，他们即将加盟由著名对冲基金经理伊斯雷尔·英格兰德（Israel Englander）创立的千禧年资产管理公司。西蒙斯非常紧张，因为比洛浦尔斯基和沃尔夫贝恩了解几百万条大奖章基金的源代码，如果泄露出去，他的基金就完了。"他们是盗贼！"西蒙斯怒道。然而，更悲惨的事情还在后面。

---

[1]《蝇王》（*Lord of the Flies*），是英国作家、诺贝尔文学奖获得者威廉·戈尔丁（William Golding）的代表作，它是一部重要的哲理小说，借小孩儿的天真来探讨人性的恶这一严肃主题。——编者注

第12章
大奖章基金清退外部持有人

西蒙斯的避难所

西蒙斯的儿子尼古拉斯继承了父亲的探险爱好。2002年，在大学毕业一年后，尼古拉斯作为一家美国公司的项目经理，在尼泊尔首都加德满都与当地的一家水电公司合作。加德满都号称为喜马拉雅的门户，是户外爱好者的天堂，尼古拉斯很快爱上了这座城市。

回到长岛家中的时候，这位长相酷似父亲的年轻人跟家人分享了他对于户外运动的热爱，并表示他想在第三世界国家工作，比如在尼泊尔开一家诊所来帮助那些最穷苦的人。他想先和一位朋友去做一次环球旅行，然后回来学习生物化学等医学方面的课程并申请就读医学院。

就在尼古拉斯的环球旅行结束前一周，他抵达了位于东巴厘岛的一个沿海渔村阿莫德，这是一个非常适合自由潜水的地方。自由潜水是一项极限运动，潜水者不使用水下呼吸装置，完全靠屏气来进行潜水。当年7月，尼古拉斯和他的朋友依次跳入水中准备潜到水下30米处。海面温暖而平静，他们一上一下彼此保护着，自由潜水必须遵从一些固定步骤以防范水面以下可能存在的危险。

游了一阵，同伴的面罩起了雾气，所以先游到水面上去调整装备。然而，当他5分钟之后再返回水下时却找不到尼古拉斯了。最终，在同伴发现尼古拉斯时他已经溺水身亡了。同伴把尼古拉斯拉回岸边，但是已经回天无力了。西蒙斯和玛丽莲在午夜接到了儿子遇难的电话："尼古拉斯溺水了。"

葬礼上，西蒙斯和玛丽莲极度悲伤，几近虚脱。当日电闪雷鸣的天气更加烘托了葬礼的悲伤氛围，给人一种世界末日的感觉。西蒙斯坚定地信仰逻辑、理性和科学，每天都在交易中玩各种概率游戏，屡屡获胜。这次他却几乎被随机性事件彻底摧毁，爱子溺亡这件事情完全是一个无法预期的小概率事件，是一个异常值，但他却无法避免。

西蒙斯希望弄明白为什么他在事业上运气很好，个人命运却如此悲惨。他在纽约家中为尼古拉斯祭奠的时候，公司的高层罗伯特·弗雷前来慰问。"弗雷，我的运气到底是好还是坏？"西蒙斯说，"我不理解。"

7年前保罗的突然离世和这次尼古拉斯的去世，对于西蒙斯来说是两记无法承受的重拳。西蒙斯的悲痛之中夹杂着愤恨，这是人们在他身上从没看到过的。他的脾气变得越来越暴躁。"他视死亡为一种背叛。"他的一位朋友说。

为了平复剧烈的伤痛，西蒙斯和玛丽莲决定买下圣约翰岛上的一大片土地，搬过去隐居。当年9月，西蒙斯一家人第一次飞去了尼泊尔，和尼古拉斯的一些朋友商量，能否继续尼古拉斯未竟的事业。尼古拉斯生前想在尼泊尔开一家医院，所以他们资助了当地一家医院的妇产科。之后，西蒙斯和玛丽莲还创办了一家以尼古拉斯的名字命名的诊所，为乡村地区的居民提供医疗服务。

工作上西蒙斯依然不在状态，他甚至在考虑退休。他一度花了很多时间和丹尼斯·沙利文一起解各种各样的数学难题。"游弋在数学难题之中，能让我的心暂时安静下来。"西蒙斯说。[9] 与此同时，公司内部的分裂却在加剧，矛盾即将浮出水面。

肉中的刺

布朗和默瑟穿过西蒙斯家的大门，在一张长条形餐桌前坐下。稍后，马

第 12 章
大奖章基金清退外部持有人

杰曼、惠特尼和其他一些人也进来落座了，西蒙斯拉了一张椅子坐在另一端。

这是 2004 年的春天，文艺复兴科技公司的 13 位高管齐聚在西蒙斯位于长岛东岸的近 9 万平方米的豪宅中。其实没人想聚餐，他们只是要商量该怎么处理亚历克谢·科诺能科。此时的科诺能科已经令大家非常头痛了，他经常拒绝执行布朗和默瑟分配的任务。当他们决定开会讨论科诺能科不合群的问题的时候，科诺能科甚至都没有出席会议。

科诺能科的同事对于他及他的行为的描述各执一词。西蒙斯和管理层们也是在两难之中，如果他们解雇科诺能科和他的团队，那么该团队有可能会成为文艺复兴科技公司的一个致命威胁，就像比洛浦尔斯基和沃尔夫贝恩一样。他们与公司签订的保密协议很难得到执行，而他们虽然与公司签署了竞业协议，但他们完全可以离开美国回到东欧，到美国法律管不到的地方去大发其财。

酒过三巡，菜过五味，西蒙斯正色道："我们要做一个决定。"大家都知道这是关于科诺能科的处置决定。布朗坚定地认为应该保留科诺能科和他的团队，因为他们代表了公司近三分之一的权益投研力量，而且公司曾经花了那么大的力气培训他们，失去他们太可惜了。"他做了积极的贡献，"布朗自信地说，"这个团队是很有效率的。"布朗的话反映了文艺复兴科技公司内部一些人的想法，科诺能科及其团队的粗鲁行为也许只是在东欧生活时留下的习惯。

默瑟几乎没有说话，他似乎同意布朗宽恕科诺能科的观点。西蒙斯也似乎有意保留这个团队。"我们可以解雇他们，"西蒙斯说，"但是如果他们走了，会和我们竞争，那样我们会更难受。"

西蒙斯不认同科诺能科的行为，但他也认为科诺能科具备一定的可塑性，也许日后会成为一个好的团队成员，甚至优秀的投资经理。"科诺能科是我们的肉中刺，他是去是留对我们来说是一个艰难的决定，"西蒙斯后来告诉朋友说，"但他至少没有在我们这儿偷窃。"西蒙斯意在暗讽比洛浦尔斯基和沃尔夫贝恩。

马杰曼越听越觉得不对劲儿，开什么玩笑？科诺能科及其团队甚至想要布朗和默瑟走人，他们曾经迫使西蒙斯降低老员工的工资，并且严重破坏了文艺复兴科技公司引以为傲的合作分享型企业文化。西蒙斯还能在科诺能科身上看到潜力？马杰曼忍无可忍。"太恶心了！"马杰曼看着西蒙斯和布朗说，"如果不开除他们，那我走！"

马杰曼看着惠特尼，期待他的支持。但惠特尼没有作声，他知道他们已经无力回天了。惠特尼曾经私下跟西蒙斯说过，如果西蒙斯不解雇科诺能科，他和马杰曼就辞职。但大家似乎都认为他们在虚张声势。最后，团队成员勉强达成共识，留住科诺能科及其团队。实际上，科诺能科在不久后还获得了升职。"给我们点时间，马杰曼，我们会处理好的。"布朗说。"我们已经有完备的计划了。"西蒙斯补充道，他想让马杰曼留下。但马杰曼和惠特尼沮丧而气愤地走出了房间。不久之后，他们都有了自己的打算。

时近午夜，团队成员都走了，西蒙斯的家又重归安静。他的公司分裂成了两派，老员工们掌握着大奖章基金最重要的秘密，儿子尼古拉斯的离世依然在折磨着他……西蒙斯身陷泥淖，他必须找到一条能够让自己走出困境的道路。

第 12 章
大奖章基金清退外部持有人

征服市场的策略 THE MAN WHO SOLVED THE MARKET

- 布朗和默瑟的系统运转得非常出色,研发者能不断测试和研发新的算法机制,优化现有的单一交易系统。新加入的员工开始挖掘在其他市场的预测指标,包括加拿大、日本、英国、法国和德国的预测指标,以及一些其他小国家的股市,比如芬兰、荷兰和瑞士的预测指标。通过将这些市场的数据整合到大奖章基金的现有算法模型中,大奖章基金优化了收益率,其收益表现和主要金融市场表现的关联度有所下降。

第 13 章

启动 RIEF，做长期交易

当新聘请的销售团队在推销这只名为文艺复兴科技公司 RIEF 的机构股票基金时，他们明确表示，这只基金跟大奖章基金不一样。但一些投资者无视这一声明，认为这只是一种官方说法。他们认为同样的公司、同样的研发人员、同样的风险和交易模型，将会带来同样的回报。

第 13 章
启动 RIEF，做长期交易

> " 所有的模型都存在漏洞，但有些是有用的。
>
> ——乔治·博克斯（George Box）[1]

西蒙斯面临的问题越来越多，然而他还是有解决之道的。

文艺复兴科技公司的员工们私下里议论纷纷，比洛浦尔斯基和沃尔夫贝恩这两位科学家叛逃时，可能带走了大奖章基金的诸多秘密。有鉴于此，西蒙斯决定对留下的员工做出规划。这家管理着 50 多亿美元资产的对冲基金在扣除成本后仍能获得约 25% 的强劲年收益率；2004 年，大奖章基金的夏普比率甚至达到了 7.5。这些令人瞠目结舌的数字让竞争对手相形见绌，但西蒙斯担心他的员工会因此而松懈下来，失去钻研的动力。

在几年的时间里，文艺复兴科技公司聘请了数十位数学家和科学家。西

---

[1] 乔治·博克斯是统计学大师，在实验设计、时间序列分析和贝叶斯推断等方面做出了重要贡献。——编者注

蒙斯觉得有必要让这些人保持忙碌，免得他们胡思乱想。因此，西蒙斯希望给他们施加一个新的挑战。"现在所有这些科学家都变得比他们曾经想象的还要富有，"西蒙斯跟一位同事说，"我该如何继续激励他们呢？"

西蒙斯寻找新的挑战项目还有另一个更私人的原因：他一直在失去儿子尼古拉斯的强烈痛苦中苦苦挣扎，他想尽快走出丧子之痛的阴霾。几年前，西蒙斯就已经萌生了从投资交易中退休的想法，当时他急需做一些分散注意力的事情。西蒙斯对整顿大奖章基金的业务没有太大兴趣。该基金每年都会向投资者返还收益（大部分投资者都是公司员工），以确保基金规模保持在一定水平。由于大奖章基金的表现仍然与各种短期价格波动挂钩，西蒙斯、劳弗以及其他人认为一旦大奖章基金规模扩大，其业绩就会受到影响。

这种规模限制意味着，有时大奖章基金发现的市场异常比它能够利用的要多。被抛弃的交易信号所代表的机会通常是长期的。西蒙斯和他的团队对短期信号更有信心，部分原因是有更多的数据可以帮助他们确认这些信号的有效性。例如，单日频率的交易信号可以包含一年中每个交易日的数据点，而年度频率的信号仅取决于一个年度的数据点。尽管如此，研发人员仍坚信，如果他们有机会开发适用于长期投资的算法，那么他们的收益将更为可观。

这让西蒙斯萌生了一个想法：为什么不利用这些无关紧要的长期预测信号成立一个新的对冲基金呢？西蒙斯意识到，由于新基金无法利用更可靠的短期交易信号，其回报率可能不如大奖章基金，但这只基金可管理的规模容量可能远超大奖章基金，因为一个长期持有投资项目的大型基金不会产生规模类似的短线交易基金那样多的交易成本。做长期交易也可以防止新基金蚕食大奖章基金的收益。

第 13 章
启动 RIEF，做长期交易

西蒙斯认为，研究并推出新的对冲基金将成为激励公司员工的新挑战。这个想法还有一个额外好处。西蒙斯在考虑为文艺复兴科技公司找个买家，也许他无须出售整个公司，只是卖出公司的一部分。西蒙斯已经接近70岁高龄，他认为出售公司的部分股权是个不错的主意，虽然他还不想告诉任何人。一个能从佣金和收益中产生可靠且可持续收入的巨型对冲基金，对潜在的买家将具有特别的吸引力。

一些文艺复兴科技公司的员工不明白西蒙斯此举的意义何在。这可能会干扰他们的工作，导致一群爱指手画脚的投资者在走廊里闲逛。但西蒙斯拥有最终决定权，他想要构建一只专注于长期交易的新基金。像大奖章基金一样，这只新基金的研发人员需要研发出一种几乎不需要人工干预的交易工具。利用该交易工具，投资者可以从事长期投资，其投资周期可以长达一个月甚至更久。新型对冲基金将吸纳文艺复兴科技公司已有的一些常用策略，比如寻找影响股价相关性和走势的因素，但也会加入其他更基本的策略，包括基于市盈率、资产负债表数据和其他信息买进廉价且看涨的股票。

经过周密的测试，研发人员断定，这只新型对冲基金每年的表现都能比大盘收益率高出好几个百分点，同时产生的波动率也将低于整个市场。新型对冲基金产生的稳定回报将对养老基金和其他大型机构具有特别的吸引力。更值得一提的是，经计算，即使基金未来管理的资金规模高达1 000亿美元，也能获得这样稳定的回报，这将使它成为史上最大的对冲基金。

当新聘请的销售团队在推销这只名为文艺复兴科技公司RIEF的机构股票基金时，他们明确表示，这只基金跟大奖章基金不一样。但一些投资者无视这一声明，认为这只是一种官方说法。他们认为同样的公司、同样的研发人员、同样的风险和交易模型，将会带来同样的回报。截至2005年，大奖章基金过去15年扣除巨额运营费用及成本后的年化收益率为38.4%，RIEF

的基金销售文件① 自然会注明这一业绩。投资者理所当然地认为，新基金的回报率一定会在某种程度上接近大奖章基金的业绩。此外，RIEF 只收取 1% 的管理费和 10% 的收益回报，与大奖章基金相比，这个费率的折扣力度太大了。

RIEF 于 2005 年夏天开始交易。一年后，这只新基金的收益率已经比大盘高出好几个百分点，投资者们开始排队认购。很快，这些投资者向 RIEF 基金投入了 140 亿美元。一些潜在投资者以能够与拥有神奇交易能力的明星投资管理人西蒙斯和其神秘员工的会面而感到荣幸。某高级销售主管戴维·德怀尔（David Dwyer）带领潜在客户参观文艺复兴科技公司时，每当经过科学家和数学家们的工作场所，他们就会停下来仔细观摩，就好像这些科学家和数学家是来自异国他乡的罕见生物一样。

"在那个会议室里，我们的科学家正在检测他们最新的预测信号。"
"哦！"
"这就是同行之间做关键性的审查论证的地方。"
"噢！"
"在那里，西蒙斯与高管们会面，制定战略。"
"哇！"

即使访客经过厨房看到偶尔有工作人员在那里烤百吉圈面包或吃松饼，也都感到兴奋不已，但这也招致了不习惯被外人盯着看的工作人员的警觉。

接下来，德怀尔会带着他的访客到楼下参观文艺复兴科技公司的数据组

---

① 基金销售文件：为准投资者提供基金投资资料，具有法律效力，其中包括基金的投资目标、策略、风险、费用以及过往表现等。——编者注

第 13 章
启动 RIEF，做长期交易

成员，那里有 30 多名博士，他们通常会在写满复杂公式的白板旁沉思。德怀尔解释说，这些科学家的工作是收集成千上万的外部数据，源源不断地输入公司，然后做数据清理，消除错误和不规范之处。这样，楼上的数学家就可以利用这些信息来挖掘定价公式。

类似这样的参观之旅通常在楼上的机房结束，那里的空间足够容纳好几个网球场。在那里，一长排约 2.5 米高的铁笼里，大量服务器被连接在一起。在访客的注视下，它们"眨着眼睛"，静静地处理着数千笔交易。机房给人一种不同寻常的感觉，客人们仿佛能感觉到抽动的电压。这个房间更加强化了德怀尔想表达的信息：数学模型和科学方法是文艺复兴科技公司的支柱。"来到这里参观的人，很少有不投资的。"德怀尔说。

有时候，西蒙斯或布朗会加入进来向访客问好，并回答现场提问。有时，与访客会面会收到意想不到的效果。有一次，RIEF 的一名销售人员在文艺复兴科技公司的长岛办公室，为致力于投资公共健康项目的最大基金会罗伯特·伍德·约翰逊基金会（Robert Wood Johnson Foundation）的一行人安排了一顿午餐。当基金会的投资团队走进大会议室，与 RIEF 的销售人员握手后，他们分发了印有该基金会口号"构建健康文化"的名片。

午餐会进行得很顺利，眼看该基金会就要给 RIEF 开出一张大额支票。就在这时，西蒙斯走了进来，让整个房间的气氛都活跃起来。谈话开始时，西蒙斯的右手开始做一些奇怪的动作。该基金会的与会人员不知道发生了什么，但紧张的 RIEF 工作人员知道。当西蒙斯急着要抽烟时，他就会在左胸口袋里摸索，那里放着他的梅丽特牌香烟，但是当时他的口袋里什么也没有。西蒙斯通过对讲机呼叫他的助手，让助手给他拿支烟来。"你们介意我抽烟吗？"西蒙斯问他的客人。

当客人还没反应过来的时候，西蒙斯就开始抽烟了。很快，烟雾弥漫了整个房间。致力于构建健康文化的罗伯特·伍德·约翰逊基金会的高管们震惊了。西蒙斯似乎并没有注意到，他也不在乎。在一番尬聊之后，西蒙斯想熄灭香烟，却找不到烟灰缸。RIEF工作人员开始紧张地冒汗了，因为有时西蒙斯会随心所欲地在办公室里的任何地方撒烟灰，甚至是在下属的桌子上和他们的咖啡杯里。当时，西蒙斯在文艺复兴科技公司最豪华的会议室里，却找不到一个合适的容器。

最后，西蒙斯发现了摆在会议桌上的奶油蛋糕。他站起来，把手伸到桌子对面，把香烟深深地插进蛋糕里。当蛋糕发出咝咝声时，西蒙斯走了出去，他的客人们目瞪口呆。文艺复兴科技公司的销售员工们垂头丧气，认为他们利润丰厚的销售成果将毁于一旦。然而，罗伯特·伍德·约翰逊基金会的高管们很快恢复了镇静，热情地开出了一张巨额支票。要想让他们放弃投资RIFF，只靠香烟和一块被毁的香草蛋糕是远远不够的。

除了会偶尔出点小差错，西蒙斯在大部分时间是一位卓越的销售员，一位世界级的数学家，与不懂数学的人也能融洽地打交道，这可是种罕见的能力。西蒙斯喜欢讲有趣的故事，有一种冷幽默。西蒙斯还表现出不同寻常的忠诚和对他人的关心，投资者可能已经感受到了他的这种品质。有一次，在法国生活了20年的丹尼斯·沙利文回到石溪小镇，开车去文艺复兴科技公司与西蒙斯叙旧。两人花了几个小时谈论数学公式，但西蒙斯察觉到沙利文正面临着另一道难题。事实上，沙利文40多年来经历过多次婚姻，有6个孩子，他在处理孩子们的经济请求时遇到了困难，很难决定该如何对待他们。

西蒙斯默默地坐着，思考着这个两难的处境，然后做出了富有智慧的回答。"最终，要让孩子们觉得自己被平等地对待了。"西蒙斯说。这个回答让

第 13 章
启动 RIEF，做长期交易

沙利文很满意，他如释重负地离开了。这次会面巩固了他们的友谊，之后两人花更多时间合作写数学研究论文。

西蒙斯对自己的私人生活直言不讳，这也让他赢得了投资者和朋友的喜爱。当被问及一个如此热爱科学的人怎么能不顾统计学上的种种可能性而大量抽烟时，西蒙斯开玩笑似的回答，他的基因已经经过测试，测试显示他有一种独特的能力来应对吸烟的危害。西蒙斯说："当你过了一定的年纪，你就不会有事了。"

布朗在投资者面前几乎同样圆滑能干，但默瑟却是另一回事。RIEF 的销售员试图让默瑟远离客户，以免他在谈话中做出令人不悦的行为。有一次，当西蒙斯和布朗都没时间去迎接西海岸捐赠基金会（West Coast Endowment）的代表时，默瑟参加了会议。当被问及该公司是如何赚到这么多钱时，默瑟给出了一个解释。"我们能够预测市场信号。"默瑟开始说，他的同事们紧张地点头。默瑟接着说："有了市场信号，我们就知道该什么时候买进克莱斯勒的股票以及何时抛售。"大家瞬间沉默，扬起了眉毛。自 1998 年被德国汽车制造商戴姆勒收购以来，克莱斯勒就不复存在了，默瑟似乎不知道。默瑟是个量化分析师，所以他实际上并不关注他交易的公司。但西海岸捐赠基金会最终无视了这一失误，成为 RIEF 的新投资者。

到 2007 年春天，想赶走投资者都越来越难了。350 亿美元被注入 RIEF，使其成为世界上最大的对冲基金之一。文艺复兴科技公司不得不对新增投资设定每月 20 亿美元的限额。没错，RIEF 是为了管理 1 000 亿美元而设立的，但并不意味着资金要一步到位。

就这样，西蒙斯发起了文艺复兴科技公司的新基金 RIFF，长期交易债券、货币和其他资产的期货合约。公司聘请了一批新的科学家，同时公司其他部门的员工也相互协作，实现了西蒙斯激励和团结员工的目标。[1]

然而，西蒙斯仍有另一个迫切需要解决的问题。

绝不放过叛逃者

2007年的晚春，西蒙斯在他位于纽约市中心的办公室里盯着伊斯雷尔·英格兰德，一位头发花白，戴着独特的玳瑁眼镜的57岁亿万富翁。这栋大楼距中央车站仅一步之遥，是一座41层的玻璃和钢结构建筑。这两个人冤家路窄、怒目相对。这不是他们的第一次对峙。

4年前，研发人员帕维尔·沃尔夫贝恩和亚历山大·比洛浦尔斯基离开了文艺复兴科技公司，加盟英格兰德的对冲基金——千禧年资产管理公司。一天，西蒙斯怒气冲冲地冲进英格兰德的办公室，要求他解雇这两个交易员，这个要求激怒了英格兰德。"给我看看证据。"英格兰德要求西蒙斯拿出证据，证明沃尔夫贝恩和比洛浦尔斯基窃取了文艺复兴科技公司的知识产权。

英格兰德私下里怀疑，西蒙斯真正担心的是会有更多的人离开他的公司，而不是窃取信息。西蒙斯不愿与英格兰德过度纠缠。他和文艺复兴科技公司起诉了英格兰德的公司，以及沃尔夫贝恩和比洛浦尔斯基，而这两名交易员则对文艺复兴科技公司提起了反诉。

在这种敌对状态下，沃尔夫贝恩和比洛浦尔斯基建立了自己的量化交易系统，获得了约1亿美元的利润。正如英格兰德对一位同事所说，他们是英格兰德遇到过的最成功的交易员之一。在文艺复兴科技公司，沃尔夫贝恩和比洛浦尔斯基签署了保密协议，该协议禁止他们私自使用或分享大奖章基金

第 13 章
启动 RIEF，做长期交易

的秘密。但据一位同事说，他们拒绝签署竞业禁止协议，因为他们认为公司把这些协议塞进一堆待签署的文件中，希望雇员一股脑签下是不坦诚的。由于沃尔夫贝恩和比洛浦尔斯基没有签订竞业禁止协议，英格兰德认为他有权雇用他们，只要他们不使用文艺复兴科技公司的任何秘密信息。

那年春天，坐在西蒙斯对面的英格兰德说，他不知道员工交易的细节。沃尔夫贝恩和比洛浦尔斯基告诉英格兰德和其他人，他们依靠的是开源软件和学术文献中的观点，而不是文艺复兴科技公司的知识产权。英格兰德没有理由解雇他们。

西蒙斯怒不可遏。他也很担心，如果沃尔夫贝恩和比洛浦尔斯基不停止交易，他们的交易可能会吞噬掉大奖章基金的利润。这些叛逃者可能还会为其他人继续离开铺平道路。西蒙斯觉得这涉及一个原则性问题——他们偷了大奖章基金的东西！

有越来越多的证据表明，沃尔夫贝恩和比洛浦尔斯基实际上可能已经侵犯了大奖章基金的知识产权。一位独立专家得出结论，沃尔夫贝恩和比洛浦尔斯基使用的大部分源代码与大奖章基金的相同。他们还依赖类似的数学模型来衡量交易对市场的影响。至少有一位专家证人对沃尔夫贝恩和比洛浦尔斯基的解释非常怀疑，拒绝为他们作证。沃尔夫贝恩和比洛浦尔斯基采用的策略之一甚至被称为"亨利信号"。这与亨利·劳弗开发的策略完全相同，这似乎不仅仅是个巧合。

西蒙斯和英格兰德双方在那天的谈判没有取得多大进展，但几个月后，他们达成了协议。英格兰德的公司同意终止与沃尔夫贝恩和比洛浦尔斯基的合同，并向文艺复兴科技公司支付 2 000 万美元。文艺复兴科技公司的一些人被激怒了。这两个叛变的交易员为英格兰德赚取了远超 2 000 多万美元的利润，而且在被限制几年后，他们仍可以自由活动。但西蒙斯放弃了继续追究，并向公司里那些想要跳槽的交易员发出了警告，这让他松了一口气。

此时似乎没有什么能阻止西蒙斯和文艺复兴科技公司了。

一群"谢尔顿"

大奖章基金依旧像一台印钞机。彼得·布朗非常自信，他和一个同事打赌：如果 2007 年大奖章基金获得 100% 的回报，这个同事新买的奔驰 E 级轿车就归他。布朗的好胜心延伸到了生活的其他方面。布朗身材瘦削，身高 1.83 米，他曾在公司的健身房中与同事们进行壁球比赛和力量测试。当西蒙斯带着员工和他们的家属在百慕大群岛度假胜地度假时，许多人穿着齐膝的黑色长袜和凉鞋，懒洋洋地躺在游泳池周围，观看水上排球比赛。突然，比赛现场一阵骚动。泳池里有人扑向球，把水溅到了队友的眼睛里，他的手肘差一点儿碰到一个观看比赛的孩子的脸。"那个疯子是谁？"孩子的母亲惊恐地边问边靠近水池。"哦，那是布朗。"一名员工说。

布朗和默瑟研究的都是逻辑，而不是感情。他们聘请的许多科学家和数学家也同样才华横溢、干劲十足，而且似乎不太容易与人类共情。在百慕大之旅结束回家的路上，工作人员排队准备登上返程航班，有人建议他们为一名孕妇让路，然而该建议却遭到了文艺复兴科技公司一些科学家的拒绝。他们对这名孕妇没有任何不满，但他们认为如果这名女士真的想早点登机，按理说应该早到。"这些人简直就是一群'谢尔顿'。"旁边的一位路人气愤不已。他说的谢尔顿就是电视剧《生活大爆炸》(*The Big Bang Theory*) 中的那个角色。

第 13 章
启动 RIEF，做长期交易

由于承担了更多的责任，布朗花了更多的时间与销售主管以及其他适应了他唐突、古怪的性格的人打交道。就像一名青少年一样，布朗玩世不恭、桀骜不驯，特别是当基金运行良好的时候。然而有时，布朗却会因为一些细枝末节而变得精神失常。在一次会议上，一位下属不小心把手机调到了震动模式，而没有关机。布朗瞪大了眼睛，他盯着手机，又盯着那位员工，然后他勃然大怒。"把那东西给我扔出去！"布朗声嘶力竭地吼道。"别生气，布朗，"马克·西尔伯安慰他说，"何必为此大动肝火。"

默瑟也有让布朗冷静下来的能力。只要默瑟在身边，布朗的情绪似乎就会好一些。默瑟与大多数同事的交流并不多，白天有时也会吹口哨，但他却经常与布朗一起讨论如何改进交易模型。一个感性、外向，另一个沉默、严谨，他们两人的结合有点儿像喜剧二人组。

量化地震

2007 年 7 月，RIEF 遭遇了一次小亏损。但大奖章基金的收益率仍然处于 50% 的水平，布朗似乎要赢得他同事的奔驰车了。在美国的其他经济领域，所谓的次级住房抵押贷款也存在着很多问题。悲观者预测经济衰退可能会蔓延，但很少有人认为抵押贷款市场的动荡会重创股市或债市。无论如何，布朗和默瑟的统计套利股票交易策略都是市场中性的，因此这种悲观情绪不太可能影响大奖章基金的回报率。

2007 年 8 月 3 日星期五，道琼斯指数暴跌 281 点，原因是投资者对原华尔街第五大投资银行贝尔斯登的经济状况感到担忧。不过，股价下跌似乎没有造成太大的影响，毕竟大多数投资高手都在休假。因此，深入解读这次股价波动似乎没有必要。

到了2007年的夏天，一批量化对冲基金已经占据了主导地位。受西蒙斯成功经历的启发，大多数公司都建立了自己的市场中性策略，并且开始依赖计算机模型和自动化交易。在摩根士丹利位于曼哈顿中城的总部，蓝眼睛的量化分析师彼得·穆勒（Peter Muller）在空余时间会在当地的一家俱乐部弹钢琴，他领导的团队管理着60亿美元的资金。在康涅狄格州的格林尼治，芝加哥大学博士克利福德·阿斯内斯（Clifford Asness）协助管理着一家规模达390亿美元的量化对冲基金公司AQR Capital Management。在芝加哥，肯·格里芬（Ken Griffin），一位于20世纪80年代在哈佛大学宿舍屋顶上安装卫星天线以获取最新报价信息的交易员，正在使用高性能的电脑为他管理规模达130亿美元的公司Citadel进行统计套利交易和其他操作。

2007年8月6日周一下午，所有的量化交易员都突然遭到了严重的亏损。在AQR基金公司，阿斯内斯"啪"的一声关上办公室的百叶窗，打电话给圈内人询问发生了什么事。有消息称，规模较小的量化基金Tykhe Capital陷入了困境，而高盛旗下的一个以类似策略投资的部门也遭遇了麻烦。当时还不清楚是谁在进行抛售，也不清楚为什么会有这么多公司认为自己的策略与众不同。后来，不止一个量化基金被低价出售，其他人也纷纷削减杠杆，这些举措引发了残酷的经济低迷现象，即业界所谓的"量化地震"。

1987年股市崩盘期间，投资者因为复杂的模型而受到了冲击；1998年，长期资本管理公司出现了历史性亏损；2007年，算法交易员们在为他们近期的惨败叫苦不迭。"情况很糟糕，阿斯内斯，"AQR基金公司的全球交易主管迈克尔·门德尔松（Michael Mendelson）对阿斯内斯说，"有一种要清盘的感觉。"[2]

8月6日的大部分时间里，西蒙斯并没有关注股票，他和家人在波士顿为他去世的母亲马西娅举行葬礼。8月6日下午，西蒙斯和他的表弟罗伯

第 13 章
启动 RIEF，做长期交易

特·劳里乘坐西蒙斯的湾流 G450 型私人飞机飞回长岛。劳里在文艺复兴科技公司负责期货交易业务。在飞机上，他们得知大奖章基金和 RIEF 遭遇了重创。西蒙斯告诉劳里不要担心："风雨过后，会见彩虹。"

然而，8 月 7 日的情况变得更糟了。西蒙斯和同事们看着他们的电脑屏幕毫无理由地闪着红光。布朗的心情变得沉重起来。"我不知道到底发生了什么，但这并不是什么好兆头。"他说。

8 月 8 日，事情变得可怕起来了。西蒙斯、布朗、默瑟等 6 个人挤进了中央会议室，围绕会议桌落座。他们立刻将注意力集中在墙上的图表上，这些图表详细描述了公司的亏损情况，以及银行将在什么时候要求他们追加保证金，并提供额外抵押品，否则银行可能会出售该基金的股票头寸。一篮子期权已经跌了许多，文艺复兴科技公司不得不拿出额外的抵押品来阻止它被出售。如果它的头寸遭受了更大的损失，大奖章基金将不得不向银行提供更多的抵押品，以防止银行大规模地抛售股票，那样他们会承受更大的损失。

会议室旁边是一个开放的工作区，几组研发人员聚在这里工作。在会议进行的过程中，工作人员通过观察进出会议室的人的面部表情，来衡量高管们的绝望程度。

会议室里，一场战斗开始了。7 年前，也就是 2000 年科技股崩盘的时候，布朗不知所措。但这一次，他很有把握。他说，抛售不会持续太久，文艺复兴科技公司应该坚持自己的交易体系，甚至可以增加头寸。文艺复兴科技公司的交易系统已经可以实现自动买卖，并能抓住混乱的局面扩大一些头寸。"这是一个机会！"布朗说。默瑟也表示同意。"相信模型，让它们去运行。"亨利·劳弗补充道。

西蒙斯摇了摇头，他不确定他的公司能否经受住更大的冲击。他非常担忧，如果损失继续扩大，而他们又拿不出足够的抵押品，银行就会出售大奖章基金的头寸，他们将会因此遭受巨大的损失。如果这种情况发生了，就没有人再去买西蒙斯的基金了。即使文艺复兴科技公司遭受的经济损失比它的银行贷款人要小，这对文艺复兴科技公司来说仍然会是一个致命的打击。西蒙斯告诉同事，大奖章基金需要卖出，而不是买进。"我们的目标是生存，"西蒙斯说，"如果发现错了，我们可以在后面增加头寸。"

布朗对西蒙斯的话表示非常震惊，他对自己和其他科学家开发的算法有绝对的信心，但西蒙斯公开否决了他的意见，似乎还对交易体系本身表示质疑。

8月9日，大奖章基金开始减少股票头寸，以积累现金。回到会议室，西蒙斯、布朗和默瑟盯着一个正在更新公司盈亏数据的电脑屏幕。他们想看看他们的抛售将如何影响市场。当第一批股票被卖出时，市场受到了打击，进一步下跌，造成了更多的损失。后来，同样的事情又发生了。西蒙斯默默地凝视着电脑屏幕。

所有头部的量化公司都面临着越来越多的问题，摩根士丹利公司由彼得·穆勒领导的PDT部门仅在两天时间内就损失了6亿美元的资金。抛售正蔓延到整个市场。那个星期四，也就是8月9日，标准普尔500指数下跌3%，道琼斯指数下跌387点。那一周，大奖章基金损失了超10亿美元，损失率高达20%。RIEF也在暴跌，跌了近30亿美元，跌幅约为10%。一种怪异的寂静笼罩着文艺复兴科技公司的餐厅，研发人员和其他人静静地坐着，不知道这家公司能否幸存下来。研发人员熬夜工作，试图解决这些问题，他们担心："我们的模型真的失灵了吗？"

第 13 章
启动 RIEF，做长期交易

一些高级研发人员很沮丧，不是因为损失太多，而是因为西蒙斯干预了交易系统并减少了头寸。有些人认为西蒙斯的这个决定是对其人格的侮辱，是意识形态软弱和对自己的工作缺乏信心的表现。"你大错特错了。"一位高级研发人员在给西蒙斯的电子邮件中写道。"你到底相不相信这个交易系统？"另一位科学家略带厌恶地问道。西蒙斯说他相信交易系统，但是市场的损失是不寻常的——比平均水平高出 20 个标准偏差，这是大多数人从未经历过的损失规模。"它能走多远？"西蒙斯很疑惑。

文艺复兴科技公司的银行贷款人甚至更加担心。如果大奖章基金继续亏损，德意志银行和巴克莱银行可能会面临数十亿美元的损失。银行内部甚至很少有人知道这种"一篮子期权"安排。如此突如其来的巨额亏损可能会令投资者和监管机构感到震惊，并引发公众对银行监管和整体经济状况的质疑。与文艺复兴科技公司关系最密切的巴克莱银行高管马丁·马洛伊（Martin Malloy）拿起电话打给布朗，希望得到一丝安慰。布朗听起来很慌乱，但他表示局面还是可控的。

其他人开始感受到恐慌。那个周五，两年前受聘担任 RIEF 基金高级销售主管的德怀尔离开办公室，去游说一家再保险公司的代表。尽管股市整体上涨，RIEF 当年的收益率却下跌了约 10%，这让客户们十分恼火。对德怀尔来说，更重要的是，他在加入文艺复兴科技公司时卖掉了自己的房子，并将所得投资于大奖章基金。此外，和公司的其他人一样，德怀尔也从德意志银行额外借了钱来投资该基金。现在，德怀尔损失了近 100 万美元。德怀尔年轻时曾与克罗恩病做斗争。他的症状本来减轻了，但现在压力引起了疾病复发，他不得不应对发烧和可怕的腹部绞痛。

结束这次游说后，德怀尔驱车前往长岛湾，登上前往马萨诸塞州的渡轮，与家人共度周末。当德怀尔把车停好，等着把钥匙交给服务员时，他设想着结束自己的痛苦。"就让刹车失灵吧。"德怀尔情绪失控了。不过，回到办公室后，有迹象表明，大奖章基金稳定下来了。当天上午，当大奖章基金再次抛售头寸时，市场似乎在不走低的情况下消化了这些交易。一些人将市场的转向归因于当天 AQR 的买入指令。"我想我们会挺过去的，让我们停止抛售吧。"西蒙斯命令公司停止抛售。

到了下个周一早上，大奖章基金和 RIEF 又开始赚钱了，就像其他大多数大型量化交易基金一样，他们似乎已经"退烧"了。德怀尔感到如释重负。后来，文艺复兴科技公司的一些人抱怨说，如果西蒙斯没有凌驾于他们的交易系统之上，他们的收益可能会更大。"我们放弃了很多超额收益。"一名员工对西蒙斯说。"如果同样的场景再现，我还会做同样的决定。"西蒙斯回应道。

"我们不会翻车"

不久之后，文艺复兴科技公司重新站稳了脚跟。全球市场不断加剧的动荡令大奖章基金的交易信号更清晰，帮助该基金在 2007 年获得 86% 的收益，几乎足以让布朗赢得同事的那辆奔驰。RIEF 基金在 2007 年亏了一些钱，但损失并不大。

2008 年年初，次级抵押贷款的问题几乎影响了美国及全球股票和债券市场，但大奖章基金却独树一帜，像往常一样，其收益率在 2008 年的头几个月里上涨了 20%。西蒙斯重新产生了出售文艺复兴科技公司 20% 股权的想法。

2008 年 5 月，西蒙斯、布朗和公司的其他几位高管飞往卡塔尔，与该国主权财富基金^①的代表会面，讨论出售文艺复兴科技公司的部分股权。他们是在周五抵达的，会面要等到第二天。酒店的礼宾员建议他们尝试一下"沙地越野"（Dune Bashing），这是一种流行的越野方式，四轮驱动的车辆在陡峭的沙丘上以高速和危险的角度攀爬和滑下，就像沙漠过山车一样。那是极其炎热的一天，布朗和其他人冲到了酒店的游泳池。但西蒙斯和投资公司奥本海默（Oppenheimer）的前CEO、投资界资深人士斯蒂芬·罗伯特（Stephen Robert）一起驱车进入了沙漠。西蒙斯聘请罗伯特负责把控文艺复兴科技公司的销售和战略方向。

没过多久，他们就开上了沙丘。沙丘看起来像山一样高，他们在沙丘上的行车速度快得让他们几乎翻车。西蒙斯脸色变得苍白。"西蒙斯，你没事吧？"罗伯特喊道。"我们会死的！"西蒙斯回应道，声音里充满了恐惧。"放松点儿，别人都是这样做的。"罗伯特告诉他。"要是车翻了怎么办？"西蒙斯回应道，"人们认为我很聪明，但我现在可能以最愚蠢的方式死去！"

又过了5分钟，西蒙斯惊恐万分。然后，他突然放松下来，脸上又恢复了血色。"我明白了！"西蒙斯对罗伯特喊道，"物理学中有一条原则，除非轮胎有牵引力，否则我们不会翻车！我们在沙子里，所以轮胎没有东西可以抓！"西蒙斯脸上闪过一丝微笑，为自己发现了一个相关的科学原理而自豪。

压垮格伦·惠特尼的最后一根稻草

格伦·惠特尼一点儿也不放松。

---

① 主权财富基金（Sovereign-wealth Fund），与私人财富基金相对应，是指一国政府通过特定税收与预算分配、可再生自然资源收入和国际收支盈余等方式积累形成的，由政府控制与支配的，通常以外币形式持有的公共财富。——编者注

当西蒙斯决定不会因亚历克谢·科诺能科的粗鲁行为而开除他时，惠特尼变得沮丧。惠特尼和马杰曼曾说过他们会辞职，但文艺复兴科技公司很少有人相信他们。谁会为了一个讨厌的同事而放弃每年数千万美元的薪水呢？

不过惠特尼是认真的，他认为西蒙斯关于科诺能科的决定是压垮他的最后一根稻草。此前，惠特尼曾抗议西蒙斯清退外部持有人的决定。惠特尼希望大奖章基金能产生一定的社会效益，而非只为员工赚钱。文艺复兴科技公司曾经就像是一个组织严密的大学学院，现在它变了。

2008年夏天，惠特尼宣布他接受国家数学博物馆（National Museum of Mathematics）的领导职位，这是北美第一家致力于典藏数学知识与遗迹的博物馆。同事们时常拿惠特尼的辞职一事来调侃他。有人对他说，如果说真的想造福社会，可以留下来积累更多的财富，然后在未来把它们捐出去。

"你离开只是为了追求良好的自我感觉而已。"一位同事说。"我有追求个人幸福的权利。"惠特尼回应道。"这太自私了。"一名员工嗤之以鼻。无论如何，惠特尼就这样辞职了。

戴维·马杰曼也受够了。几年前，他经历了中年危机，部分原因是令人震惊的"9·11"恐怖袭击。科诺能科不仅还在公司工作，还参与整个股票业务管理的工作。马杰曼忍无可忍，最终带着他的妻子和3个孩子从长岛搬到了宾夕法尼亚州的格拉德温，去寻找一种更平静、精神层次更丰富的生活方式。

第 13 章
启动 RIEF，做长期交易

你可以比市场更聪明

随着 2008 年全球经济形势恶化，金融市场暴跌，人们对文艺复兴科技公司的兴趣也随之蒸发。但大奖章基金仍在混乱中蓬勃发展，其业绩当年飙升了 82%，帮助西蒙斯赚取了 20 多亿美元的个人盈利。这些巨额的收益引起了众议院的注意，众议院要求西蒙斯出庭作证，协助其调查金融危机的原因。西蒙斯和他的公关顾问乔纳森·加斯霍尔特（Jonathan Gasthalter）一起认真地准备着。出庭作证当天，同为对冲基金经理的乔治·索罗斯站在西蒙斯的右边，约翰·保尔森站在他的左边。西蒙斯对国会表示，他支持对冲基金与监管机构共享信息，并支持政府对对冲基金管理人增加税收。

然而，无论是在听证会上还是在金融行业本身，西蒙斯都是事后才会被想起的人物。所有人的目光都集中在保尔森、索罗斯和其他一些投资者身上，与西蒙斯不同，他们成功地预测到了金融危机。他们采用了老式的投资研究方法，这提醒人们传统的方法具有持久的潜力和吸引力。

保尔森第一次对失控的房地产市场感到担忧是在 2005 年，当时他的同事保罗·佩莱格里尼（Paolo Pellegrini）开发了一张价格图表，显示房地产市场的价格被高估了 40%。保尔森知道机会就在眼前。"这是泡沫！"他告诉佩莱格里尼。

保尔森和佩莱格里尼以信用违约掉期[①]的形式为风险最高的抵押贷款购买了保护，在 2007 年和 2008 年获得了 200 亿美元的收益。经验丰富的对冲基

[①] 信用违约掉期（Credit Default Swaps，简称 CDS）是国外债券市场中最常见的信用衍生产品。在信用违约掉期交易中，违约掉期购买者将定期向违约掉期出售者支付一定费用（信用违约掉期点差），而一旦出现信用类事件（主要指债券主体无法偿付），违约掉期购买者将有权利将债券以面值递送给违约掉期出售者，从而有效规避信用风险。——编者注

金投资管理人乔治·索罗斯也进行了信用违约掉期押注，获利超过30亿美元。[3] 39岁的大卫·艾因霍恩（David Einhorn）在2008年5月的一次行业会议上指责雷曼兄弟公司利用会计手段规避了数十亿美元的房地产相关损失。年末雷曼兄弟公司宣布破产时，艾因霍恩被证明是正确的，他后来将自己的发现归因于"批判性思维能力"。[4]

教训是显而易见的：你可以比市场更聪明。这需要勤奋、智慧和很强的进取心。西蒙斯的量化模型虽然有效，对大多数人来说却很难理解，也很难实现。

2008年，RIEF的收益率下跌了约17%，文艺复兴科技公司的研发人员对这些亏损不予理会。损失在模拟范围之内，并且与标准普尔500指数当年包括股息在内的37%跌幅相比，显得微不足道。然而，科学家们从2009年开始担忧，当时RIEF的收益率下跌超过6%，标准普尔500指数飙升26.5%。所有那些相信RIEF会带来像大奖章基金一样回报的投资者突然意识到，当公司说RIEF是一个与众不同的基金时，他们是认真的。其他人则抱怨不公平，当RIEF还在苦苦挣扎的时候，大奖章基金还在赚取高额收益。

RIEF的投资者在2009年5月的一次电话会议上向71岁的西蒙斯抛出了许多尖锐的问题。西蒙斯在写给投资者的信中称，RIEF基金在"市场极度反弹"期间遭受了"业绩冲击"。"我们当然理解客户的不安。"西蒙斯说。[5]

投资者开始逃离RIEF，该基金的规模很快就缩减至不足50亿美元。另一只交易股票期货的基金也出现了亏损，失去了之前的投资者，同时新客户也枯竭了。"世界上没有哪个客户会接触我们了。"高级销售主管德怀尔说。

一年后，在经历了RIEF更为平淡无奇的表现后，已经72岁高龄的西

第 13 章
启动 RIEF，做长期交易

蒙斯决定，是时候把公司的火炬传递给布朗和默瑟了。大奖章基金还是火力全开，它当时管理着 100 亿美元资产，自 1988 年以来，扣除成本和相关费用后的平均年回报率约为 45%，超过了沃伦·巴菲特和其他所有明星投资管理人的投资回报率。当时，巴菲特的伯克希尔·哈撒韦公司的年收益率连续 20 多年一直维持在 20% 左右。

布朗对记者表示，公司不确定未来会保留 RIEF 还是撤掉 RIFF，要取决于投资者的态度。布朗说："如果我们认为它的前景不乐观，就会撤掉这块业务。"至于西蒙斯，他花了 20 多年时间积累了惊人的财富，接下来他要把它花掉。

征服市场的策略 THE MAN WHO SOLVED THE MARKET

- 西蒙斯想要构建一只专注于长期交易的新基金。像大奖章基金一样，这只新基金的研发人员需要研发出一种几乎不需要人工干预的交易工具。利用该交易工具，投资者可以从事长期投资，其投资周期可以长达一个月甚至更久。新型对冲基金将吸纳文艺复兴科技公司已有的一些常用策略，比如寻找影响股价相关性和走势的因素，但也会加入其他更基本的策略，包括基于市盈率、资产负债表数据和其他信息买进廉价且看涨的股票。

第 14 章

在 50.75% 的机会中做到百分之百正确

THE MAN WHO SOLVED THE MARKET

导致市场失效的因素是如此复杂,在某种意义上它们甚至可以说是加密的。文艺复兴科技公司致力于破解这些密码。我们在系统中纳入时间、风险、部门和行业因素来发掘它们。

第 14 章
在 50.75% 的机会中做到百分之百正确

西蒙斯喜欢赚钱，也喜欢花钱。

从文艺复兴科技公司高位引退后，身价 110 亿美元的西蒙斯有了更多时间玩儿他的游艇，这条价值 1 亿美元的游艇长达 67 米，以希腊数学家和发明家阿基米德的名字命名，游艇上设有可容纳 20 人的正式餐厅、燃木壁炉、宽敞的按摩浴缸和一架三角钢琴。有时，西蒙斯会把他的朋友们用湾流 G450 型私人飞机载到一个异国港湾，大家可以从那登上西蒙斯和玛丽莲的超级游艇。这艘游艇吸引了当地媒体的关注，使西蒙斯这位年老但依然神秘的数学家的动态以意想不到的方式登上各类国际小报的头条。

当西蒙斯和一些朋友在苏格兰斯托诺韦一日游的时候，一个名叫肯尼·麦克雷（Kenny Macrae）的出租车司机告诉记者："他非常接地气，也给了我丰厚的小费。"[1]

几年后,当西蒙斯停靠在英国布里斯托尔的时候,阿基米德成为这个城市有史以来停靠的最大船只之一,英国广播公司(BBC)推测西蒙斯可能是来购买英国足球队的。西蒙斯位于纽约的家,是一个建于第二次世界大战前、价值 5 000 万美元的公寓楼,可以俯瞰第五大道与中央公园的美丽景色。早上,西蒙斯有时会碰到住在同一栋楼的邻居,乔治·索罗斯。

几年前,玛丽莲从家庭事务中抽身出来启动了家庭基金会。随后的时间中,她和西蒙斯给纽约州立大学石溪分校以及其他机构捐赠了超过 3 亿美元。在逐步退出文艺复兴科技公司后,西蒙斯更多地参与了慈善事业。西蒙斯比任何时候都重视解决社会中的重大问题。不久后,他与玛丽莲瞄准了两个迫切需要解决方案的方向:孤独症研究与数学教育。

2003 年,西蒙斯在某位家庭成员被诊断出患有孤独症后,召集了顶尖科学家在一个圆桌会议上讨论这一发育性疾病。他承诺为新的研究资助 1 亿美元,成为该领域最大的私人捐助者。3 年后,西蒙斯通过哥伦比亚大学神经生物学家杰拉尔德·费许巴(Gerald Fischbach)扩大了自己的实践范围。几年来,费许巴的团队建立了一个涵盖数千名孤独症患者及其家庭成员的基因仓库,他们称之为西蒙斯样本库(Simons Simplex Collection)。该项目将帮助科学家确定 100 多个与孤独症有关的基因,增进对该疾病的生物学理解。由基金会驱动的研究将会发现基因异变在疾病中的作用。

另外,由于科技和金融公司挖走了大量有数学背景的优秀人才,西蒙斯对于美国许多公立学校的数学老师自身只受到有限的数学教育感到焦虑。早些年,西蒙斯曾去过华盛顿特区,提出了为最好的数学老师提供津贴的想法,减少他们加入私营行业的诱惑。几分钟内,西蒙斯就说服了查克·舒默(Chuck Schume),一个来自纽约的有影响力的民主党参议员支持这一提案。"好主意啊!"舒默拍案叫好,"我们立刻着手去办。"

第 14 章
在 50.75% 的机会中做到百分之百正确

当西蒙斯和同事兴高采烈地在舒默办公室外面的沙发上等待时，另一组人起身进入舒默的办公室，不久后，西蒙斯再一次听到了舒默对那些人的响应："好主意啊！我们立刻着手去办！"

西蒙斯意识到自己不能指望政客。2004 年，他协助创建了美国数学协会，一个促进数学教育并支持优秀老师的非营利性组织。协会每年会花费数百万美元给 1 000 名纽约公立初中和高中的数学和科学老师提供每人 1.5 万美元年度津贴，这些老师约占全市该学科老师的 10%。美国数学协会也经常举办研讨会和讲座，为充满热情的数学老师创建了社群。"比起指责不好的老师，我们更专注于奖励好的老师，"西蒙斯说，"我们给他们地位和金钱，希望他们留在公校教育行业里。"

西蒙斯仍然是文艺复兴科技公司的董事长和大股东，定期与布朗、默瑟以及其他高管保持联系。回头看看，西蒙斯承认他在公司角色的转换中遇到了一定的困难。"我觉得在这里变得无足轻重。"他有一天向玛丽莲倾诉道。[2] 随着时间的流逝，西蒙斯会发现他的慈善事业与他遇到的数学问题和金融问题一样具有挑战性，这使他精神振奋。

戴维·马杰曼的新生活

戴维·马杰曼和他的妻子以及 3 个年幼的孩子搬到了格拉德温，为自己的生活寻找新的意义，在经历了文艺复兴科技公司的内部冲突后，他也想寻找一点儿内心的安宁。马杰曼渴望对社会做出积极贡献。与从来没有对在文艺复兴科技公司的工作有任何顾虑的西蒙斯不同，马杰曼对他的工作有些顾虑。马杰曼花了多年的时间使文艺复兴科技公司那些本就富有的员工变得更加富有。现在他想帮助别人。

马杰曼不像西蒙斯一样拥有数十亿美元资产，但多年的丰厚奖金和来自大奖章基金的巨大投资回报，使得他在离开文艺复兴科技公司时也拥有远远超过5 000万美元的财富。马杰曼捐赠了数百万美元给有需要的学生和学校，这些人在2008年的经济衰退中受到了重创。最终，马杰曼开创了自己的基金会，并建立了一所高中。

但是，他的新生活并不平静。马杰曼将一些强势的观点带到了慈善领域，提出许多要求和条件，导致有些管理者拒绝了他的捐助。这也对他造成了情感上的伤害。有一次，他甚至陷入了和一群中学生父母互相咒骂的困局中。之后马杰曼加入了他的母校宾夕法尼亚大学，教授电气与系统工程和投资组合管理的量化课程，在那里也出现了矛盾。"孩子们不喜欢我，我也不喜欢他们。"马杰曼说。

马杰曼还帮助威尔·费雷尔（Will Ferrell）的电影《舍弃一切》（Everything Must Go）进行筹款。尽管电影得到了不错的外界评价，但马杰曼却对之很失望，他也没有拿到最后的分红。他看了自己出资的另一部由詹妮弗·洛芙·休伊特（Jennifer Love Hewitt）主演的电影《咖啡厅》（Café），并在他的家庭影院招待了主演及其男友，但是马杰曼自己并不喜欢那部电影。[3]

除却这些，马杰曼是难得的拥有一定自我意识的量化人才。他开始定期拜访心理治疗师，试图消除或至少减少他的对抗性行为，并且取得了效果。

到了2010年，离开文艺复兴科技公司两年后，马杰曼渴望重返文艺复兴科技公司。他想念电脑编程，同时也对当时的生活感到有点无聊了，但他不想再次让全家人搬家。马杰曼与彼得·布朗达成了一个在家中远程办公的安排，对于一个无法避免与人争吵的人，这是一个完美的解决方案。

第 14 章
在 50.75% 的机会中做到百分之百正确

在他辞职前,马杰曼负责执行文艺复兴科技公司的所有程序化股票交易。现在代替他位置的是亚历克谢·科诺能科,投资组合也收益颇丰,所以马杰曼回到原来的团队是不太可行的。相反,马杰曼开始研究文艺复兴科技公司的债券、大宗商品和外汇交易。很快,他又参与到了核心会议中,他嘹亮而坚定的声音通过天花板上的扬声器,重新出现在文艺复兴科技公司的会议室里,同事开玩笑说这声音的效果就像"来自上帝的声音"。"有时候,你付出努力不一定会有所收获。"马杰曼说。

他回到了一家比预期中有更坚实基础的公司。文艺复兴科技公司不像以前一样学术气氛浓厚,但团队成员仍然合作得非常愉快,甚至对提高收益率比以前有更强烈的紧迫感。那时,RIEF 的回报率已经得到改善,所以布朗和默瑟决定保留这只基金以及另外一只名为 RIFF 的新基金,这两只基金管理了总计 60 亿美元的资金,相比几年前超过 300 亿美元的资金规模下降了,但至少投资者已不再赎回。

大奖章基金还是只供内部员工购买,这只产品仍然是公司业务的核心。现在它的管理规模约为 100 亿美元,并且在扣除管理费用之前的每年收益率约为 65%,实现了几乎创纪录的收益。大奖章基金的长期业绩表现记录无疑可以说是金融市场历史上最出色的,这也是投资者和其他人对于这家神秘的公司饶有兴趣的一个原因。"市场上保持领先的永远是文艺复兴科技公司,然后才是其他公司。"《经济学人》(*The Economist*)在 2010 年 4 月刊里这样写道。[4]

大奖章基金仍然持有数千个多空头的投资头寸,持有期限从一两天到一两周不等。基金做了一些更短期的交易,被某些人描述为高频交易,但是大多数时候是为了对冲或逐步建仓。文艺复兴科技公司仍然注重梳理并收集数据,但是细化了风险管理及其他交易技术。"我不能确定我们在交易的各个方面做得都是最好的,但是我们最擅长估算交易成本。"西蒙斯几年前和同事这么说。

在某些方面,文艺复兴科技公司变得比马杰曼辞职以前更加强大。公司现在雇用300多名员工,包括60多名专业领域的专家,包括人工智能专家、量子物理学家、计算机语言学家、统计学家和数字理论家等。

天文学家习惯于细致审查庞大而混乱的数据集,发现细微现象,尤其擅长识别被忽视的市场信号。例如,伊丽莎白·巴顿(Elizabeth Barton)从哈佛大学获得了博士学位,在加入文艺复兴科技公司之前,她用二手望远镜在夏威夷和其他地方研究星系的演化。当公司慢慢变得更加多元化后,公司雇用了朱莉娅·肯普(Julia Kempe),她是量子计算专家,也曾是美国数学界、科学界的双料博士埃尔文·伯勒坎普的学生。

大奖章基金仍然保持着在债券、大宗商品和外汇上的交易,通过判断趋势和回归预测信号赚钱,包括特别有效的一种被命名为"似曾相识"(Déjà Vu)的信号。但是,相比之前更甚的是,现在的投资策略是基于混合的复杂信号而进行的股票交易,而不是简单的配对交易,例如,做多可乐和做空百事可乐。

每笔交易的收益从来不是很可观的,而且基金的判断仅在略多于50%的时间里是正确的,但这已绰绰有余。"我们只在50.75%的情况下是对的……但是在这50.75%的情况下,我们的操作是百分百正确的,"默瑟告诉朋友,"这样就足以赚到数十亿美元。"

默瑟可不是在分享公司的交易优势,他说的重点是文艺复兴科技公司在数千个同步交易中有着微弱的优势,积累起来就是一个足够可观且稳定的、

第 14 章
在 50.75% 的机会中做到百分之百正确

可以创造巨大财富的优势。而获得这些稳定收益的关键是，影响股票和其他投资品种走势的因素，要比任何一个经验最丰富的投资者可以理解的都复杂得多。例如，预测像谷歌母公司 Alphabet 股票的走势，投资者通常会预测公司的盈利、利率走势和美国经济情况等。其他人会评估搜索在线广告的未来发展潜力、科技行业的前景、全球公司的发展轨迹，以及公司的市盈率、市净率和其他相关指标、比率。但文艺复兴科技公司的员工会推测有更多影响投资的因素，包括不显著的或有时甚至不合乎逻辑的因素。通过分析和估算数百种财务指标、社交媒体的订阅源、在线流量的指标和其他几乎所有可以量化和测试的指标，他们发现了新的因素——一些边缘化的、对于大多数人来说不可能理解的因素。

"导致市场失效的因素是如此复杂，在某种意义上它们甚至可以说是加密的。"一位工作人员说，"文艺复兴科技公司致力于破解这些密码。我们在系统中纳入时间、风险、部门和行业因素来发掘它们。"

更重要的是，文艺复兴科技公司认为所有这些因素之间有着可靠的数学关系。通过应用数据科学，研究人员更好地了解了在影响股票方面，这些因素何时相关、如何相关、频率如何。他们还测试并归纳出各种股票之间微妙的数学关系，员工称之为"多维度的异常现象"，这种关系显然很容易被其他投资者忽略。

"这些关系是必然存在的，因为公司之间的连接是复杂的，"一位文艺复兴科技公司的前任高管说，"这种互联性很难通过建模被精准地预测，并且它会随着时间推移而变化。文艺复兴科技公司已经建立了一个机器来模拟这个相关互联性，他们会跟踪各因素在一段时间内的表现，当根据模型推测的价格表现出不正常时，再进行投资。"

外人不太明白，文艺复兴科技公司得以成功的真正核心是它能够把一切因素和力量录入一个自动化的交易系统。公司买入一定数量的由多个单信号组合的、有正面信号的股票，并做空或对赌带着负面信号的股票，这些都是由成千上万行源代码决定的投资行为。

"我们无法对单一股票的涨跌进行解释并且下注。"一位高级职员说，"我们每次下注都与诸多因素有关，比如我们对其他股票的交易情况、风险状况以及我们在短期和未来有什么规划。这是一个庞大且复杂的交易系统，基于这个系统我们可以充分预测未来并从中赚钱，充分了解风险、成本及市场结构并加足杠杆。"

公司如何下注和下什么样的注一样重要。如果大奖章基金发现了一个能带来收益的交易信号，例如美元在每天上午9：00和10：00之间升值0.1%，它不会在早上9：00的时候准时买入，这可能会向其他人发出信号，预示每天在这个时候有特殊情况发生。相反，它会在这个时间段以分散的不可预知的方式进行买入，以保留它的交易信号的有效性。大奖章基金开发出一些方法，对最强信号进行内部人士所谓的"全负荷"交易，推动价格变化，让竞争对手无法发现可以获利的买入价。这类似于在美国大型零售商 TARGET 对某个热门物品进行大规模促销时，商场一开门购物者就把这个物品买光，让其他人根本意识不到折扣发生过。"我们基于某些信号进行了一年的交易，这让不理解我们的交易的外人完全一头雾水。"知情人说。

2014年，西蒙斯在韩国的一次演讲中如此总结："你们可以把这看作对机器学习的大型演练，即通过了解过去发生了什么，来理解如何以非随机的方式影响未来。"[5]

第 14 章
在 50.75% 的机会中做到百分之百正确

稀有动物默瑟

很长一段时间，默瑟在公司里是一个奇特但无害的人物。他有着银发和深色眉毛，喜欢线框眼镜和高端鞋品。默瑟经常吹口哨，也嘲笑过支持自由党的同事们，但大多数情况下，他只和彼得·布朗谈话。"交易策略都是默瑟的智慧结晶，而我只是把它们表达出来。"布朗这样告诉一位同事，但他这个说法可能过于谦虚。

默瑟是个真正喜欢独处的人。他曾经告诉过一位同事，比起人他更喜欢猫的陪伴。在晚上，默瑟隐居到名叫"猫头鹰之家"的长岛庄园——与另一种智慧、冷静和喜欢长时间处于静默状态的生物相互陪伴。他会摆弄价值 270 万美元的火车模型玩具，火车的轨道尺寸有一半篮球场那么大。[6] 2009 年，默瑟起诉了制造商，声称被超额收取了 70 万美元。制造商反驳说，默瑟要求他们在其女儿婚礼前完成轨道安装，这导致了费用飞涨。"如果我能够对任何人都一言不发就度过这一生，我会很高兴。"默瑟在 2010 年 7 月告诉《华尔街日报》。[7]

那些了解默瑟的人知道他是一个政治保守派。作为全国步枪协会会员，他收藏了一支阿诺德·施瓦辛格在《终结者》里使用的 AR-18 突击步枪。[8] 然而，文艺复兴科技公司里几乎没有人花时间关注这些。"默瑟认为我们需要防范政府以保护自己，并提出了持有枪支和黄金的必要性。"一个大奖章基金早期投资管理人说道，"我以为他只是说说而已。"

每隔一两年，默瑟会请几天假去俄亥俄州立大学和研究生学院的同事做计算机项目工作。默瑟经常请大家在当地一个牛排馆吃午饭，他吃饭的大部分过程中会哼着歌，脸上常带着平静的微笑。"当默瑟和学术界的人讨论与他们的项目无关的事的时候，他常常对税收怀有不屑的态度，并且对气候变化的起因表示怀疑。"一位物理教授蒂姆·库珀（Tim Cooper）回忆说。一次，默瑟匆匆说出一系列统计数字，以证明大自然比人类释放的二氧化碳更多。后来，库珀检查了数据，默瑟的说法是准确的，但默瑟忽视了大自然吸收的二氧化碳几乎和它释放的一样多，而人类却没有这样的功能。"听起来像是有人给他洗脑了，"库珀说，"即使是聪明人，也会因为过于关注细节而误判大局。"

直到 2008 年，默瑟的家庭基金会大多捐钱给边缘化的事业。默瑟资助了亚瑟·罗宾逊的工作。罗宾逊是俄勒冈州的一个生物化学家，他收集了成千上万瓶人类的尿液，认为自己能从中发现可以延长人类寿命的关键要素。默瑟给了罗宾逊 140 万美元买冰箱以储存尿液。[9] 默瑟订阅了罗宾逊创办的内刊，内容包括"低水平的核辐射不但无害，甚至是有益的""气候科学就是个骗局"等。

在奥巴马 2008 年当选总统之后，当时身价数亿美元的默瑟，开始进行政治性捐款。两年后，当罗宾逊竞选国会众议员时，默瑟花费了 30 万美元用于宣传抨击罗宾逊的民主党对手彼得·德法齐奥（Peter DeFazio）。抨击的内容集中于德法齐奥在某些金融交易中想填补税收上的漏洞并加征新税。默瑟从未告诉罗宾逊他赞助了罗宾逊的竞选。最终，罗宾逊意外以微小差距输掉了竞选。

默瑟作为一个高姿态的捐赠者在美国共和党圈子里引起了一些骚动。许多重要的捐赠者总想从政客那里获得一杯羹，通常会比较清楚地表达他们想要什么。但默瑟从未要求过什么回报。政府工作人员认为，默瑟是个稀有动物，是个有着长期原则的理想主义者。默瑟有着强烈的对政府的怀疑态度和对制度的不满，至少有部分原因来自他在新墨西哥空军基地写代码的糟糕经历。像很多保守派一样，默瑟也对克林顿和希拉里有着强烈的厌恶。

第 14 章
在 50.75% 的机会中做到百分之百正确

2010 年,在默瑟 64 岁的时候,他确信美国政府应该在社会中扮演尽可能少的角色,因为政府部门只会助长不作为之风。默瑟一生大部分时间都在私营企业工作,也没怎么表现出对公共服务业的兴趣,所以他形成的这种观点并没有多少经验作为支撑。"不过,糟糕的政策和伪善的官员的存在,在折磨着他。"同事们说。默瑟强调个人自由的重要性。有人认为他是个"极端自由主义者"。安·兰德[①]描述的英雄或许就是以默瑟为原型的——一个高个子、粗犷、英俊的个人主义者,总是保持理性并富有掌控力。

拥有了巨额财富之后,默瑟想做一些可以改变国家方向的事情。他的时机是完美的。2010 年,美国联邦最高法院在公民联合会对联邦选举委员会的诉讼中,宣布了一个里程碑式的决定:根据宪法第一修正案,富有的捐赠者和其他人在选举中的捐赠将同言论自由一样受到法律保护。这个审判决定为超级政治行动委员会(Super PACS)的行动铺平了道路,他们为了支持候选人可以接受无限金额的捐赠,只要捐赠者不直接影响竞选结果。

在那个决定之后,西蒙斯开始向民主党大幅捐赠,而默瑟则加大了对共和党政客的支持力度。默瑟对隐私的偏好限制了他的活动范围,然而他对竞选十分专注。

专业表现和政治观点是两码事

此时,詹姆斯·西蒙斯受到了打击。

---

① 安·兰德(Ayn Rand),俄裔美国人,20 世纪著名的哲学家、小说家和公共知识分子。她的哲学理论和小说开创了客观主义哲学运动,她同时也写下了《源泉》(*The Fountainhead*)、《阿特拉斯耸耸肩》(*Atlas Shrugged*)等数本畅销小说。——编者注

自从西蒙斯及儿时玩伴吉姆·哈佩尔横穿美国，并亲眼见到了一些经历苦难的人之后，他在政治上就变得更亲近民主党派。他有时会支持共和党候选人，但是更多的时候是支持民主党的。从 2016 年年中开始，西蒙斯成了民主党最重要的支持者之一和民主党参众两院候选人的关键后台力量。

从 2016 年年底之后，西蒙斯捐赠了超过 2 700 万美元给民主党。玛丽莲的思想则比她的丈夫更加开放，吉姆·哈佩尔的儿子纳撒尼尔也创立了一个专注于缓解气候变化以及研发清洁能源的非营利基金会。

当罗伯特·默瑟对特朗普竞选的支持力度不断加码时，西蒙斯开始收到同事的投诉，大多数人提出的都是同一个要求："对默瑟你不能做点儿什么吗？"

西蒙斯陷入了困境，他最近才了解到默瑟的一些政治观点。他不同意默瑟的观点，但他尊重默瑟。默瑟有时不善于沟通，但他一直对西蒙斯非常友好。西蒙斯对一个朋友说道："原则上来说，默瑟有权自由支配自己的财富。"另外，默瑟是帮助大奖章基金取得了关键性突破的人。西蒙斯感叹道："专业表现和政治观点是两码事。"

大奖章基金和 RIEF 的业绩表现都很出色，默瑟与布朗在领导文艺复兴科技公司上做得很棒，而布朗自己并没有对选举投入太多时间，布朗不喜欢花钱。布朗还告诉一个朋友，由于他妻子在政府工作，所以他对政治避之不及。但选举会给金融市场带来一定程度的波动，这对于对冲基金来说是有利的。

默瑟仍然很特立独行，但没有任何明显的迹象表明默瑟的外部活动对公司有负面影响，所以西蒙斯没有动力对此采取任何行动。但随着时间的推移，有些事情必将发生改变。

第 14 章
在 50.75% 的机会中做到百分之百正确

"我们非常沮丧"

随着选举临近，西蒙斯对结果越发感到担忧。希拉里在大多数选民的民意调查中领先，但她似乎有战略上的误判。希拉里的团队与西蒙斯联系说，如果西蒙斯今年要做额外的政治捐款，那么他应该捐向党内以争取参议院的控制权。希拉里阵营似乎对胜利充满信心，他们认为希拉里的竞选已经不需要额外帮助了。

在选举之夜，西蒙斯和玛丽莲聚集在朋友的家中。所有人都是希拉里的支持者，挤在电视屏幕周围，紧张但乐观。当选举结果慢慢地显示对希拉里不利时，氛围开始变得阴沉起来。晚上 9：30 左右，西蒙斯已经受够了。

"我要回到公寓去喝一杯，"西蒙斯对他的政治顾问阿贝·拉克曼（Abe Lackman）说，"你要不要一起？"西蒙斯和拉克曼静静地饮着红酒，看着特朗普拿下了选举。午夜前，他们把电视关了，他们已经看够了。"我们非常沮丧。"拉克曼说。

在 2016 年 11 月 9 日的早餐会，总统大选结束后的一天，西蒙斯一抬头，发现有很多焦虑的面孔在盯着他。差不多 50 位科学家、研发人员以及其他员工自发地聚集在了位于基金会总部 9 楼的公共空间。他们试图了解到底发生了什么。

太阳照进这个空间，但每个人的表情都是阴沉沉的。他们为这个国家和自己的未来担忧。众所周知，西蒙斯是希拉里总统选举的最大支持者之一。现在特朗普上台了，他们担心新的政策会对基金会不利。

西蒙斯站在电梯旁，身穿蓝色西装外套和棕褐色棉布裤，当他开始发言时，大家逐渐安静下来。西蒙斯用一种克制的语气告诉大家，眼下最重要的是专注于工作，持续推进孤独症研究、探究宇宙起源以及其他长期项目，要努力工作，不要在意政局的动荡。"我们都很失望，"西蒙斯说，"但我们能做的就是专注于各自的工作。"

员工们陆续回到办公室，有些人感觉放心了。

交战

此时戴维·马杰曼痛苦交加。

虽然马杰曼注册的是民主党派，但是他认为自己是中间派，有时候他也会给共和党投票。2016年，美国总统选举结果已定。特朗普的政治观点在马杰曼看来是错误的，甚至是残酷的，让马杰曼感到担忧。

马杰曼想做一些改变甚至抵制政府政策的事情，但他不知道要做什么，他一直被罪恶感困扰着。马杰曼异常愤怒地对妻子说："我协助开发的交易系统让默瑟变得更加富有，但他却用这笔财富去支持糟糕的政策，这太令人沮丧了。"

2018年2月，马杰曼给《华尔街日报》的记者发送了一封邮件。"我准备行动了，"马杰曼写道，"我受够了。"

在马杰曼拥有的一家位于宾夕法尼亚州的餐厅内举办的一次访谈中，马杰曼说话无所顾忌。"默瑟的观点显示了他对社会安全制度的藐视，"马杰曼说，"现在他用我帮助他赚到的钱，来践行他的世界观。"接下来，马杰曼进一步表达了他对自己未来的担忧。"我希望我的这些言论并不会危害到我的工作,但他们很有可能把我解雇。"马杰曼说,"这是我毕生的工作,他们的交易系统至今还在用我写的代码。"

第二天早晨,这次访谈的网络版内容出现在了《纽约时报》的网站上。马杰曼接到了来自文艺复兴科技公司法务部门的电话,告知他已经被停薪留职,并且禁止和任何公司成员接触。

死亡威胁

2017 年 3 月,大约有 60 名抗议者聚集在默瑟家门口,谴责他对于共和党派的资金援助以及他对于向富人征收更高税收的呼吁。一周以后,另一组人前来抗议,有些人举着"默瑟,管好你自己的税收"的牌子。警察封锁了"猫头鹰之家"门口的道路,为站在雨中批判默瑟的人提供便利。

"默瑟家族收到了死亡威胁,"默瑟的朋友说,"这迫使他们家加强了安全戒备。"对于一个在意隐私的家庭来说,他们对于扑面而来的各种恶名感到震惊和困扰。

解雇马杰曼

文艺复兴科技公司不知道该怎么处置马杰曼。即使是混日子的中层研发人员和程序员,也都能接触到公司的核心机密,而且知道这对于竞争对手来说是极为有利的信息。因而文艺复兴科技公司极少解雇员工,即使他们没有产出,或者变得难以管理。但尽管如此,公司还是面临员工泄密的风险。这也是马杰曼胆敢公开评论默瑟的原因,他看到其他员工的出格行为都没有面临相应处罚。但是马杰曼触犯了公司的底线,他在公开场合抨击他的老板,甚至宣称他的老板是种族歧视者。对于一向行事低调的文艺复兴科技公司来说，是否要让马杰曼回归成了它的大难题。

马杰曼对公司有着复杂的感情，他在公司赚了很多钱，并不担心被解雇后面临经济压力。他厌恶默瑟的政治行为，但他也清楚地记得在他刚刚加入公司时，默瑟和他的妻子对他展现的关怀，比如邀请他共进午餐，邀请他一起看电影。马杰曼尊敬罗伯特·默瑟的才智和创造力，他内心依然渴望取悦默瑟。那时，马杰曼已经在文艺复兴科技公司工作了20年，他对于公司心存感激。他觉得如果自己能被允许继续对默瑟的政治观点发表不同意见，他愿意继续自己原来的工作。

当马杰曼和布朗以及其他人讨论关于自己的未来时，他态度颇为强硬。"我可不拿封口费。"马杰曼告诉他们。

有一天，马杰曼去了一次长岛办公室，看到那么多员工对他表现出不友善的态度，马杰曼很伤心。看上去没有人愿意站出来支持马杰曼，连民主党派员工都觉得他在用错误的方式抗议。"那些我认为会给我温暖拥抱的人实际上对我冷漠无比，"马杰曼站在前台说，"他们把我当成了坏人。"

克服种种制度上的障碍之后，双方达成了短暂的协议，如果马杰曼不再肆意评价默瑟，就可以重新回到公司，然而这个方案并没有最终敲定。为了修复两人的关系，马杰曼决定参加2017年4月20日在纽约圣瑞吉酒店（St. Regis Hotel）举办的扑克比赛。该比赛是由西蒙斯资助的用来推动数学在美国发展的非营利项目。这个比赛是量化投资者、职业扑克玩家等都非常期待的年度盛宴。马杰曼知道西蒙斯、默瑟、布朗和其他文艺复兴科技公司的高管都会参加。"我希望能重新融入公司文化，"马杰曼说，"向他们显示我在努力修复关系。"

第14章
在 50.75% 的机会中做到百分之百正确

在驱车赶往酒店的 3 小时路程中，马杰曼惴惴不安，他不确定公司其他员工会怎么对待他。在酒店，马杰曼参与到比赛中。他马上发现自己穿着不得体。在二楼宴会厅的 200 多名选手中，大部分人穿着西装或休闲外套，保安穿着燕尾服，而马杰曼却穿着牛仔裤和开领口衬衣。这个失误加剧了他的不安和担忧。

马杰曼进入扑克室后马上就看到了罗伯特·默瑟。马杰曼想这可不是他不好意思的时候。他径直向默瑟走去，夸赞他西装的颜色，那是一种不常见的蓝色。默瑟笑着回答说，那是他的女儿帮他挑选的。两人的对话似乎进展得不错。

马杰曼长出一口气。晚上 7：00 之后，马杰曼开始和西蒙斯玩得州扑克，同桌的还有扑克名人堂成员丹·哈灵顿（Dan Harrington）等。当西蒙斯躲到房间的一边抽烟时，马杰曼紧跟其后，并对于自己因批判默瑟给公司带来的负面影响表示道歉。"我很抱歉事情会发展成那样，"马杰曼对西蒙斯说，"我尊重你，希望你知道这一点。"

西蒙斯接受了道歉，告诉他和默瑟之间的对立关系是可以化解的，这让马杰曼受到鼓舞。回到牌桌上，马杰曼输掉了几把牌，但他心情不错，继续玩了下去。

另外一张牌桌上，默瑟和一些投资者激战甚酣，包括"运动—金融"公司（Sport-Finance）的高管克里斯·英格利希（Chris English）。默瑟赢了几把牌，但英格利希却识破了一个破绽：当默瑟拿到好牌时，他通常会吹爱国歌曲的口哨，比如《共和国战歌》(*The Battle Hymn of the Republic*)。当默瑟对牌没那么有信心时，他会哼哼这些歌曲。基于这些发现，英格利希很快赢了默瑟一把牌。

马杰曼一直在输。到了晚上10：30，喝了几杯苏格兰威士忌后，马杰曼被淘汰出局。这时候回家太早了，他还沉浸在被同事们重新认可的喜悦中，于是他决定走出房间，看其他人玩牌。马杰曼来到了丽贝卡·默瑟的那桌。丽贝卡盯着马杰曼。当马杰曼靠近时，丽贝卡变得激动，用生气的口吻责骂马杰曼："善恶终有报。"马杰曼站到丽贝卡身旁时，丽贝卡告诉马杰曼，因为他对默瑟家族的批评，他们一家面临危险。"你怎么可以这样对我父亲？他对你那么好。"丽贝卡说。马杰曼说，他感到很抱歉，也意识到了自己在加入文艺复兴科技公司的时候默瑟家庭是多么支持他。"我尊敬你的家族。"马杰曼告诉丽贝卡。

但丽贝卡不想听。"你就是个小人，"丽贝卡不断责骂马杰曼，"过去25年来，你一直是一个小人，我从一开始就知道了。从这里滚出去。"这时一个保安走过来，告诫马杰曼离桌子远点。马杰曼拒绝了，躲过了保安，向西蒙斯寻求帮助。"西蒙斯，你看他们试图对我做什么。"马杰曼大叫。西蒙斯对他说："你最好离开这里。"

保安强迫马杰曼出去，并且告诫他：如果他再不离开，他们就叫警察了。另一个对冲基金经理博阿兹·温斯坦（Boaz Weinstein）看到了马杰曼的狂躁，告诫他不要再喝酒了，赶紧开车回家。温斯坦花了一些时间说服马杰曼，最终马杰曼还是配合了，走向了他的车。

"我不否认酒精对我有所影响……那并非我最清醒的时刻，我不是主动要发起挑衅，"马杰曼几天后在一个活动上说，"但是这不能改变丽贝卡对我说过的话……我没有挑起争斗，我不是一个小气的人。"

回到二楼，大家对于刚刚发生的冲突议论纷纷，但比赛继续。很快，罗伯特·默瑟遥遥领先，从他之前的颓势中一举翻盘。这时候，西蒙斯、彼

第 14 章
在 50.75% 的机会中做到百分之百正确

得·穆勒以及布朗都已经出局了，但默瑟继续前行。到了凌晨 1：00，在晚上最后一把豪赌中，默瑟将英格利希请出局。"可能他改变了哼哼的节奏，"英格利希试图给自己的失败做解释，"周围实在太乱了，我分辨不出来。"[1]

当默瑟微笑着接受对手的祝贺时，马杰曼在回宾夕法尼亚州的路上，他收到一条来自布朗的短信："祝愿你的生活不被今天所发生的事影响，愿你的人生不要再发生争斗。我真心认为这样你会更加快乐。"

2017 年 4 月 29 日，文艺复兴科技公司解雇了马杰曼。

投诉与撤资

到了 2017 年夏初，安东尼·卡尔霍恩（Anthony Calhoun）的怒气加剧。这位巴尔的摩警察退休系统的执行总监对默瑟的行为越来越感到不满。巴尔的摩警察退休系统在 RIEF 基金投资了 2 500 万美元，卡尔霍恩决定将不满告知文艺复兴科技公司。卡尔霍恩拿起电话，给 RIEF 的代表打了电话："我觉得很担忧。"

这位代表说，卡尔霍恩不是第一个来投诉默瑟的人。之后，在和行业顾问交谈时，卡尔霍恩发现，文艺复兴科技公司的其他客户也向公司表达过他们的不满。很快，卡尔霍恩和巴尔的摩警察退休系统的其他董事会成员投票决定将资金从 RIEF 撤出。这笔钱对于文艺复兴科技公司来说微不足道，没有人会担心任何投资者的撤资。但是到了当年 10 月，文艺复兴科技公司自己的近 50 名员工发起抗议，抗议矛头直指默瑟，认为他给公司带来了不曾有过的负面影响。

2017 年 10 月，西蒙斯担心对默瑟的争议会危害文艺复兴科技公司的未来。公司的士气在持续恶化，不止一名核心员工想要离开，有些已经走人了。最让他担心的员工是沃尔夫冈·万德（Wolfgang Wander），他从德国埃朗根—纽伦堡大学（the University of Erlangen-Nuremberg）获得高能量物理博士学位。万德是公司基础设施部门的负责人，也是文艺复兴科技公司最资深的科技负责人。西蒙斯认为，文艺复兴科技公司当时在吸引优秀人才方面处于低谷。

一年多以来，西蒙斯一直无视默瑟工作之外的个人产场。现在，他觉得应该要有所行动。在10月的一个早晨，西蒙斯来到默瑟的办公室，告诉默瑟有重要的事情要讨论。西蒙斯坐在默瑟对面的椅子上，直奔主题。"我认为你最好从现在的位置下来，"西蒙斯对默瑟说，"目前公司的氛围不太好。"默瑟显然毫无防备，他看上去有些受伤。然而，他没有反抗就接受了西蒙斯的决定。

之后，西蒙斯对一群麻省理工学院的学生说："那时文艺复兴科技公司的氛围出现了问题，并且越来越糟糕。"

"让默瑟从联席CEO一职退下来绝不是一个容易的决定。"西蒙斯之后跟一个朋友说。

2017年11月2日，默瑟给文艺复兴科技公司的投资者写了一封信，表示他将从文艺复兴科技公司联席CEO的职位退下来，但依然保留公司研发人员的职位。

第 14 章
在 50.75% 的机会中做到百分之百正确

征服市场的策略 THE MAN WHO SOLVED THE MARKET

- 大奖章基金仍然持有数千个多空头的投资头寸，持有期限从一两天到一两周不等。基金做了一些更短期的交易，被某些人描述为高频交易，但是大多数时候是为了对冲或逐步建仓。文艺复兴科技公司仍然注重梳理并收集数据，但是细化了风险管理及其他交易技术。

- 大奖章基金仍然保持着在债券、大宗商品和外汇上的交易，通过判断趋势和回归预测信号赚钱，包括特别有效的一种被命名为"似曾相识"（Déjà Vu）的信号。但是，相比之前更甚的是，现在的投资策略是基于混合的复杂信号而进行的股票交易，而不是简单的配对交易。

- 文艺复兴科技公司在数千个同步交易中有着微弱的优势，积累起来就是一个足够可观且稳定的、可以创造巨大财富的优势。而获得这些稳定收益的关键是，影响股票和其他投资品种走势的因素，要比任何一个经验最丰富的投资者可以理解的都复杂得多。

第15章

量化投资的未来

THE MAN WHO SOLVED THE MARKET

人类容易变得恐惧、贪婪，所有这些情绪都会加剧金融市场的动荡。如果机器挤走受偏见和情感支配的个人，那么它便可以使市场更加稳定。

第 15 章
量化投资的未来

> " 永远不要派一个人类去做机器的工作。
>
> ——特工史密斯[①]

股票市场的崩溃，让西蒙斯开始担忧。

这时候是 2018 年的 12 月，西蒙斯和他的妻子玛丽莲正住在洛杉矶的比弗利山庄酒店，借着圣诞假期拜访洛杉矶地区的家人。西蒙斯穿着休闲裤和马球衫，试图在这家以大泳池以及色彩缤纷的装修风格著称的酒店休息，但他还是控制不住要看盘。人们对于经济增长的担忧导致市场大跌。这一个月，标准普尔 500 指数几乎跌去了 10%，是 1931 年以来最糟糕的 12 月走势。

西蒙斯当时身价 230 亿美元，但每一次下跌都会让他感到好像肚子被揍了一下儿一样。部分原因是，西蒙斯已经答应慈善基金会捐出巨额的财富，包括他自己的雇用了超过上百名员工的基金会以及其他组织。但这并非他如

[①] 电影《黑客帝国》中的角色，起先是矩阵特工，后来变成病毒。——编者注

此灰心的主要原因，他知道无论股市表现如何，都不会对他带来太大的影响。他只是痛恨亏钱，对于这种痛苦什么时候能停下来感到越发焦虑。

西蒙斯给阿什文·查布拉（Ashvin Chhabra）[①]打了一个电话，后者是西蒙斯雇来负责管理家庭私人投资公司 Euclidean Capital 的。西蒙斯向查布拉表达了对于市场前景的担忧："看上去我们应该做空一些股票作为保护，以应对市场变得更加糟糕的情况。"西蒙斯询问查布拉有什么意见。"我们是不是要卖空一些？"西蒙斯问。查布拉有些犹豫，建议等市场平稳下来后再行动，西蒙斯也表示同意。一天后市场稳定了，暴跌结束。

西蒙斯花费超过 30 年的时间引导了一种全新的投资方式。他触发了金融市场的革命，将量化方式带入交易中。今天，几乎所有人都希望用文艺复兴科技公司的方式进行投资：消化数据，构建预测不同投资品种走势的数学模型，执行自动交易系统。而现有的金融巨头也向量化交易缴械投降，连摩根大通这样的巨型银行，也对数百名银行家和员工进行强制的代码培训。西蒙斯的成功推动了量化投资领域的发展。"西蒙斯和文艺复兴科技公司的业绩显示，这一切都是可能的。"运营着自己的对冲基金的理论物理学博士达瑞欧·维拉尼（Dario Vallani）说。

西蒙斯的量化投资目标是，避免人在投资中的情绪和本能反应对投资的干扰。但情绪波动恰恰是西蒙斯在市场连续几周表现不佳后有的表现。这种模式可以应用于多个领域，比如奥克兰运动家棒球队的总经理比利·比恩（Billy Beane）会通过数据统计方式来挑选有潜力成为明星的球员。

[①] 阿什文·查布拉是美林财富管理公司和美国银行的首席投资官，他从多年投资经验中提炼出一套全新的财富配置框架，帮助读者实现财富自由，其著作《通往财富自由之路》（*The Aspirational Investor*）的简体中文版即将由湛庐策划出版。——编者注

第15章
量化投资的未来

西蒙斯打给查布拉的这通电话再次证明,要完全将决策交给计算机、算法、模型是多么困难,甚至对于执行这种方式的投资管理人亦是如此。他和查布拉的对话也显示,人们长期以来对于股票和债券的选择,一直基于个人的经验以及传统的研究。

但是到了 2019 年,投资者对于传统投资方式的信心在减弱。连续几年糟糕的基金表现,导致投资者从主动管理基金或者那些以战胜基准利率为目标的职业经理人处撤离。在那时,这些传统的主动管理基金还控制着共同基金领域 50% 的资金规模,比起 10 年前 75% 的比率大幅下降。共同基金领域的另一半资金投资于指数基金或者被动型产品,这些产品的目标是取得市场回报,认为战胜市场是巨大的挑战。[1]

越来越多的人发现,过去曾经靠谱的投资策略,比如盘问公司管理层、拆分资产负债表、使用直觉对重大宏观经济变化进行下注,都变得无足轻重。甚至有时候这些方法会把华尔街最耀眼的明星的声誉搞垮。比如在 2007 年通过做空次贷危机发家的约翰·鲍尔森,在 2019 年经历了巨大的亏损和客户叛逃。[2] 大卫·艾因霍恩,被称为"大卫王"的对冲基金领域扑克选手,在 2008 年通过预测雷曼兄弟公司倒闭赚了大钱,也在 2019 年因为糟糕的业绩而经历客户撤资离开的危机。在加州的纽波特海滩,只要员工多看他两眼就会暴怒的太平洋投资管理公司大佬比尔·格罗斯,业绩也大幅下滑。[4] 连巴菲特的收益率也在下滑。截至 2019 年 5 月,他的伯克希尔·哈撒韦公司,在过去 5 年、10 年和 15 年的收益率都跑输标准普尔 500 指数。

导致这个现象出现的部分原因是,传统的主动管理基金经理不再对其竞争对手具有信息优势。曾经这些对冲基金经理、共同基金经理能够优先享受到大量的公司年报和财务数据,从中挖掘金矿。今天,公司财务方面的任何数据都可以随时通过电脑获得,让投资者从数据中找到尚未被竞争对手发现的信息变得不太可能。另外，由于政府对内幕交易的打压，以及一系列监管政策的出台，投资战场变得更加公平，削减了基本面投资者曾经具有的优势。大型对冲基金不再能在第一时间就从其经纪商那里接到透露某公司即将发布新公告的电话。

这时，反应速度最快的机构通常拥有某种优势。2018年8月下旬，一家生产治疗癌症的药物的小公司杰龙生物医药（Geron Corporation）在其合作伙伴强生制药公布了一个职位后股价暴涨25%。从这个职位公告中可以看出，两家合作的新药可能马上将获批上市。只有那些具有对工作信息自动检索技术或者具有第一手信息的公司能够获得这个消息。[5]

量化投资者成为金融领域的主要玩家，在2019年早些时候，他们的交易量占到了市场的三分之一，比2013年翻了一番多。[6]

资本市场的主宰者出现了变化。2018年，西蒙斯赚到了大约15亿美元，他的竞争对手量化对冲基金巨头Two Sigma的两位创始人各赚了7亿美元。基于系统和规则进行投资的桥水基金创始人达利欧入账10亿美元。千禧年资产管理公司创始人、曾经和西蒙斯产生过节的，伊斯雷尔·英格兰德进账5亿美元。[7]

2019年早些时候，总部在芝加哥的量化交易基金城堡创始人肯·格里芬，用2.38亿美元在纽约购买了一套顶层豪宅，这是当时美国境内最昂贵的房子；他又在芝加哥花了接近6 000万美元购买了一套多层公寓楼，并且用同样的价格在迈阿密买下了一套顶层豪宅，这还没有提及他用5亿美元买下杰克逊·波洛克（Jackson Pollock）和威廉·德·库宁（Willem De Kooning）的两幅画。

第 15 章
量化投资的未来

我们有理由相信，随着数据的大爆发，像文艺复兴科技公司这类基于计算机交易的机构的竞争优势会越来越大。IBM 判断，全球数据量的 90% 都是在过去两年被创造出来的，2020 年的数据量级将达到 44 万亿 G，相比 2005 年增长了 300 倍。[8]

今天，几乎所有类型的信息都被电子化。作为大型数据库的一部分，这些数据是以前的投资者做梦都得不到的。现在投资者的竞争聚焦于另类数据，包括任何我们能够想象的信息，从实时感应信息到全球的卫星图片。高明的投资者对赚钱的相关性和各种结构化数据进行测试，包括管理层电话会的口气、零售店停车场的车流、汽车保险申请记录以及意见领袖的建议等。

比起等待农产品生产数据，量化投资者更愿意通过农机销售情况或者耕地的卫星图片进行预测。集装箱码头的账单数据能对全球贸易状况给予指引。量化交易员甚至能通过手机监控，看到商店中不同货架的销售数据。你如果希望知道一个新商品的受欢迎程度，那么可以试着提炼亚马逊上评论的信息。算法还能对食品监控委员会中成员的背景信息进行分析，从而预测新药获批的概率。

为了让这一切变得可能，对冲基金开始雇用一批新员工，他们被称为数据分析师或者数据猎人。这些人专注于从新的数据源挖掘信息，如同桑铎·斯特劳斯在 20 世纪 80 年代中期为文艺复兴科技公司所做的一样。所有这些信息都被用来辅助投资者更好地理解目前的经济状况和经济轨迹，以及不同类型企业的前景。更具有冒险精神的投资者甚至可以用这些信息为下一个可能的危机做准备。

电脑的数据处理能力和存储能力的快速增长，让量化交易员得以更加细化地筛选数据。根据奇点枢纽（Singularity Hub）的研究，到 2025 年，

1 000美元购买的电脑能达到人脑的处理能力。现在，量化对冲基金巨头Two Sigma已经构建了一个超过100万亿次算力的电脑系统，意味着每年计算数据的量级达到100万亿次，相当于美国大学图书馆存储数据总量的5倍。[9]

所有算力的提升都让量化投资者能够比过去找到更多预测市场的信号。"与其通过想象力寻找不一定靠谱的策略，"一个文艺复兴科技公司的电脑专家说，"不如放入一组公式让机器自己学习，测试几百万种不同的可能。"

在文艺复兴科技公司掌握了机器学习技术后，其他量化投资者也开始拥抱这种做法。文艺复兴科技公司预计，从商业到生活的大量决策模式将发生改变。越来越多的公司和个人将通过模型来持续学习他们的成功和失败。如同投资者马修·格拉内德（Matthew Granade）所说："亚马逊、腾讯、奈飞等新兴企业正在变成主流，获得的数据越多，它们就会变得越聪明。"

小说家加里·施特恩加特（Gary Shteyngart）用一句俏皮话总结了金融公司未来的道路和社会发展的方向："当孩子们的教育被算法代替时，就是末日来临的时刻，什么都不会留下。"

量化投资者的挑战

即使人们对构建量化投资的热情如此高涨，量化投资也具有明显的局限性。在大量数据中，处理信息和发现有效信号不那么容易。许多量化投资者认为，让机器选择股票比选择一首歌、识别面孔，甚至开车都要难。

一些大型机构，包括总部位于伦敦的期货管理基金公司Man AHL，主要通过机器学习算法来判断如何以及何时交易，让机器来自主交易。

第 15 章
量化投资的未来

尽管量化投资极具竞争优势，但除了文艺复兴科技公司和其他少数几家以外，量化投资基金的投资收益率并没有比传统主动管理投资基金好多少。截止到 2019 年春天，量化对冲基金在 5 年间的平均年化收益率为 4.2%，同期传统对冲基金的平均年化收益为 3.3%（这个数据不包括没有公开业绩的神秘基金，比如大奖章基金）。量化投资者也面临挑战，毕竟他们筛选的信息经常会发生变化，同时股票价格和其他投资品种的历史样本数据也是相对有限的。"比如，你希望预测一只股票未来一年的表现，"资深量化投资者理查德·杜威（Richard Dewey）说，"但我们只有美国股市自 1900 年以来的数据记录，也就是只有 118 个不重合的一年期投资样本数据可以查看。"[10]

而且，通过系统来交易某些类别的资产也很困难，比如问题债务，它是基于法官的判决和债权人的谈判结果来定价的。基于这些原因，传统投资模式依然会在某些领域应用广泛，特别是对于长期投资，算法和程序交易投资者一般会敬而远之。

计算机交易的风险被夸大了

文艺复兴科技公司和其他基于计算机编程交易的公司的崛起引起了人们对其市场影响以及可能突然出现的抛售的担忧，这种抛售可能是由计算机自主引发的。2010 年 5 月 6 日，道琼斯指数暴跌了 1000 点，这在日后被称作"闪电崩盘"。在短暂又令人痛苦的几分钟内，数百只股票瞬间跌去了几乎所有价值。投资者将矛头指向了基于计算机编程交易的公司，并表示崩盘凸显了程序化的交易可能造成的不稳定性，但市场迅速反弹。检察官随后指控一名交易员在伦敦西区的家中人为操纵股票市场指数期货合约，指责他的行为是市场下跌的罪魁祸首。[11]

在某些人看来，这些难以解释的突发性下跌现象的存在，表明机器的崛起令人们进入风险与波动并存的新时代。对于许多人来说，计算机自动交易是一个令人恐惧的概念，如同自动驾驶飞机和自动驾驶汽车一样，尽管有证据表明这些机器会提高人们的安全系数，人们依然会对其感到恐惧。我们有理由相信，计算机交易员可以扩大或加快现有趋势。

作家兼风险管理人理查德·布克斯塔伯（Richard Bookstaber）认为，由于量化模型的使用是系统性的，今天量化投资给市场带来的风险和影响远比过去的要大。[12] 随着越来越多的人接受量化交易，金融市场正在发生质变。一些此前尚未出现的新类型错误可能发生，难以预测。到目前为止，市场一直是由人类行为驱动的，也反映了交易员和投资者们的主导作用。如果机器学习和其他计算机模型成为市场上最具影响力的因素，那么市场可能变得更加难以预测且不稳定，毕竟人类的本性大致不变，而计算机化交易的性质却可以快速变化。

然而，计算机交易的风险被夸大了。量化投资种类如此之多，也无法一概而论。一些量化交易者采用动量策略，因此会增加股价下跌时其他投资者抛售的概率。但是包括智能贝塔策略（Smart Beta）、因子投资和风格投资（Style Investing）等其他方法是量化投资领域中规模最大、增长最快的投资类别。应用这些策略的一些从业人员已经编好程序，以便在股价便宜时买入股票，这有助于塑造稳定的市场。

我们要记住的关键是，在市场危机期间，市场参与者一直以来都倾向于回撤并减少交易，这表明量化投资者的交易态度与其他投资者并没有太大不同。如果真的有什么不同的话，随着量化投资者占据主导地位，市场将变得更加平静。人类容易变得恐惧、贪婪，所有这些情绪都会加剧金融市场的动荡。如果机器挤走受偏见和情感支配的个人，那么它便可以使市场更加稳定。在航空业等其他领域中，计算机驱动的决策通常会减少错误的发生。

试图击败市场是愚蠢的

到 2019 年夏季，文艺复兴科技公司的大奖章基金自 1988 年以来扣除费用前的年化收益率约为 66%，扣除费用后的年化收益率约为 39%。尽管 RIEF 早期曾陷入困境，但文艺复兴科技公司向外部投资者开放的 3 只对冲基金最终全都跑赢了竞争对手和指数。2019 年 6 月，文艺复兴科技公司一共管理了 650 亿美元的资产，成为全球最大的对冲基金公司之一，其交易量有时甚至占到剔除高频交易后全市场交易量的 5%。

文艺复兴科技公司的成功是对人类行为可预测性的有力提醒。文艺复兴科技公司研究过去，是因为它足够相信投资者将来会做出类似的决定。同时，员工们采用科学的方法来对抗认知和情感偏见，这种理念在解决各种挑战性问题时都有价值。这些员工提出假设，然后测试、评判并调整其理论，试图让数据而非直觉和本能去引导他们。"方法论是科学的，"西蒙斯说，"我们使用了非常严格的统计方法揭示表象之下的事物本质。"[13]

文艺复兴科技公司的另一个经验是，影响金融市场和个人投资的因素和变量比大多数人意识到的更多。投资者倾向于专注地寻找最基本的推动因素，但是遗漏了许多其他因素，也许是一整个维度的信息。与绝大多数人相比，文艺复兴科技公司了解更多重要的价格推动因素，以及通常会被忽略的、影响资产价格的数学关系。

这有点儿像蜜蜂可以在一朵花上看到各种各样的色彩光谱，而当人们盯着同一簇花朵时，往往会忽略其丰富的色彩。文艺复兴科技公司并不能看到市场所有的色彩，但是它看到了足够多的色彩从而盈利颇丰，这在一定程度上要归功于该公司对大额杠杆的依赖。文艺复兴科技公司在过去经历过磨难，这让它深深地了解到，伴随着市场的进化，其员工已经难以跟上市场发展的速度，这意味着文艺复兴科技公司很难再复制过去的成功。在一些反思过程中，文艺复兴科技公司的现任和前任员工为自己过往的成就感到惊讶，并承认未来的阻碍所在。

西蒙斯和他的同事们所取得的收益表明，市场具有比大多数人想象中更多的无效性。实际上，对于投资者而言，他们可以用以获利的无效性和潜在机会比大众所设想的要少。尽管文艺复兴科技公司聚集了独特的数据、高超的计算能力、特殊人才以及交易和风险管理领域的专业知识，但也仅能从其略微超过 50% 的交易中获利。这表明试图击败市场有多么困难，以及大多数投资者尝试这样做是多么愚蠢。

西蒙斯和他的同事们通常避免预测单只股票的波动。至少是在长期维度上，很难有专家或系统能够可靠地预测单只股票的波动或者金融市场的走向。文艺复兴科技公司所做的是，试图预测一只股票相对于其他股票、某个指数、某个因子模型以及某个行业的波动。

埃尔文·伯勒坎普在协助管理大奖章基金期间，逐渐意识到大多数投资者用来解释价格变动的说辞非常离奇，甚至是危险的，因为他们激发了不应有的、对于一笔投资可以被完全理解以及它的未来可以被准确预测的信心。对于伯勒坎普来说，人们关注的应该是股票背后的数字，而非公司名称。

伯勒坎普说："我不否认财报和其他商业新闻肯定会推动市场变化。问题在于，太多的投资者都紧密地关注着这类新闻，这会导致他们的回报只能接近于平均水平。"

第 15 章
量化投资的未来

友好和解

在丽贝卡·默瑟将戴维·马杰曼从纽约圣瑞吉酒店的扑克之夜狂欢中赶出去之后的几天内，文艺复兴科技公司解雇了这名计算机科学家，从而消除了双方和睦相处的任何可能性。

马杰曼提起了两项诉讼，一项针对罗伯特·默瑟的联邦民权诉讼，另一项是针对文艺复兴科技公司和默瑟的不合理解雇诉讼。在两起诉讼中，马杰曼都声称默瑟因他"从事受法律保护的活动"而迫使他离开了文艺复兴科技公司。"默瑟的行为是否认宪法和联邦法定权利的野蛮尝试。"宾夕法尼亚州费城联邦法院提起的长达10页的起诉书中如此写道。

马杰曼承认，文艺复兴科技公司的员工手册禁止他公开贬低公司或其雇员，但他说，他获得了至少一位文艺复兴科技公司高管的批准，这之后他才在当年早些时候与《华尔街日报》诉说了他的担忧。马杰曼的内心感到颇为受伤，尤其是想到事发后，他的老同事都对他极为冷漠。

但是慢慢地，马杰曼和文艺复兴科技公司之间的争议平息了。虽然马杰曼对默瑟的政治活动感到不满，并且坚决地捍卫自己发表言论的权力，但他从未想过激怒西蒙斯、布朗或其他同事。有时候，马杰曼甚至会想念与默瑟亲近的时候。马杰曼对记者说："我在文艺复兴科技公司工作了20多年，这是我唯一工作过这么久的地方。我希望将自己的想法告知公众……但对我而言也就到此为止了，没想到我被停职并解雇了。"[14]

2018年，在经过数月的谈判之后，双方达成了友好和解，马杰曼像其他退休人员一样退出了文艺复兴科技公司，并保留了继续投资大奖章基金的权力。很快，50岁的马杰曼谋取了一份新的职业：与强大的社交媒体公司作战。马杰曼向一家抗议组织投入了将近 50 万美元，以对抗社交网站，并在费城一家风险投资公司担任高级职位，与和数据相关的新兴公司一起合作。

马杰曼在 2018 年年底说："无论在生理方面还是心理方面，我对自己现在所处的状态都很满意。我不会说我已经没有任何难过的感觉了，但是我会向前看。"[15]

一切都在掌控中

在默瑟于 2017 年 11 月卸任文艺复兴科技公司的联席 CEO 后，员工发现公司并未发生太大改变。默瑟仍然在文艺复兴科技公司工作，仍旧为布朗出谋划策。员工们都说，默瑟肯定能继续控制布朗的冲动情绪。与其他研究人员不同，默瑟直接向布朗汇报，体现了他的地位。一切似乎没有多大不同。

然而，几乎在宣布辞职后的瞬间，默瑟就决定往后在公司中担任不那么重要的职位。默瑟没有参加高级别会议，对公司显得漠不关心。默瑟的转变引发了员工们的紧张情绪，他们担心布朗会在没有默瑟指导的情况下匆忙做出错误决定。员工们担心，当更多的投资公司开始采用量化交易时，这种变化会损害文艺复兴科技公司的回报，出现更多潜在的竞争。

布朗似乎意识到了这种危险，他通过调整管理风格做出回应。在大多数工作日的晚上，布朗仍然保持着狂躁的工作节奏，在办公室的折叠床上睡觉。但是他开始依靠其他高级职员，广泛听取同事们的意见。布朗的这种转变使得公司内的人心稳定下来，并帮助大奖章基金在 2018 年结束时获得了丰富的回报，这一年的回报率达到了 45%。在标准普尔 500 指数下跌超过 6% 的情况之下——自 2008 年以来的最差表现，这个回报率超过了几乎所有投资公司的业绩。文艺复兴科技公司共有 3 只向投资者开放的基金，公司的机构股票基金、机构多元化 Alpha 基金和机构多元化全球股票基金也都位居市场前列。大量资金注入了这 3 只基金，文艺复兴科技公司的资金总管理规模激增至 600 亿美元以上，成为世界上规模最大的对冲基金公司之一。"我认为一切都在掌控之中，"西蒙斯在 2018 年年底表示，"只要你继续为投资者赚钱，他们就会很高兴。"[16]

西蒙斯的野心

2018 年春天，西蒙斯庆祝了他的 80 岁生日。西蒙斯的家族基金会举办了一系列关于西蒙斯在物理学领域贡献的讲座来纪念这一时刻。学者们在附近的一家酒店为西蒙斯庆祝。一个月后，西蒙斯在阿基米德号游艇上接待了家人和朋友们，他们在晚上环游了曼哈顿。

西蒙斯弯曲的脊背凸显了他的高龄，但他依然神采飞扬，提出各种尖锐的问题，并在整个庆祝活动中幽默地开着玩笑："我保证不会再回到 80 岁了。"

西蒙斯似乎已经到达了一个舒适的着陆点。他迫使默瑟从文艺复兴科技公司的高管位置离开，从而减轻了来自各界的压力，并且公司在布朗的带领下蓬勃发展，甚至与马杰曼的纠葛也都只出现在"后视镜"中了。

不过，西蒙斯仍然感受到了压力。他重要的人生目标还未实现，显而易见，他可能没有足够多的时间来实现这些目标了。西蒙斯维持着日常运动，似乎是为了提高他满足野心的可能性。西蒙斯于 6：30 左右醒来，然后前往中央公园步行数千米，并与教练一起锻炼身体。在他的基金会组织的一日徒步旅行中，西蒙斯通常在前面带路，留下年轻的员工在他身后急促喘息。西蒙斯甚至转而使用稍微健康一些的电子烟，至少在一些会议期间，他心爱的梅丽特牌香烟被深深地塞进了胸前口袋里。

西蒙斯仍然与布朗以及其他文艺复兴科技公司的高管们保持着交流，并主持公司董事会会议。偶尔，他也会提出改善公司运营的想法。然而，西蒙斯真正的关注重心却移向了别处。这一年，他花了 2 000 万美元支持各种民主党政治候选人，帮助该党重新控制了众议院。

西蒙斯基金会的年度预算为 4.5 亿美元，已成为美国第二大基础科学研究私人基金。他协助建立的美国数学协会每年为纽约市的 1 000 多名顶级数学和科学老师每人提供 1.5 万美元的津贴。这个组织还举办了数百场年度研讨会和讲习班，建立了一个教学技巧高超且富有教学热情的教师社区。西蒙斯此举帮助公立学校留下了很多容易被私立学校招募走的教师。

在西蒙斯的一些人生决定中，人们可以看到自相矛盾甚至虚伪的表现。文艺复兴科技公司花费了数年时间，合法地将短期利润转化为长期收益，为高管们减少了数十亿美元的纳税额——尽管西蒙斯还在谴责政府缺少在科学、数学和其他领域的基础教育投入。一些尖锐的批评家，包括作家和激进主义者纳奥米·克莱因（Naomi Klein），对社会上"仁慈的亿万富翁"的影响力表示质疑。这些亿万富翁有时在政府预算紧张的情况下，独自决定分配资源的方式并确定非营利领域的优先事项。西蒙斯的对冲基金成批聘请顶尖科学家和数学家，但西蒙斯同时也在惋惜私营产业从公共领域吸引了很多人才，有很多所学校无法留住其顶尖的教师，这些矛盾点都使得西蒙斯受到了不同程度的批评。

第 15 章
量化投资的未来

然而，西蒙斯并未将数十亿美元投入浮华的项目中，而是将现金和创造力投入可能使数百万人受益的工作中。有可靠的迹象表明，他的慈善投资可能在他有生之年就会带来真正的改变甚至突破。西蒙斯会因他如何积攒财富，以及利用财富做了什么而被人铭记。

征服市场的策略 THE MAN WHO SOLVED THE MARKET

- 文艺复兴科技公司的成功是对人类行为可预测性的有力提醒。文艺复兴科技公司研究过去，是因为它足够相信投资者将来会做出类似的决定。同时，员工们采用科学的方法来对抗认知和情感偏见，这种理念在解决各种挑战性问题时都有价值。这些员工提出假设，然后测试、评判并调整其理论，试图让数据而非直觉和本能去引导他们。

- 影响金融市场和个人投资的因素和变量比大多数人意识到的更多。投资者倾向于专注地寻找最基本的价格推动因素，但是遗漏了许多其他因素，也许是一整个维度的信息。与绝大多数人相比，文艺复兴科技公司了解更多重要的价格推动因素，以及通常会被忽略的、影响资产价格的数学关系。

THE MAN WHO
SOLVED
THE MARKET
后 记

我们拥有很多运气

西蒙斯一生中的大部分时间都致力于解开谜题和应对挑战。早年,他专注于研究数学问题和破译敌人的密码。后来,他又专注于研究金融市场的隐藏模式。2019年春天,临近81岁生日之际,西蒙斯还在面对着两个难题,这可能是他一生中最难解的两个难题:理解并治疗孤独症,发现宇宙和生命的起源。

时间在不断地流逝,但孤独症研究还没有取得实质性的突破。6年前,西蒙斯基金会聘请了生理学和神经科学教授路易斯·雷克哈特(Louis Reichardt),他是第一个既攀登了珠穆朗玛峰,又攀登了乔戈里峰的美国人。西蒙斯给了雷克哈特一个更艰巨的挑战:改善孤独症患者的生活。

西蒙斯基金会建立了一个涵盖 2 800 个家庭的基因样本库，每个家庭中至少有一个孩子患有孤独症。这个基因样本库加速了动物模型的发展，向针对人类的治疗又迈进了一步。到了 2019 年春天，西蒙斯的研究员已经成功地对孤独症患者的大脑如何运作有了更深入的了解，并在研制有望帮助那些孤独症患者的药物。一项针对某种药物的试验正接近尾声，这种药物可能会帮助到 20% 的孤独症患者。"这将是第一个对某些孤独症患者有效果的药物，"西蒙斯说，"我认为我们相比过去任何时候，都有了更高的成功的可能性。"

西蒙斯同样希望在一系列现存问题的挑战上取得进展，这些挑战从人类诞生之初就一直困扰着人类。2014 年，西蒙斯聘请了普林斯顿大学的天体物理学家戴维·斯珀格尔（David Spergel），斯珀格尔因开创性地测量宇宙的年龄和组成而闻名。西蒙斯委派斯珀格尔回答"宇宙是如何产生的"这个永恒的话题。"请尽量在几年之内解决这个问题，趁我还活着的时候。"西蒙斯说。

西蒙斯出资 7 500 万美元，准备在智利海拔 5 000 米的阿塔卡马沙漠上建立一座配有超强大望远镜阵列的巨型天文台。这是一个测量宇宙微波辐射的理想地点，可以很好地观测宇宙诞生的最初时刻。该项目由 8 名科学家主导，包括斯珀格尔和布赖恩·基廷。布赖恩·基廷是一位天体物理学家，他是西蒙斯天文台的主管，也是西蒙斯早期合作伙伴詹姆斯·埃克斯的儿子。天文台预计将于 2022 年完成。除此之外，天文台还将用于寻找古时期发生大爆炸的证据，来论证宇宙形成的理论事件。[1]

许多科学家假定宇宙在诞生后瞬间膨胀，他们称之为宇宙膨胀。那次事件可能产生了引力波并使光线发生弯折，也就是基廷所说的"大爆炸的指纹"。科学家们花了很多年的时间寻找这一现象的证据，但每一次的努力都以毁灭性的失败告终。数十年来，他们无数次接近成功，但最终还是徒劳无功。西蒙斯天文台提供了迄今为止探索宇宙诞生时爆炸的微弱回声的最佳机会之一，能为宇宙起源提供潜在的证据。"西蒙斯正在努力寻找答案。"斯珀格尔说。

西蒙斯本人对大爆炸理论以及他的巨型望远镜能否实现其目标，即发现宇宙膨胀的证据表示怀疑。他支持时间从未有起点的观点，同时支持无通胀弹性模型的主要支持者保罗·斯坦哈特（Paul Steinhardt）的反大爆炸理论。西蒙斯说："每次想到时间是永恒的，总能够给我带来美妙的快感。"

西蒙斯认为无论不同的研究团队能够发现什么，他都将是赢家，这听起来很符合对冲基金交易员的口气。如果宇宙膨胀的证据没有被发现，而他的直觉被证明是正确的，西蒙斯就会觉得自己是正确的，虽然像斯坦哈特这样的科学家将感到失望。如果斯珀格尔—基廷小组找到了支持大爆炸理论的证据，西蒙斯说"那么我们将会获得诺贝尔奖，然后一起在街上跳舞"。

西蒙斯仍渴望得到其他困扰人类多年的问题的答案。他的基金会支持科学合作，旨在了解生命是如何开始的、早期生命是什么样的，以及在太阳系的其他地方或太阳系外的行星上是否可能存在生命。"所有的宗教都涉及这个话题，我一直很好奇，"他说，"我觉得我们离找到答案越来越近了。"

2019年3月中旬的一个晴天，西蒙斯和妻子乘坐着他的私人飞机前往波士顿郊外的一个机场。在那里，他们被邀请前往西蒙斯的母校麻省理工学院的剑桥校区。按照计划，西蒙斯将在那里发表演讲。他身穿粗花呢运动夹克、褐色卡其裤、清爽的蓝色衬衫和便鞋，没穿袜子，向数百名学生、学者和当地商界人士发表演讲，回顾他的职业生涯，以及文艺复兴科技公司在美国大选后的动荡。当被问及为何不阻止鲍勃·默瑟的政治活动时，西蒙斯在一片欢呼声中答道："我觉得他有点儿疯狂，但他非常聪明，我不能因为他的政治信仰而解雇他。"

当被问及学生们应该向哪些投资大师学习时，仍对投资者能否预测市场持怀疑态度的西蒙斯绞尽脑汁地思索着答案。最后，他提到了他在曼哈顿的邻居，对冲基金经理乔治·索罗斯。"我想他的话值得一听，"西蒙斯说，"尽管他的确说了不少。"

西蒙斯为学校的听众们分享了一些人生经验："与最聪明的人一起工作，最好是比你更聪明的……要坚持不懈，不要轻易放弃。以美为导向……它可以体现在一个公司的运作方式上，或是一个实验结果上。当某种东西运作良好时，就会产生一种美感，这几乎是一种美学。"

西蒙斯分享了他最近热爱的事情，包括努力理解宇宙的产生和人类的起源。他说："地球上的智慧生命完全有可能是孤独的。"他认为，由于地球拥有在其他星球上不可能存在的一系列有利因素，所以智慧生命可能只存在于地球上。

在一个短暂瞬间，西蒙斯看了看坐在前排的玛丽莲，旁边是他们的孙子，一个哈佛大学的研究生。"我们拥有很多运气。"西蒙斯说。在观众的欢呼声中，西蒙斯向众人挥手致意。他慢慢地走出大厅，他的家人紧跟在后面。

THE MAN WHO
SOLVED
THE MARKET

译者后记

致敬詹姆斯·西蒙斯

当朱昂兄拿着本书的原版向我提出共同翻译的想法时，我是很心动的。"西蒙斯"、"文艺复兴科技公司"和"大奖章基金"这些词在金融圈内绝对是振聋发聩的存在，作为从业人员，很想与之"有染"。

翻译完稿之后，更有一种"相见时难别亦难"的感想。一方面，翻译过程的确艰难。初涉这么长的书稿，书中又有大量的理论数学和计算机术语，作为非专业人士，我们不敢造次，查询了大量的专业文献，甚至频频询问身边数学出身的朋友，反复斟酌，才敢落笔。另一方面，西蒙斯的魅力一再驱策着我去探索。他无疑是金融史上最为成功的投资者之一，泰山北斗级的人物。1988年以来，文艺复兴科技公司的旗舰产品大奖章基金的平均年化收益率为66%，在历年的交易中累计获得了超过 1 000 亿美元的利润。这个记录在投资界无人能出其右，沃伦·巴菲特、乔治·索罗斯、彼得·林奇甚至瑞·达利欧等都难以望其项背。

心怀激动地通读完全书，我反而平静了很多，西蒙斯不过是个不平凡的普通人。

他的不平凡很容易理解。比如他用两年时间就读完了麻省理工学院的本科课程，又用两年时间拿到了加州大学伯克利分校的博士学位，23 岁时就成为哈佛大学的助理教授，他与陈省身合著的论文使其位列几何学和物理学领域的殿堂级人物；又比如他 40 岁才从学术界投身金融界，在几乎不懂投资的情况下，他的大奖章基金取得了极其夸张的年化收益率和"富可敌国"的累计收益；再比如他对于风险的嗅觉极为敏锐，书中令我印象深刻的一句话是："当你闻到硝烟味儿的时候应该干什么？赶紧跑啊！"这种嗅觉帮助文艺复兴科技公司屡屡虎口脱险。

然而，西蒙斯的确只是个普通人。比如他自小就一心向钱看，"赚钱养家"是他早期从学术界下海的最大动因；又比如迷恋小道消息，曾经设法结识格林斯潘并与之密切交往；再比如一开始他始终无法完全信任计算机模型给出的交易建议，刚愎自用，坚持用主观判断做投资。书中可以清晰地看到他的理性与动物精神的角力过程，从这个角度讲，这只是一个投资从业人员的日常功课而已。

然而，此书给我最大的鼓励就在于此，试看草根出身、一心向钱看和刚愎自用的普通人西蒙斯是如何一步一步地进化，最终修炼成圣的。

当然，译者作为做投资研究多年的老兵，也有些许感悟。首先，以西蒙

译者后记

斯为代表的数学家们一直致力于用数学工具去发现并记录普世的,当然也包括金融市场的原则、规律和真理。西蒙斯的核心思想是不必去理解或预测价格变化的原因,只要找到系统性的能适应市场的数学方法,即可持续赚钱。主动投资也是致力于寻找在各种市况下都能立足的方法,使手里的头寸或者投资组合始终处于风险收益比最佳的状态,而不是去事前预测或事后解释市场。其次,无论是量化方法还是主动投资,都是在寻找某种错误定价,并从中盈利。量化方法借助模型和计算机的算力和速度,视野更广,效率更高;而主动投资则诉诸深度理解和长期视角,同样能进入"人迹罕至的境地"。再次,无论是计算机模型的算力,还是人类的理性,都只是工具,能不能很好地驾驭它们,是区分普通投资者和杰出投资者的准绳。人类与生俱来的情感和动物精神在大脑中是占据第一顺位的"第一系统",无论是牛顿、西蒙斯还是普罗大众,都是一样的,能不能安抚并且避开"第一系统",倚靠理性主导的"第二系统",或许才是成功的关键所在。

对本书的翻译工作令我们如痴如醉,乃至在携家眷去北海道度假之时,可以对门外雪道上的嬉闹之声充耳不闻,一心在屋内奋战。在翻译过程中,我们也得到了一些志愿者的帮助,包括拾象科技的刘元鸿、上海交通大学高级金融学院的硕士研究生聂丹雨,以及长信基金各位投研人员。在此一并向他们表示最真诚的感谢!

安昀　朱昂

文艺复兴科技公司在 1988—2018 年的年报数据

年份	净收益率（%）	管理费率（%）*	基金表现费率（%）	扣除费用前的收益率（%）	资金管理规模（百万美元）	大奖章基金利润（百万美元）**
1988	9.0	5	20	16.3	20	3
1989	-4.0	5	20	1.0	20	0
1990	55.0	5	20	77.8	30	23
1991	39.4	5	20	54.3	42	23
1992	33.6	5	20	47.0	74	35
1993	39.1	5	20	53.9	122	66
1994	70.7	5	20	93.4	276	258
1995	38.3	5	20	52.9	462	244
1996	31.5	5	20	44.4	637	283
1997	21.2	5	20	31.5	829	261
1998	41.7	5	20	57.1	1 100	628

* 管理费由大奖章基金向其投资者收取，这些投资者在大多数年份就是文艺复兴科技公司的雇员和前雇员。

** 总收益率和大奖章基金的基本利润是估算出来的——实际数字可能会略有不同，这取决于年度资产费用的计提时间以及其他影响因素。大奖章基金的基本利润未扣除基金各项开支。

续表

年份	净收益率（%）	管理费率（%）*	基金表现费率（%）	扣除费用前的收益率（%）	资金管理规模（百万美元）	大奖章基金利润（百万美元）**
1999	24.5	5	20	35.6	1 540	549
2000	98.5	5	20	128.1	1 900	2 434
2001	33.0	5	36	56.6	3 800	2 149
2002	25.8	5	44	51.1	5 240	2 676
2003	21.9	5	44	44.1	5 090	2 245
2004	24.9	5	44	49.5	5 200	2 572
2005	29.5	5	44	57.7	5 200	2 999
2006	44.3	5	44	84.1	5 200	4 374
2007	73.7	5	44	136.6	5 200	7 104
2008	82.4	5	44	152.1	5 200	7 911
2009	39.0	5	44	74.6	5 200	3 881
2010	29.4	5	44	57.5	10 000	5 750
2011	37.0	5	44	71.1	10 000	7 107
2012	29.0	5	44	56.8	10 000	5 679
2013	46.9	5	44	88.8	10 000	8 875
2014	39.2	5	44	75.0	9 500	7 125
2015	36.0	5	44	69.3	9 500	6 582
2016	35.6	5	44	68.6	9 500	6 514
2017	45.0	5	44	85.4	10 000	8 536
2018	40.0	5	44	76.4	10 000	7 643
	平均净收益率（%）39.1			扣除费用前的平均收益率（%）66.1		总交易利润（亿美元）1 045.3

年均收益率
66.1% 总收益率
39.1% 净收益率

上述 1 045.3 亿美元是大奖章基金的总交易利润。截至 2019 年 4 月 30 日，文艺复兴科技公司还从 3 家对外部投资者开放的对冲基金中获利，这些基金的资金管理规模约为 550 亿美元。

Source: Medallion annual reports; investors.

各大基金的年化复合收益率对比

投资人	关键基金	年份	年化复合收益率*
詹姆斯·西蒙斯	大奖章基金	1988—2018	39.1
乔治·索罗斯	量子基金	1969—2000	32[†]
史蒂文·科恩	SAC 资本	1992—2003	30
彼得·林奇	麦哲伦基金	1977—1990	29
沃伦·巴菲特	伯克希尔·哈撒韦	1965—2018	20.5[‡]
瑞·达利欧	Pure Alpha 基金	1991—2018	12

* 所有的收益都是扣除费用后的。

† 近年来，由于索罗斯停止了对其他人的投资，债券年化复合收益率一直在下降。

‡ 从 1951 年到 1957 年，巴菲特个人投资的平均收益率为 62%，而从 1957 年到 1969 年，他管理的合伙企业的平均收益率为 24.3%。

Source: For Simons, Dalio, Cohen, Soros: reporting; for Buffett: Berkshire Hathaway annual report; for Lynch: Fidelity Investments.

THE MAN WHO
SOLVED
THE MARKET

参考文献

考虑到环保的因素,也为了节省纸张、降低图书定价,本书编辑制作了电子版的参考文献。请扫描下方二维码,下载"湛庐阅读"App,即可获取参考文献。

未来，属于终身学习者

我这辈子遇到的聪明人（来自各行各业的聪明人）没有不每天阅读的——没有，一个都没有。巴菲特读书之多，我读书之多，可能会让你感到吃惊。孩子们都笑话我。他们觉得我是一本长了两条腿的书。

——查理·芒格

互联网改变了信息连接的方式；指数型技术在迅速颠覆着现有的商业世界；人工智能已经开始抢占人类的工作岗位……

未来，到底需要什么样的人才？

改变命运唯一的策略是你要变成终身学习者。未来世界将不再需要单一的技能型人才，而是需要具备完善的知识结构、极强逻辑思考力和高感知力的复合型人才。优秀的人往往通过阅读建立足够强大的抽象思维能力，获得异于众人的思考和整合能力。未来，将属于终身学习者！而阅读必定和终身学习形影不离。

很多人读书，追求的是干货，寻求的是立刻行之有效的解决方案。其实这是一种留在舒适区的阅读方法。在这个充满不确定性的年代，答案不会简单地出现在书里，因为生活根本就没有标准确切的答案，你也不能期望过去的经验能解决未来的问题。

而真正的阅读，应该在书中与智者同行思考，借他们的视角看到世界的多元性，提出比答案更重要的好问题，在不确定的时代中领先起跑。

湛庐阅读App：与最聪明的人共同进化

有人常常把成本支出的焦点放在书价上，把读完一本书当作阅读的终结。其实不然。

时间是读者付出的最大阅读成本
怎么读是读者面临的最大阅读障碍
"读书破万卷"不仅仅在"万"，更重要的是在"破"！

现在，我们构建了全新的"湛庐阅读"App。它将成为你"破万卷"的新居所。在这里：

● 不用考虑读什么，你可以便捷找到纸书、电子书、有声书和各种声音产品；
● 你可以学会怎么读，你将发现集泛读、通读、精读于一体的阅读解决方案；
● 你会与作者、译者、专家、推荐人和阅读教练相遇，他们是优质思想的发源地；
● 你会与优秀的读者和终身学习者为伍，他们对阅读和学习有着持久的热情和源源不绝的内驱力。

从单一到复合，从知道到精通，从理解到创造，湛庐希望建立一个"与最聪明的人共同进化"的社区，成为人类先进思想交汇的聚集地，与你共同迎接未来。

与此同时，我们希望能够重新定义你的学习场景，让你随时随地收获有内容、有价值的思想，通过阅读实现终身学习。这是我们的使命和价值。

本书阅读资料包
给你便捷、高效、全面的阅读体验

本书参考资料　　　　　　　　　　　　　　　　　　湛庐独家策划

- ✓ **参考文献**
  为了环保、节约纸张，本书注释与参考文献以电子版方式提供

- ✓ **主题书单**
  编辑精心推荐的延伸阅读书单，助你开启主题式阅读

- ✓ **图片资料**
  部分图片提供高清彩色原版大图，方便保存和分享

相关阅读服务　　　　　　　　　　　　　　　　　　终身学习者必备

- ✓ **电子书**
  便捷、高效，方便检索，易于携带，随时更新

- ✓ **有声书**
  保护视力，随时随地，有温度、有情感地听本书

- ✓ **精读班**
  2～4周，最懂这本书的人带你读完、读懂、读透这本好书

- ✓ **课　程**
  课程权威专家给你开书单，带你快速概览一个领域的知识全貌

- ✓ **讲　书**
  30分钟，大咖给你讲本书，让你挑书不费劲

湛庐编辑为您独家呈现
助您更好获得书里和书外的思想和智慧，请扫码查收！

（阅读资料包的内容因书而异，最终以湛庐阅读App页面为准）